面向复杂灾害救援的生命搜救装备精细作业与智能
2018YFC0810204

虚拟现实技术发展及其在消防训练中的创新和应用研究

朱 江 吴 疆 林 灵 著

中国原子能出版社
China Atomic Energy Press

图书在版编目（CIP）数据

　　虚拟现实技术发展及其在消防训练中的创新和应用研究 / 朱江, 吴疆, 林灵著. —— 北京：中国原子能出版社, 2021.8
　　ISBN 978-7-5221-1503-0

　　Ⅰ.①虚… Ⅱ.①朱… ②吴… ③林… Ⅲ.①虚拟现实 – 应用 – 消防部队 – 军事训练 – 研究 Ⅳ.①E277.03–39

中国版本图书馆CIP数据核字(2021)第154754号

内容简介

　　本书属于虚拟现实技术方面的著作，由虚拟现实系统概述、虚拟现实系统的硬件设备、虚拟现实系统的相关技术、虚拟现实消防训练系统的开发与实现等几部分组成。全书以虚拟现实技术为研究对象，分析在消防训练中使用的虚拟现实关键技术、虚拟现实消防系统的特点和架构、硬件设备、场景设计以及需要实现的功能，并对未来虚拟现实技术在消防训练中的应用与实践进行了展望与总结。本书对从事虚拟现实技术、消防训练等方面工作的人员与研究者具有学习和参考价值。

虚拟现实技术发展及其在消防训练中的创新和应用研究

出版发行	中国原子能出版社（北京市海淀区阜成路43号　100048）
责任编辑	王齐飞
装帧设计	河北优盛文化传播有限公司
责任校对	宋　巍
责任印制	赵　明
印　　刷	三河市华晨印务有限公司
开　　本	710 mm×1000 mm　1/16
印　　张	17.25
字　　数	300千字
版　　次	2021年8月第1版　2021年8月第1次印刷
书　　号	ISBN 978-7-5221-1503-0
定　　价	89.00元

前　言

　　科技发展可谓一日千里。作为全世界新科技革命的先锋，现代虚拟现实技术领域不断涌现令人眼花缭乱的新概念产品、新思维装备，冲击着人们原有的社会工作和生活方式，改变着人们的认知方法和传统观念。放眼虚拟现实技术领域，昨天的许多概念还是梦想，今天也许就成为了现实，明天则快速地走向了市场。如此快速的节奏变化，给人们带来的不仅是新的挑战，还有新的机遇。

　　在机遇与挑战并存的高科技快速发展以及灾害事故频发的背景下，作为边缘学科的消防科学正在快速发展，不过这一发展以提高灭火技术为主，在消防训练、民众消防安全常识普及、火灾预警、火灾指挥等方面依然以传统模式为主。为了改变这一发展现状，我国一些科研工作者、消防部门也在着手利用虚拟现实技术进行消防训练的研究，也取得了一系列的研究成果。例如，由应急管理部上海消防研究所（原公安部上海消防研究所）与上海理工大学虚拟制造技术研究院在 2013 年合作开发建设的虚拟消防训练体验舱，2020 年由上海消防研究所自主研发的公共大安全虚拟训练基础实验平台等。虽然在消防训练领域虚拟消防技术的应用取得了一定成果，但是目前市场上无法找到消防训练与虚拟技术相结合的著作，本书正是抓住了这一机遇应运而生。

　　本书是一本将虚拟技术与消防训练有机融合的研究类书籍。本书以虚拟现实技术为切入点，深入研究了虚拟现实技术在消防训练中的应用与实践的相关内容。本书的内容主要由虚拟现实系统概述、虚拟现实系统的关键技术、虚拟现实消防系统的开发、基于虚拟现实技术的消防训练系统的设计与实现、虚拟现实技术在消防训练中的应用及其实践研究等几部分组成。对从事虚拟现实技术、消防训练等工作的工作者与研究者有学习和参考价值。本书通过深入浅出地对虚拟现实技术的各方面技术进行详尽的介绍和拓展，使本书对虚拟现实技术同样有科普作用，凡是感兴趣、想学习了解虚拟现实技术的读者，本书都是一本可靠的科普读物。书中对消防训练及相关大安全方面的场景应用系统化的需求分析及案例解析，更为想进阶学习虚拟现实专业的读者提供了一条学习途径。

本书主要由朱江、吴疆、林灵编写，施樑（应急管理部上海消防研究所）、滕波（应急管理部消防救援局）、闻宇（上海市消防救援总队）、吴保銎（上海市虹口区消防救援支队）、唐郁（上海市徐汇区消防救援支队）、殷子杰（上海市普陀区消防救援支队）、鞠保平（华平信息技术股份有限公司）、宋宏（上海懿裕信息科技有限公司）、刘果（上海懿裕信息科技有限公司）参与编写。

由于作者水平有限，写作时间仓促，难免会有疏漏不足之处，敬请各位专家、同行及学者及时提出修改意见或者建议，以便进一步修改订正，以臻完善。

目　录

第一章 虚拟现实技术概述

一、虚拟现实基础概念

虚拟现实（Virtual Reality，VR），简称虚拟技术，也称虚拟灵境，是利用电脑模拟产生一个三维空间的虚拟世界，提供使用者关于视觉等感官的模拟，让使用者感觉仿佛身临其境，可以即时、没有限制地观察三维空间内的事物。使用者进行位置移动时，电脑可以立即进行复杂运算，将精确的三维世界影像传回以产生临场感。该技术整合了电脑图形、电脑仿真、人工智慧、感应、显示及网路并列处理等技术的最新发展成果，是一种由电脑技术辅助生成的高技术模拟系统。

虚拟现实概念最早是由美国 VPL 公司的创建人杰伦·拉尼尔于 20 世纪 80 年代提出的。作为一项综合性的信息技术，虚拟现实融合了数字图像处理、计算机图形学、多媒体技术、计算机仿真技术、传感器技术、显示技术和网络并行处理等多个信息技术分支，其技术目的是由计算机模拟生成一个三维虚拟环境，用户可以通过一些专业传感设备感触和融入该虚拟环境。在虚拟现实环境中，用户看到的视觉环境是三维的、听到的音效是立体的、人机交互是自然的，从而产生身临其境的虚幻感。该技术改变了人与计算机之间枯燥、生硬和被动地通过鼠标、键盘进行交互的现状，大大促进了计算机科技的发展。因此，目前虚拟现实技术已经成为计算机相关领域继多媒体技术、网络技术及人工智能之后备受人们关注及研究、开发与应用的热点，也是目前发展最快的一项多学科综合技术。

（一）什么是虚拟现实

虚拟现实这个词最早起源于法语"la réalité virtuelle"，语意是"对现实世界的模拟"，是法国著名剧作家安托南·阿尔托在其知名著作《戏剧及其重影》（1938）中对于剧院体系通过角色、图像以及符号来打造虚拟和虚幻世界的过程的描述。由此推知虚拟现实这个词中，通过各种因素对人的视觉形成刺激，造成人脑内对现实世界的扭曲认知的意味是非常重的。

现今使用的 Virtual Reality 这个词汇的精确含义则是由杰伦·拉尼尔和他的公司 VPL Research 创造并随着其公司开发的第一款头戴式可视设备 Eye Phone 和触觉输出设备数据手套系统被确认下来，并在 20 世纪 90 年代的 VR 研究先驱霍华德·莱恩格尔德的《虚拟实境》（1991）一书中被广泛认可且作为一个技术概念用词被广泛流传开来。

虚拟，有"假的、构造的"的内涵。现实，有"真实的、存在的"的意义。两个概念基本对立的词汇结合起来，则表达了这样一种技术，即如何从真实存在的现实社会环境中采集必要的数据，经过计算机的计算处理，模拟生成符合人们心智认知的、逼真的、新的现实环境。这种从现实到现实的一个周期性的变化，使得第二个现实有了超越自然的属性，它可能是真实现实的变形，也可能是并不存在的、纯构想的现实环境。在这样一个从现实到现实的演变中，系统还通过先进的传感器技术等辅助手段，让用户置身于虚拟空间中时有身临其境之感，人能够与虚拟世界的对象进行相互作用且得到自然反馈，使人产生联想。概括地说，虚拟现实是人们使用计算机对复杂数据进行可视化操作与交互的一种全新的方式。与传统的人机界面以及流行的视图操作相比，虚拟现实在技术思想上有了质的飞跃。

虚拟现实中的"现实"，可以理解为自然社会物质构成的任何事物和环境，物质对象符合物理动力学的原理。而该"现实"又有不确定性，即现实可能是真实世界的反映，也可能是世界上根本不存在的，而是由技术手段"虚拟"出来的。虚拟现实中的"虚拟"就是指由计算机技术来生成一个特殊的仿真环境，人们处在这个特殊的虚拟环境里，可以通过多种特殊装置将自己"融入"这个环境中，并操作、控制环境，实现人们的某种特殊目的，在这里，人总是这种环境的主宰。

从本质上说，虚拟现实就是一种先进的计算机用户接口。它通过给用户同时提供如视觉、听觉、触觉等各种直观而又自然的实时交互手段，最大限度地方便用户的操作。根据虚拟现实技术所应用的不同对象、不同目的，其作用可表现为不同的形式，或者说侧重点不同。

从上面我们也可以了解到，原始的虚拟现实（VR）不可避免地带着以图像视觉影响人脑思维的"原力"，在其发展过程中，尤其是早期头戴设备尚未完善之前，所有的虚拟现实作品都是依靠投影、舞美等大面积图像显示来表现的，这些技术一直被使用着，2019—2021 年间爆发的沉浸式交互艺术展馆的原理就是用最新的图像影像技术来增大影像面积，形成虚拟现实与艺术创意相结合的沉浸式文创空间。

在 OculusRift 头戴式 VR 眼镜上市后，作为一款真正的现代意义上的民用款虚拟现实头盔设备，它将虚拟现实技术这个原本异常科幻的概念，以亲民的价格向大众普及，同时促进了虚拟现实技术和设备突飞猛进的发展，标志着虚拟现实时代的到来。随后，三星、谷歌、索尼、HTC 等巨头均推出虚拟现实个人设备，终于在 2016 年迎来一次大爆发，虚拟现实产品逐步推广普及，并进入各个垂直行业应用场景，实现产业化发展。更多企业、资本涌入虚拟现实市场，更多不同层次的设备产品涌现，内容产业和技术支撑更加成熟，用户规模也不断扩大。2016 年被称为"VR 元年"。在虚拟现实技术发展历史的章节中会详细讲述这一段历史，让读者能够了解虚拟现实发展的整个历程。

虚拟现实系统中的虚拟环境，包括以下几种形式。

1. 模拟真实世界中的环境

这种真实环境可能是已经存在的，也可能是已经设计好但还没有建成的，或者是曾经存在但现在已经发生变化、受到破坏或者消失的。例如，地理环境、建筑场馆、文物古迹等。

2. 人类主观构造的环境

此环境完全是虚构的，是用户可以参与并与之进行交互的非真实世界。例如，影视制作中的科幻场景，电子游戏中的三维虚拟世界。

3. 模仿真实世界中人类不可见的环境

这种环境是真实环境，是客观存在的，但是人类受到视觉、听觉器官的限制，不能感应到。例如，分子的结构，空气中的速度、温度、压力的分布等。

Virtual Reality 这个英语词汇在国外还有另外一个含义，就是所谓的"Cyberspace"，也称网络空间，是指基于网络文字联想形成的虚拟思维空间，这是一种存在于人类思想中的空间概念，在这里我们不作讨论和叙述。本书定义的虚拟现实仅指具有现实沉浸感（Immersion）的虚拟现实技术。

（二）虚拟现实技术的"3I 特征"

虚拟现实技术的不断发展，大量企业资本的涌入，也造成了良莠不齐的市场环境，有大量的打着虚拟现实的幌子吸引资本的伪 VR、假 VR 的存在。在这里我们需要从虚拟现实技术的三大特征来判断什么才是真正的虚拟现实技术。1994 年美国科学家提出，虚拟现实技术具有以下三个重要特性，只有符合这三个重要特征的计算机技术才能被称为虚拟现实技术。

这三个重要特征分别是沉浸感（Immersion）、交互性（Interaction）和构想性（Imagination），由于其首字母都是I，故这三个虚拟现实技术的重要特征又被称为"3I特征"。

1. 沉浸感(Immersion)

沉浸感是指通过计算机图像技术制作三维立体的环境图像并包围人的全部空间视角，使人能够置身于一种虚拟环境之中，并像置身于真实的客观世界一样有身临其境的感觉。所以也有人将虚拟现实称为"虚拟灵境"。这一特征是由体验者依靠交互设备和自身感知系统形成的，其沉浸感的度量标准表现为虚拟环境的真实程度，环境真实程度越高，体验者的沉浸感越强烈，理想的虚拟环境能使体验者将虚拟环境和物理真实环境相混淆。

在现实世界中人们通过眼睛、耳朵、手指、皮肤等感官来感知外部世界。所以在理想状态下，虚拟现实应该具有一切人所具有的与感知功能相对应的沉浸式交互技术，即虚拟的沉浸感不仅可以通过人的视觉和听觉去感知，还可以通过嗅觉和触觉等多维地去感受。视觉沉浸、听觉沉浸、触觉沉浸和嗅觉沉浸等也就对相关交互设备提出了更高的要求。例如，视觉显示设备需具备分辨率高、画面刷新频率高的特点，并提供具有双目视差和覆盖人眼可视的完整视场的立体图像；听觉设备能够模拟自然声、碰撞声并根据人耳的机理提供判别声音方位的人头立体声；触觉设备能够让用户体验抓、握等操作的感觉并能够提供力反馈让用户感受到力的大小、方向，环境设备还能让用户体验风吹拂皮肤表面的凉感或热感，雨雾接触皮肤表面的湿润感等。

2. 交互性(Interaction)

交互性指用户对模拟环境内物体的可操作程度和从环境中得到反馈的自然程度，即在计算机生成的这种虚拟环境中，人们可以通过各种传感器和虚拟三维空间以及其中的环境内容进行互动，沉浸者对虚拟环境的能动性反馈定义。交互性的产生，主要借助于虚拟现实系统中的特殊硬件设备，如数据手套、力反馈装置等，使用户能通过自然的方式，产生与在真实世界中一样的感觉。虚拟现实系统比较强调人与虚拟世界之间进行自然交互，交互性的另一个方面主要表现在交互的实时性。

交互性能的好坏是衡量虚拟现实系统水平的一个重要指标。虚拟现实系统中的人机交互是一种近乎自然的交互，使用者不仅可以利用计算机键盘、鼠标进行交互，更能够通过特殊的头盔、数据手套等传感设备进行交互。参与者不是被动地感受，而是可以通过自己的动作改变感受相应的变化。计算机能够根据使用者的头、手、眼、身体的运动及语言，来调整系统呈现的图像及声音。参与者通过自身的感官、语言、身体运动或肢体动作等，就能对虚拟环境中的对象进行观察或操作。

交互性特征将不能与情节进行互动的 3D 电影等视频图像技术排除在了虚拟现实技术之外。当然也有将 3D 电影拓展成三维空间视频或者取巧地将平面视频放在虚拟现实环境中播放的方式，虽然取巧只要画面能随着头部的转动而改变角度，但这也勉强能够被称为虚拟现实技术。

3. 构想性 (Imagination)

构想性指由计算机生成的虚拟现实环境必然存在留给人类的构想性空间，唯有人类的想象力才能最终补全由计算机生成的虚拟环境图像的未渲染部分。也就是说，虚拟的环境是人想象出来的，同时这种想象体现出了设计者相应的思想，因而可以用来实现一定的目标。虚拟现实虽然是根据现实进行模拟，但所模拟的对象却是虚拟存在的，它以现实为基础，却可能创造出超越现实的情境。所以虚拟现实技术可以充分发挥人的认识和探索能力，从定性和定量等综合集成的思维中得到感性和理性的认识，从而实现理念和形式的创新，以虚拟的形式真实地反映设计者的思想、传达用户的需求。

人眼能够主动地补全 15 帧 CG 的非关键帧部分。虽然随着技术的发展，每秒达到 144 帧的 4K 分辨率头显装置正在逐步成熟并投入量产，但是如果缺乏人脑的想象力，那一样会因为人眼的高速画面抓取能力而使人在虚拟环境中产生缺帧的感觉。VR 头盔体验者在场景晃动时产生的类似晕车晕船的感觉，专业上称之为"晕 VR"，这就是由于 VR 头盔的刷新率较低或者体验者想象力无法跟上发达的神经系统而产生的身体不适现象。

虚拟现实技术不仅是一个媒体或一个高级用户界面，还是为解决工程、医学、军事等方面的问题而由开发者设计出来的面向应用场景的软件系统。虚拟现实技术的应用，为人类认识世界提供了一种全新的方法和手段，可以使人类跨越时间与空间，去经历和体验世界上早已发生或尚未发生的事件；可以使人类突破生理上的限制，进入宏观或微观世界进行研究和探索；也可以模拟因条件限制等原因而难以实现的场景。

虚拟现实系统虽然也是计算机系统，但它除了具有一般计算机技术系统所具有的视觉感知功能外，还可能需要具有听觉感知、力觉感知、触觉感知、运动感知、味觉感知、嗅觉感知等感知功能，即理想的虚拟现实系统应该具有一切人类所具有的感知功能。因此，虚拟现实系统，还具有多感知性特征。相信随着相关技术，特别是传感技术的发展和人类神经元感知触发的解密，虚拟现实系统所需要的所有感知功能也将逐一实现。

二、虚拟现实系统分类

虚拟现实技术在发展过程中，出现了几个大的分类，目前来说能够作为概念确定下来的只有三种：VR（Virtual Reality）、AR（Augmented Reality）、MR（Mixed Reality），除此之外还有一种称为 XR 的分类，现在经常被新闻人在描述某种虚拟场景应用时提起，XR 中的"X"实际上是指未知数，从来不存在真正可以定义的 XR 技术。

保罗·米尔格拉姆（Paul Milgram）[1] 提出的虚拟与现实之间的虚拟连续体概念，描述了介于完全虚拟、虚拟和完全现实之间的连续尺度。对其稍作修改就能很好地描述 VR、AR、MR 在新媒体和计算机科学中的概念（图 1-1）。

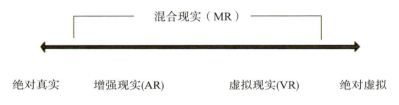

图 1-1　修改过的虚拟现实连续体系图 [2]

从 VR 到 MR 的发展过程并不是有序的，研究者们只是根据自身的各种需要进行研究，现代概念的虚拟现实技术产物最早旨在满足现实场景中叠加虚拟数据的需求，以提高数据的利用率。在这一过程中为了满足不断提高的需求，逐步形成了现代意义上的虚拟现实应用场景，数据逐渐被可理解化程度更高的可视化图表所代替，更进一步生成了由数据三维化生成的能反映现实物体的数字模型，通过将这些反映理想现实物体的由计算机虚拟出来的数字模型与现实物体重叠对比，以便找出其中的差异，或者用来揭示现实物体的内在结构。通过这个过程，研究者们找到了利用计算机技术实现虚拟现实场景的发展道路。先行研究者使用了各种天资横溢的创意，在各种平面显示媒体上展现三维空间（图 1-2）。并且根据其场景和技术的主要实施特点形成了如今的各种体系，即以完全覆盖视角形成沉浸感的 VR 体系，以现实世界为主要表现目的叠加虚

① PAULM, TAKEMURAH, UTSVMIA, et al. Augmented Reality: A class of displays on the reality-virtuality continuum[C]. Proceedings of Telemanipulator and Telepresence Technologies, 2007.

② 作者按：保罗·米尔格拉姆的原图虽然也是关于计算机科学和媒体技术的标书，但其更加倾向于人类学和社会学的范畴，在此仅需要表达 VR、AR、MR 之间的关系，故而简化之。

拟内容作为增强的 AR 体系和从 AR 体系中升华出来的现实世界和虚拟世界有机混合、实时匹配并通过体验者的各种感官和行为形成相互作用的 MR 体系。

图 1-2　F/A-18C 战斗机上的虚拟现实显示器

（一）沉浸式虚拟现实系统 VR

之所以要在虚拟现实系统前面加个"沉浸式"的定语，是因为在这个章节里所描述的 VR 是狭义的，如果按照广义的 VR 来说，VR 即虚拟现实，应该包括上述连续体中除去绝对真实的自然世界之外的一切范畴，也就直接囊括了 VR、AR、MR 以及因之扩展开的 XR 等，所以在此我们只描述狭义的 VR 定义，在原生的连续体系中，这个概念被定义成了增强虚拟（Augmented Virtuality AV）。作者为了保持大众的认知惯性，仍然将其称为 VR。

由上图可知，狭义的 VR（相对于虚拟现实，更恰当的定义是虚拟幻境或者"灵境"这个更具中国特色的名词）实际上是基于绝对虚拟向绝对现实方向的外延，所谓绝对虚拟在计算机技术上即是逻辑、文字、数学的表达，在此基础上由计算机图形运算形成点阵图像，对真实环境进行仿真，借助数字头盔设备、环境投影设备、拼接液晶显示阵列、超小间距 LED 显示阵列等装置，在完全遮蔽现实世界的环境中，将这些图像投射入人的视觉中，从而形成充满人的视觉的全角度，并让人产生有别于真实世界的幻想体验的计算机图像技术功能，这就是所定义的沉浸式虚拟现实系统 VR 的概念，也就是市场上冠以 VR 头盔的这个"VR"的定义了。

VR 系统的特点在于能够完全地控制人的体验视界，利用人的三维空间视觉习惯，编织一个能够让人通过联想补全并完全沉浸的虚拟空间环境。通过对人体感知系统的控制，将人的感知及臆想完全地控制起来，通过即时的虚拟环境变化响应，最终能够达到使人如入梦境般沉浸其中而完全忽视现实世界的效果。VR 体验是所有虚拟现实技术中与人的思想互动层次最深的一项技术，体验场景是否能够有效地利用这一特点，是评价一个 VR 项目是否成功的标准之一。

综上所述，VR 体验由于其超强的沉浸感特点，能够与人类进行较为深入的思想层次的互动，可以将人带入具有真实感的虚拟环境。对具有现实危险性和可能带来肉体伤害的训练项目，VR 体验将是一种最好的替代，如在消防安全训练应用场景方面、危险救援训练应用场景方面等。同时由于 VR 的思想交互特征，针对意识层面的训练、治疗、舒缓等活动，VR 体验也是最有效果的一种手段，见图 1-3 和图 1-4。

图 1-3　VR 沉浸式瑜伽体验

图 1-4　CAVE 式 VR 沉浸虚拟环境体验

沉浸式虚拟现实系统有如下特点：

1. 具有实时性能

沉浸式虚拟现实系统要达到与真实世界相同的感觉，必须要有高度的实时性能。如在操作者头部转动改变观察视点时，系统中的跟踪设备必须及时检测到，由计算机计算并输出相应的场景，同时要求必须将延迟时间无限缩短，且变化要连续平滑。

2. 具有高度的沉浸感

由于沉浸式虚拟现实系统采用了多种输入与输出设备来营造一个虚拟的世

界，产生一个看起来、听起来、摸起来都十分真实的虚拟世界，因此需要具有高度的沉浸感，使操作者与真实世界完全隔离，不受外面真实世界的影响。

3.具有良好的系统集成性

为了使操作者产生全方位的沉浸感，必须要有多种设备与多种相关软件技术相互作用，且相互之间不能有影响，所以系统必须有良好的系统集成性。

4.具有良好的开放性

在沉浸式虚拟现实系统中，要尽可能利用最新的硬件设备和软件技术，这要求虚拟现实系统能方便地改进硬件设备、软件技术，因此，必须使用比以往更灵活的方式构造系统的软硬件结构体系。

5.具有支持多种输入与输出设备的并行工作机制

为了使操作者产生全方位的沉浸感，可能需要综合应用多种设备，并它们保持同步工作，因此，虚拟现实系统应具备支持多种输入与输出设备并行工作的机制。

（二）虚实结合的增强现实系统 AR

AR 的中文名词叫增强现实，也可以称为增强式虚拟现实系统，是一种将真实世界信息和虚拟世界信息"无缝"集成的新技术，它源于虚拟现实技术，又是虚拟现实技术的升级版。增强现实技术把原本在现实世界一定时间、空间范围内很难体验到的实体信息（如视觉、声音、味道、触觉等信息），通过计算机的信息处理后，将虚拟的信息叠加、投射到真实世界中，提供给人类的感官，从而带给人类超越现实的感官体验。相对全部是虚拟的 VR 来说，AR 则是一种全新的人机交互技术，它利用摄像头、传感器、实时计算和匹配技术，将真实的环境和虚拟的对象实时地叠加到同一个画面或空间中，使用户看到一个重叠的二维世界。也就是说，AR 是使用信息技术对现实世界的一种补充和增强，而不是用虚拟化技术制造出一个完全虚拟的世界来取代现实世界。因此，AR 更多地强调虚实世界的交互性。

简单来说，AR 所谓的增强现实就是计算机技术针对现实世界贴标签的一种行为。当然这种标签可以是文字，可以是图像，也可以是视频。为了显示 AR 技术的先进性，我们最常用的是虚拟模型体，即使技术达成或者终端算力上无法实现的情况下，我们也会使用视频或者全向序列的方式来表现模型动画，并为之提出了云端渲染这个技术支撑方案。

AR 场景在普遍认知中应该是结合现实世界环境进行的，笔者曾经看过一部描述未来 AR 发展前景的短片《奇异的野兽》（图 1-5），讲述人类可以在现实世界中模拟出各种虚拟定制生物体当自己的宠物，并且和这些宠物进行互动,如喂食、游戏等,这些宠物和真实物理世界在未来能够匹配得天衣无缝。在短片最后才发现,主角可爱的女儿居然也和那些宠物一样,都只是虚构的宠物,这表明真正的 AR 技术需要达到与真实物理世界完全混合的最高效果。这部短片将 AR 这个概念表述得非常清晰,并且充满了人们对 AR 技术的发展前景的美好展望和当 AR 技术发展到极致时对现实世界反作用的理智思考。

图 1-5　《奇异的野兽》剧照

AR 场景最基础的构架就是实物叠加上虚拟影像的布局(图 1-6),在叠加的过程中,加入角速度识别、图像识别、手势识别、环境识别、语音识别等传感设备信息,作为虚拟影像的启动形式,这样就形成了完整的各种应用场景(图 1-7)。

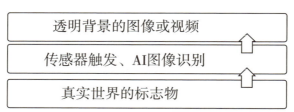

图 1-6　AR 应用场景基本构架

图 1-7　艺术馆中的 AR 应用场景(虚拟的雨滴落到画作上)

常见的 AR 体验有 AR 合影、AR 影视、AR 识图、AR 游戏、AR 导航等，已经用于各个行业，尤其是在教育和导航方面应用非常广泛。AR 场景应用到教育上，最常见最有效的是对书籍的可视化延展，如将书中插画变成动态的视频效果，将数学公式变成三维的解析，将设备图样变成模型装配动画等，借助智能终端或者 AR 眼镜，使得各种常见书籍中的相应知识成为动态的可视化图像（图 1-8），这有助于加快幼儿对书意的理解，拓展了书面静态画面的辨识性和延展性。虽然从作者角度来说，这样的场景应用会大大降低读者的发散性思维，但在这个知识爆炸的社会，这对幼教、职教体系来说未尝不是一个多、快、好、省的捷径。

图 1-8　《那些年，那座城》AR 书籍案例

增强现实系统的主要特点如下：

（1）真实世界与虚拟世界有思想上的延展性和关联性。

（2）增强现实系统有较强的实时人机交互功能。

（3）真实世界和虚拟世界在三维空间中进行整合，并达到一致。

（三）混合现实系统 MR

从保罗·米尔格拉姆的虚实连续体系中我们就能发现，从概念上说，MR 就是 AR 和 VR 的结合体，从表现形式上来说，MR 混合现实和 AR 增强现实更为接近，甚至可以说是师出同门，MR 概念产生的原因，作者认为应该是由于 AR 概念的延展，为了区分技术水平较低的环境交互手段和实现技术，将原 AR 技术范畴内的一些技术手段进行了划分，重新形成了一种类似于更新换代版的技术新概念，这个就是混合现实。

为了区分 VR 和 AR，作者曾在网上看到一则比喻，觉得非常有趣和形象，这则比喻是这样的：如果把这两个技术比喻成一个人，如果是 AR 的话，这个人可能是整过容的，如果是 VR 的话，这个人就可能只是个机器人了。按照这个思路继续下去，AR 和 MR 之间的区别就是，对于 AR（这里的 AR 是指与

MR 相对的技术含量较低的场景）来说，这个人的整容手段只是在脸上贴了张照片；对于 MR 来说，这个人是去医院按照照片整了容。

MR 与 AR 最大的区别在于 MR 对现实物理世界具有能动性，表现在技术上就是 MR 具有空间再构能力，也就是说能够将虚拟模型体与现实环境通过物理世界的探知而进行自动结合，从这点来说，上面那部短片畅想的未来应该完全属于 MR 的技术领域，但短片却将其定义为 AR，原因是该片出世时，MR 还没有出现，研究者们认知的 AR 未来技术应该是含有现今所有的 MR 技术要素的，由此可见它们的关系了。只有具有了空间再构功能，才能更好地贴合虚拟世界与现实世界。在 MR 场景中，虚拟重物能够符合物理规则掉落在现实的地面上，虚拟的线条能够勾勒出现实物体的棱线，手打在虚拟人物的头上，它会对你发怒，手放在虚拟宠物身上，它会做出反应。这才是真正具有虚拟现实 3I 标准的 MR 的场景。

混合现实是真实世界和虚拟世界的融合，可以产生新的可视化环境和效果，其中物理对象和数字对象可以实时共存和交互。混合现实不仅发生在物理世界或虚拟世界中，还是现实和虚拟的混合体。混合现实有许多实际应用，包括设计、娱乐、军事训练和远程工作。也有不同的显示技术用于促进用户和混合现实应用场景之间的交互。

代表虚拟现实最新成果的 MR，依靠各种各样的数字媒介来完成虚拟世界和现实物理世界的融合，小到智能手持终端，大到整个房间，甚至整栋建筑。在不同的行业中都有其实际应用场景，如图 1-9 所示。

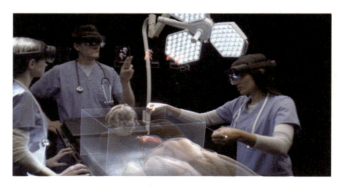

图 1-9　HoloLens2 的 MR 医学教学场景演示

在后面的章节中我们会逐一讲述其中的构成原理和实现方式。以下先介绍目前常见的几种 MR 实现装置或技术：

1.CAVE 环境投影

CAVE 也被翻译成洞穴，实际上的表现则是一个充满投影的房间，近几年随着高分辨率 LED 设备的成熟，越来越多的 CAVE 空间采用全覆盖式的 LED 平面显示来代替投影设备形成的四周墙面和地面屋顶的画面。最大的 CAVE 装置出现在 2010 年上海世博会上的沙特馆月亮船中，1 600 m² 的碗型投影画面吸引了 438 万人次的参观，令人惋惜的是月亮船在上海世博会后继续开放了 5 年，最终于 2016 年 10 月 8 日关闭，随后拆除了。2020 年黄山风景区建造的国内第一个以全彩室内 LED 显示贴面的"黄山梦立方"剧院，以其长宽高都达到 10 m 的六面画面结构，达到了当年 LED 显示 CAVE 装置展厅国际之最。CAVE 沉浸式装置在各个旅游项目和艺创项目中以其巨大的人流吞吐量始终占据主导地位。CAVE 环境投影的主要技术难点在于针对三维空间视角在图像显示上变形的处理和多台显示装置的图像相互之间拼接融合算法模型的建立，合理的算法可以改善由于图像分辨率过于庞大造成的算力紧张的情况。正常来说，每个 CAVE 场景都需要大量的 CPU 线程和 GPU 通道进行运算才能完美地展现出来，在加入场景交互后，这个算力要求更是成倍上升，从而引发了大型 CAVE 装置对云计算和大带宽支持的需求。

2.平视显示装置

平视显示装置也叫抬头显示器（Head-up-Display，HUD），顾名思义，就是将显示内容投射到用户视野之中，在提供各种额外信息的同时又不能模糊或者遮挡用户的视野或者迫使用户把目光移开的一种装置。标准的 HUD 由三部分构成：图像投射构件、图像展示构件和一台实时计算的计算机。图像投射构件将各种信息内容投射到具有透明属性的图像展示构件上，由其将图像反射进入人眼，实时计算的计算机则实时地根据环境参数对图像进行调整，以达到图像与物理世界的实时同步。平视显示装置的原型 HUDs，最早用于军事，装载在战斗机上用于辅助飞行员进行作战。最终由于其广泛的数据便利性，HUDs 已成为航空器上的标准配置。随着社会交通运输业的发展，现在越来越多的车辆上也采用了各种 HUD 的变形应用，其中倒车雷达便是最常见的一种（图 1-10）。

图 1-10　车载 HUD 平视显示装置

3. 头戴显示装置

头戴显示装置，也称为头盔显示器（Head-mounted Display，HMD）。这是一种穿戴在头部或者戴在眼睛前面的装置，它采用一个或者两个显示构件，将图像通过光学镜片投射到用户的单眼或者双眼之中。如果遮挡周围环境，就形成了沉浸式的 VR 头盔（VRHMD），如果没有遮挡环境，则被称为 AR 头盔（ARHMD），如果集合了头部传感器、空间传感器、视觉传感器等众多传感组件，就形成了 MR 头盔（MRHMD）。HMD 因其便携性和私密性成为最受娱乐市场和消费市场欢迎的虚拟现实装备，其因多样性的发展空间，也获得虚拟现实科技创业公司的一致追捧，目前大多的虚拟现实科技公司的研发力量都是针对 HMD 装置开发完善的，如图 1-11 所示。其中 MagicLeap 获得了虚拟现实产业历史上最大的投资，而微软（Microsoft）则连续推出了 HoloLens 以及升级产品 HoloLens2，以其性能不断引领 MRHMD 技术标准和发展方向。

图 1-11　MagicLeap 公司发布的轻量级 MR 穿戴设备

4.移动设备

移动设备主要包括智能手机和平板电脑，2020年以来新款的移动设备算力在不断提高，还内置了GPU图形运算模块，通过增加多个摄像头或者增加激光、红外之类的结构光摄像头，使移动设备具备了MR的硬件前端基础。目前高通等内核厂家都为自家的产品配置了面向增强现实场景应用的工具开发包，以便于开发人员在移动设备上利用本机设备进行MR场景的开发。国际上第一个成功的MR游戏是口袋妖怪（Pokémon GO），它由Nintendo（任天堂）、The Pokémon Company（宝可梦公司）和谷歌Niantic Labs公司联合制作开发，自2016年上线以来已经有8亿人次下载量。自从谷歌发布更新了带有虚拟现实导航功能的地图后，基于MR概念的导航成为每一部智能手机的必备应用，虚拟导航数据已经覆盖了地球上绝大部分地区。苹果公司（Apple）基于结构光扫描的iPad Pro12已经可以迅速地扫描环境并且自动生成环境模型（图1-12），为MR应用提供非常实用的硬件基础。

图1-12 采用结构光扫描获得的房屋模型

5.混合现实系统的主要特点

（1）混合现实系统对物理世界有空间再构功能和空间锚定功能，并能依靠这些功能进行虚拟世界和现实世界的混合、融合以及拓展。

（2）混合现实系统能够将虚拟世界整合到现实世界的三维空间中，并对现实世界有能动性改变，能够基于现实世界改变现实世界在人的感官中的认知。

（3）混合现实系统根据需求创造虚拟世界内容，实现与现实世界的叠和拓扑，用以表现与虚拟世界和现实世界都截然不同的具有全新含义的混合现实。

（四）VR、AR以及MR技术在消防及应急安全场景中的应用

表1-1给出了VR、AR、MR系统功能的区别。

表 1-1 VR、AR、MR 系统功能区别一览表

	VR	AR	MR
沉浸感	最高	最低	一般
互动性	最强	一般	较强
想象力	最强	最低	很强
多感知性	一般	最低	最强
空间再构	无	无	有
虚拟空间定位	有	无	有
现实空间定位	无	有	有
反馈现实	无	最高	一般
虚实结合	无	一般	最高
现实改变	无	一般	最高
表现主体	虚拟世界	现实世界	虚实混合世界
感知设备量	中等	最少	最多
相对适合的应用场景	沉浸教育、科普实验、沉浸游戏、高危训练、运动锻炼、文创艺术	识图教育、科普交互、旅游介绍、虚拟合影、虚拟导航	远程设计、远程辅助、实地培训、点检巡检、艺术延伸、工程工序
面向领域	文教游戏	商业导航	工业辅助

VR、AR 以及 MR 技术应用在消防及应急安全场景中时，VR 更多地应用于沉浸式虚拟训练场景，尤其是消防灾场救援训练，在充分的沉浸感和构想性支持下，采用仿真消防配重交互工具进行的消防训练能够真实地再现灾场救援的真实环境，让受训者在体能、反应、救灾知识等方面得到训练，尤其针对心理耐受度方面的训练效果能够完全超过采用实物仿真训练的消防训练场所，VR 应用在资金消耗上也远低于实物仿真训练场的维护支出费用，并能有效减少训练中的意外状况。而 AR 应用则在预设灾场的真实场所训练中有广阔的应用空间，并可以基于这些预设灾场训练情况进行大数据分析，在预设场所真正发生灾害时能够依靠训练数据开展及时对症的救援活动，并依靠 AR 设备大幅度提高预设场所的应急救援效率。MR 设备则因其多传感多数据集成的特点，能够成为消防救援活动中的最优单兵配置，通过连接了 5G 通讯网络的

MRHMD 设备，消防人员能够在火场救援中迅速得到指挥中心传递的现场电子地图和定位信息，能够迅速在目镜中获得火焰温度、方向导航、空呼气压、消防设备数据以及位置信息、待援人员生存特征等电子图表信息，能够大大提高救援人员灾场存活率和救援成功率。相关设备及配套平台也是我们未来多年的研究方向。

（五）AR 应用的 103 个场景

2016 年外媒对 AR 应用场景的展望，现在应该作为 MR 场景出现，很多技术已经由畅想成为现实。

1. 生产和工作场景

（1）屏幕生成

在任何时候都可以生成高分辨率的屏幕。如果你需要一个监视器，你只需要简单地将屏幕拉到自己的视野范围内并调整尺寸，减少显示设备的空间需求。

（2）电话会议

所有参与者都能通过 AR 看到其他与会者的投影，增加现场参与感。

（3）实时背景核查

通过人脸识别，可以立即在网上搜索到各种背景信息，包括社交账号、照片、浏览器搜索历史等信息，有助于短时间内做好交流准备。

（4）3D 建模与设计

能够实时地在现实世界中浏览并修改 3D 模型，并实现各种交互。

（5）浏览、做笔记、项目管理

所有日常的工作工具都能以 AR 形式实现。

（6）私人助理

能够即时查看你的事务安排，并及时做出提醒。

（7）远程合作

远程视频将取代通过屏幕进行的信息分享的方式，从而使得合作更加容易。

（8）AR 测量

使用 AR 的空间再构能力获得物体的长度与距离。

（9）实时监视

定制任何你想要获得即时更新的消息反馈，如社交媒体、你的房子、孩子、工作安排、甚至是天气预报，将它们放置在你周围的虚拟空间内以备随时查看。就如身处一个数据展示房间里，周围漂浮着各种窗口。

（10）AR 用户界面 / 用户体验

正因为没有实体屏幕，AR 可以让用户更轻松地设计自己喜欢的数据交互空间。

（11）快速记忆

通过将面部识别功能关联一些工作工具，让用户能快速地记起自己上一次遇到这个人是什么时候，互相说了什么，以及其他一些关联信息。

（12）实时调查

进行实时搜索并能立即获得答案。如果你身处一个会议，有人提到你不懂的词汇，你可以使用 AR 来悄悄搜索这个词汇，AR 可以在你自己的视野中展示出答案。

2. 心理分析

（1）公众演讲

通过人脸表情、肢体动作等情绪化指数，获取人群中的情绪变化，分析他们的反应，了解最受欢迎的演讲内容。

（2）智慧会议

让你了解听众对你本人以及会议主题的态度和反应，并进行记录，以便于客户跟踪。

（3）用户反馈

利用产品测试、心理实验、表情捕捉等多种方式对用户进行心理分析，从而获得客观反馈。

（4）情商训练

通过训练和实时反馈帮助用户建立适当的社交活动的基准，如合适的眼神交流、什么时候适合开玩笑、怎样保持与他人之间合适的距离。对于自闭症人群有着特殊的适用性。

（5）移情训练

把人们放到其他人的视角上从而实现换位思考。人们可以体会不同性别、不同种族的人的日常生活，健康的人可以感受残疾人看待世界的视角等。

3. 家庭应用

（1）室内设计

在改造你的屋子之前看到最终效果图，如不同颜色的墙、家居布局等。

（2）资源监控

控制物联网设备并监控各种能源消耗与当前费用单。增加能源利用率并让你更清楚地知晓每个月的水电费等都花在了哪里。

（3）清洁监控

形象化需要清洁的区域并提供提醒与完成百分比。如将需要清洁的区域显示成红色，清洁完之后它就实时变为蓝色。

（4）看护婴儿

扫描用户的居住空间并标注出有危险的物品，然后提供建议让用户知晓如何避免这些物品对孩子带来的危害。

4. 交通应用

（1）GPS 导航

将导航直接叠加在视野中，直接看向前方，避免了因低头看手机或汽车导航造成事故的危险。

（2）防止撞击

不论是使用自动驾驶车辆还是 AR 辅助驾驶，计算机视觉对潜在危险的检测和反应都比人类更加迅速。

（3）危险标记

司机或乘客对危险或需要减速的路段进行标记，其他的 AR 用户也可以获得提醒，以减少事故的发生。

（4）事故记录和分析

执法交警可以从自己的视角进行记录，为确定事故原因提供更多的证据。

5. 教育

（1）说明和指南

为汽车、家具以及各种机械提供可视化的组装和维修步骤，代替了用户手册和安装指南。

（2）天文学习

抬头仰望夜空，就能识别行星、恒星、星座以及各种各样的天体。

（3）职业培训

学员可以通过 AR 指令和虚拟培训教程，快速掌握工作技能。

（4）课堂教学的改进

AR 课程资料能够让学生深入地了解课题。教师可以在线提问学生，直接看到他们给出的答案，学生可以远程参加学习小组完成作业。教师还可以看到哪位学生没有加入，从而进一步给予关注。化学实验课也不必再担心化学药品可能造成的危险。

（5）数字书籍

在虚拟屏幕上列出书籍上内容或词汇的相关信息的链接、词汇的定义等，通过网络数字信息扩展，帮助书籍阅读者获得更好的阅读体验和更好的深度理解。

6.医疗

（1）手术助手

在手术中识别器官和组织，并获得指令，可以站在医生视角观察，也可以是基于知识库的应用学习。

（2）药物识别

帮助医务工作者正确地分辨药物，即使他们没有受过训练也可以完成。简化了对药剂师和医生的要求，减少了药物管理和处方过程中可能发生的错误。

（3）静脉插入

在病人肢体上叠加虚拟人体血管模型匹配，让医务工作者能更容易找到不常用部位的静脉并进行注射，增加一次性插入成功的几率。

（4）临床学习

AR能够帮助缺乏临床经验的医务工作者迅速提升能力，如遇到不能解决的医疗问题可以实时呼叫远程协助，通过第一人称视角进行临床辅助诊断处理。

（5）症状检查

让医生面对患者时能实时调取医疗数据库的各项检查信息，结合患者实时体征进行更准确的症状检测。

（6）远程会诊

遇到疑难杂症时，与其他医生更快速简捷地进行合作，同视角分享X光片、检查指标、CT造影等资料，实时分享诊断观点，讨论诊断结果。

（7）捐赠者识别

通过提取姓名和隶属关系等背景信息，帮助相关单位更好地与他们的捐赠者建立关系。

7.政治

（1）事实核查

通过AR获得陈述人的表情动作及心理特征表现，以分析陈述的真实性。

（2）AR提词器

发表演说时不必再看题词板，也可以在辩论中直接引用和阅读相关问题的陈述，同时可以接受参谋团队的实时提示。

（3）公众投票

通过情感分析来衡量公众对一个投票人的实际态度，包括他们支持候选人

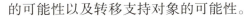

的可能性以及转移支持对象的可能性。

8.军事

（1）情报传递

可以用 AR 标示出特定的目标，只有 AR 眼镜可见，提高隐秘性。

（2）友军甄别

利用大范围的 AR 覆盖分辨出友军和平民，用不同颜色或记号标记出友军和平民、敌军和敌军车辆，将伤亡降到最低。

（3）增强视觉

识别目标，障碍报警，武器视界瞄准，瞄准视觉延伸。

（4）炸弹检测

用 AR 结合 X 光和弹药传感器进行炸弹监测扫描，接收反馈信息，标记出炸弹位置，避免危险。

（5）无人机控制

以无人机视角进行远程控制。

（6）状态显示

显示剩余的弹药、食物和水、个人和整个队伍的健康状况、任务细节以及其他关键信息。

9.艺术与文化

（1）城市之旅

通过 AR 地理位置识别，可在城市相关位置标注旅游热点。

（2）艺术分析

了解作品以前的发展历程和在那些基础上创作出的最终的作品，了解艺术家所使用的技术和手法。

（3）艺术教学

根据 AR 所指示的步骤和要点，一步步学习绘画、雕刻等。

（4）古迹还原

通过 AR 技术将历史遗迹复原，让人们看到古迹原本的样子。

（5）艺术创意

可以在实体艺术形态上进行虚拟创作，可静态也可动态，通过再创意提升艺术价值。

（6）自然之旅

确定植物和动物的种类，了解它们的相关知识，获得融入自然的乐趣。

10. 购物

（1）服装购买

通过 AR 技术将服装叠加到自己身上，可以在家就获得试衣效果。

（2）家具购买

将家具以 AR 的形式摆放到家里的具体位置并查看效果。

（3）生活小物品购买

创建购物目标，如营养品、食物等，然后通过 AR 系统来提示需要购买的物品及其所在位置。

（4）个人风格

通过 AR 尝试不同的发型与妆容。

（5）身体改变

在自己身上查看纹身、穿孔以及整形的效果。甚至还能看到自己减肥、增肥以及锻炼出一身肌肉的效果，甚至还能看到自己减龄与增龄的样子。

（6）沿街购买

如果你在现实世界中看到喜欢的商品，你可以立刻获得该商品的信息以及购买选项。

（7）价格比对

当你在实体商店看到商品时，你可以更简单便捷地比对该商品在线上商城的价格。

11. 社交

（1）约会分析

初次见面，可以对对方进行实时分析，从而了解对方的背景信息、兴趣以及喜好。

（2）自我营销

将简短的自我介绍信息以虚拟文件的形式推送给 AR 用户，随时随地将自己介绍给更多的个人和社群。

（3）个人视角直播

用第一人称丝毫不落地记录生活日志，你所看到的都会成为直播。

（4）个人社交状态

用户可以选择设置自己的状态，对其他人可见。例如，如果你想要安静独处，可以将状态设置为"请勿打扰"，也可以显示自己正在收听的歌曲，以及情绪状态的改变。

（5）看脸识人

AR可以通过扫描面部来获取姓名，对那些难以将别人的名字和长相对应记住的人来说，有很大的帮助。

（6）AR聚会

来自不同国家、不同城市的朋友们可以随时见面，坐在自家的沙发上就可以和朋友们一起看电影、玩游戏、逛街。

12.运动健身

（1）全息教练

在你的运动空间中创造一个虚拟的全息个人教练来代替原来的训练视频，你可以从各个角度全方位观看教练的锻炼方式，并且与教练同步训练。

（2）个性化训练

通过AR装置监测心率、疲劳、用户反馈、训练目标等，做出实时的判断和调整。

（3）游戏化的训练

将跑步、散步、骑单车等运动纳入任务之内，设立具体目标，将各项任务完成。同时可以设立排行榜，与好友竞争。

（4）健身记录显示

在需要时显示你的个人记录和历史任务信息，当你做仰卧推举时，可以看到自己的力量极限，扫描过去的记录，记录当前的重量、消耗等。

13.建筑施工

（1）项目管理

通过工序流程进行项目管理，并可以在现场调用项目资料查证。

（2）蓝图和模型

比起传统的图纸和CAD模型，3D的AR投影更加直观。

（3）项目可视化

在勘察项目现场的同时可以看到未来建筑落成的样子。

（4）BIM施工

通过AR视觉，调用BIM设计数据，以及施工标准工序、虚拟模型指示位置等信息，指导现场施工，并按照进度进行施工质量监控记录。

14.游戏

（1）定位游戏

在现实世界的地图中叠加一个游戏层，让玩家以全新的方式体验现实世界，并且可以与其他玩家见面。

（2）现实世界游戏化

将游戏动态应用于现实活动中，让任何事情都可以形成竞争机制。

（3）动态虚拟形象

通过动态的虚拟形象反映用户的真实表情和性格特点。

（4）AR 宠物

创建一个时刻伴随着你的数字宠物，可以与其他人的数字宠物展开互动。

（5）增强游戏

可以通过针对显示器叠加 AR 画面或者直接在 AR 画面中创造多个叠加显示区，以叠加附加游戏信息，形成一种全新的游戏体验。

（6）电竞直播

在直播的画面上方叠加游戏和玩家信息等，形成全景式多重画面同步观看的全新体验感。

15. 体育

（1）运动员数据统计

观看比赛时，可以实时看到运动员的统计信息和数据。

（2）运动分析

获得任何想要的运动信息，如球的速度、击球力度以及角度等。

（3）运动员的提升

通过拓宽运动员的视野来增强他们的注意力和反应能力，如射箭和射击比赛中，直接在运动员眼前显示实时风速、风向信息以及中靶图样。

（4）可视化训练

记录教练指导内容，根据运动员训练阶段，放到运动员的 AR 视野中，提升训练的效率。实时将多角度镜头拍摄的运动员动作显示到 AR 视野中，以便矫正运动员动作。

16. 电影与电视

（1）演员信息：叠加一个类似 IMDb 的资料库，让观众快速了解演员的姓名、生平以及曾经塑造过的角色。

（2）同时观看

在同一时间与其他人进行远程同时观看，或同一时间在 AR 视野中观看多部影片。

（3）自动字幕

利用实时翻译功能和语音识别功能，为你看到的任何场景添加可选的字幕。

（4）移动观看

无论是在跑步、散步还是上下班的路上，任何场景都可以方便地欣赏电影电视作品。

17.广告

（1）个性化和针对性

基于每个人兴趣、情绪、关注点、位置等状态，让他们可以看到针对性的广告，同一幅广告可以为每一个人提供多个不同的 AR 视觉体验。

（2）产品展示

通过 AR 视角进行虚拟化的产品展示，并可以直接选择或下单。

（3）广告创意

广告商将尝试利用更具侵略性的广告策略来吸引消费者的注意力。AR 广告可以随时随地在人们眼前弹出，广告中的事物可以从虚拟走进现实，通过监控传感器，广告会跟随人的视线运动，使人难以避开。

18.辅助功能

（1）盲人助手

AR 的对象识别和语音功能可以随时随地告诉盲人周围的场景和实况信息。

（2）失聪者助手

用户可以通过 AR 设备接收声音信息，然后将其转化成文本提示。

（3）实时翻译

通过 AR，将外语的文本和音频转化为用户的母语并予以显示。

（4）轮椅地图

接收 AR 轮椅地图，为用户规划出适合轮椅通过的无障碍路线。

（5）视觉增强

通过变焦让用户能看清非常小的或者距离太远的文本。

三、虚拟现实发展史

（一）虚拟现实发展阶段

1.价值 20 亿的 VR Ready 标准

从 20 世纪 70 年代到 90 年代早期，VR 研究的进展是十分缓慢的，直到 21 世纪早期，VR 技术才得以加速发展。这是因为图形显示技术已能满足视觉耦合系统的性能要求，高分液晶显示（LCD）技术的发展使得生产廉价的头盔式显示器成为可能。

1983 年，美国国防部（United States Department of Defense，DOD）制订了 SIMENT 的研究计划，1985 年，美国硅图公司成功开发了网络 VR 游戏 Dog Fight（图 1-13），用于空军训练空战缠斗技巧和发展新的空战技术实践。随后发明的 3dfx 算法成为图形显卡的先驱。

图 1-13　美国硅图公司的 Dog fight VRGame

1985 年，美国航空航天管理局 NASA 的司各特·菲舍等人开始研制著名的 VIEW（Virtual Interactive Environment Workstation，虚拟交互环境工作站）。它是一种"数据手套"（Data Glove），这种柔性、轻质的手套装置可以量测手指关节动作、手掌的弯曲以及手指间的分合，从而可编程实现各种"手语"功能。与"数据手套"原理类似的还有"数据衣"。1986 年底，司各特·菲舍成功研制出第一套基于 HMD 和数据手套的 VR 系统 VIEW。这是世界上第一个较为完整的多用途、多感知的 VR 系统，使用了头盔显示器、数据手套、语言识别与跟踪技术等，并应用于空间技术、科学数据可视化、远程操作等领域，被公认为现代 VR 技术的起源。

1992 年，Carolina Cruz-Neira 等公司建立的大型 VR 系统 CAVE，在国际图形学会议上以独特的风貌展现在人们面前，标志着这一技术已经登上了高新技术的舞台。操作者置身于一个边长为 3 m 的立方体房间，有 4 面投影屏幕，各由 1 台 SCI 工作站 VGX 控制的投影机向屏幕交替显示计算机生成的左、右眼观察图形，操作者佩戴一种左、右镜片交替"开"（透光）、"闭"（遮光）的液晶光闸眼镜，可看到环绕自身的立体景物，同时无妨于看见室内的初始物体，图形景物随着操作者在室内走动时的视线变化而变化。在这次会议上，SGI 和 Sun 等公司也展出了类似的环境和系统。

1993 年 11 月，宇航员利用虚拟现实系统成功地完成了从航天飞机的运输舱内取出新的望远镜面板的工作。波音公司采用虚拟设计技术用虚拟现实设计波音 777 获得成功。

1996 年 10 月 31 日，世界上第一个虚拟现实技术博览会在伦敦开幕，全世界的人们都可以通过互联网在家中参观这个没有场地、没有工作人员、没有真实展品的虚拟博览会。

1996 年 12 月，世界上第一个虚拟现实环球网在英国投入运行。操作者可以在一个由立体虚拟现实世界组成的网络中遨游，身临其境般地欣赏各地风光、参观博览会和在大学课堂听讲座等。

20 世纪 90 年代以后，迅速发展的计算机硬件技术、计算机软件系统和民用化后的互联网技术，极大地推动了虚拟现实技术（含软件和硬件技术）的发展，使基于大型数据集合的声音和图像的实时动画制作成为可能，人机交互系统的设计不断创新，很多新颖、实用的输入和输出设备不断出现在市场上，为虚拟现实系统的发展打下了良好的基础。

2012 年至今，虚拟现实技术进入产业化的快速发展阶段。在这期间，互联网普及、计算能力和 3D 建模等技术进步大幅提升 VR 体验，虚拟现实商业化、平民化有望实现。相比 20 世纪 80 年代至 90 年代，显示器分辨率提升、显卡渲染效果和 3D 实时建模能力等原有技术的提升，推动了 VR 设备的轻量化、便捷化和精细化，从而大幅度优化了 VR 设备的体验。2012 年，随着 Oculus Rift 开发项目开始众筹，虚拟现实迎来一个新阶段，即 2C 端的 VR 消费电子设备将登上历史舞台。

2014 年，Facebook 以 20 亿美元收购 Oculus，虚拟现实热潮才真正进入发展阶段。虚拟现实技术成熟度已经达到市场爆发的临界点，消费级产品将不断诞生。Oculus 被收购的重大意义，不在于其创造的第一代 Oculus Rift 头戴式虚拟现实眼镜，而在于 Oculus 第一次在虚拟现实行业提出了 VR 头戴式显示设备的标准，即 VR Ready 硬件标准（Oculus VR Ready 技术规范研究表明，500 PPI 的显示分辨率和 90 Hz 以上的刷新率可以有效消除 VR 头盔使用者的眩晕感而使其体验到完美的虚拟现实环境。同时，VR Ready 也是针对可以为 Oculus Rift 提供相应计算资源的 PC 平台提出的硬件配置指标）。至此，虚拟现实技术已经度过了概念炒作的阶段，迎来大规模的商业化应用。

随着 Oculus Rift 和 HTC VIVE 两大 HMD 设备的量产和公开发售，虚拟现实技术已经达到推出消费级产品的程度。虚拟现实的具体技术指标体现在以下几个方面：GPU 芯片运算能力、屏幕清晰度、屏幕刷新度、视场以及传感器，其中尤其关键的是屏幕清晰度以及产品屏幕刷新率。目前的国内国际主要配件大厂都已经推出了 4K 分辨率和 196 Hz 刷新率的 HMD 显示面板。虚拟现实元器件综合技术水平的提升使得产品已经能够满足消费者的基本需求。

2. 吸金巨兽 Magic Leap 背后的 "CR"

CR 是英文 Cinematic Reality 的缩写，中文是影像现实的意思，其想表达的是虚拟场景跟电影特效一样逼真。这个概念是 Magic Leap 创造的，实际上，这个概念和 MR 没有什么区别，从某种意义上来说是一个东西。

2010 年，作为成功的连续创业者，Rony Abovitz 以 16.5 亿美元的价格卖掉了前一个科创企业 MAKO 外科手术机器人公司，一步踏入了正在逐渐兴起的虚拟现实产业，从而创建了 Magic Leap 公司。2012 年，凭借一部在篮球馆地板上凭空出现的鲸鱼特效的 CR 技术视频（图 1-14），获得了由谷歌、高通、Andreessen Horowitz 和 Kleiner Perkins 等投资企业提供的超过 5.4 亿美元的风险投资。

图 1-14　在地板凭空出现活灵活现的鲸鱼

2014 年前后，Magic Leap 公司一直处于隐身阶段，尽管同时间的谷歌眼镜和 Oculus Rift 已经推出成型的虚拟现实产品，并且微软后来也发布了有关 Microsoft HoloLens 的光场技术专利，Magic Leap 始终表示它拥有更新的专有技术，能够将更高分辨率的虚拟图像直接投射到使用者的视网膜上。为此，Magic Leap 继续获得了由谷歌领头的 B 轮投资与著名影视人理查德·泰勒和他的特效公司维塔工作室的支持。

2015 年 3 月，Magic Leap 发布了一个名为 "Just another day in the office at Magic Leap" 的演示视频，视频中展现了增强现实游戏和混合现实的办公应用系统。虽然视频中没有展现任何硬件，但 Magic Leap 声称摄镜头是通过 Magic Leap 的虚拟现实设备拍摄的，没有采用任何特效和后期合成，尽管很多专业人员对视频中展现出来的虚拟黑色物体表示怀疑，但是并没有影响投资方高涨的热情。以阿里巴巴领头的 C 轮投资共为 Magic Leap 公司带来了 14 亿多美元，紧接着跟进的沙特公共投资基金又在 D 轮投入了 4.61 亿美元。到此为止，Magic Leap 本身价值已经达到了 60 亿美元（图 1-15）。

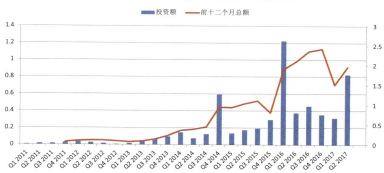

图 1-15　在虚拟现实产业投资大潮中的 Magic Leap

2018 年 6 月，千呼万唤的 Magic Leap 首个头盔产品在网上展示，但并没有其视频中表现的任何一点优势特征存在，2020 年，Magic Leap ONE 作为 Magic Leap 的首个 MR 头盔产品在其专属合作伙伴 AT&T 全美商店中进行销售，受到疫情和产品预期的影响，虽然 Magic Leap 处于重组状态并明确裁剪半数员工的情况下，但依然筹得了 3.5 亿[1] 美元的资金。

2020 年 9 月，有消息称，2019 年估值为 64 亿美元的 Magic Leap，在 2020 年 6 月公司价值估值只有 4.5 亿美元，六个月内跌幅超过了 93%[2]。

再回到鲸鱼视频，这到底是怎么实现的呢？这要从下面几点说起。

（1）视频中的孩子们没有穿戴任何高科技装备，但 Magic Leap 的专利是"大型同步远程数字存在"技术，这个技术需要 3D 虚拟与增强现实系统、符合人体工程学的头戴式显示器、触觉手套、紧凑型成像系统的配合，也就是说，这个技术不靠高科技装备是无法实现的。

（2）Magic Leap 宣传的"动态数字光场信号"技术在网上搜索不到，没有任何技术资料。

（3）体育馆背后的两个窗户提供了敞亮的照明，鲸鱼跃起时竟然挡住了背后的阳光，虚拟影像毫无透明度。

（4）Magic Leap 公司与 Weta 公司有合作，之前推出过多部视频，后者是

---

①　Heater, Brian (May 21, 2020). "Magic Leap has apparently raised another $350 million, in spite of itself". TechCrunch. Retrieved May 22, 2020.

②　WEINBERG C. Biggest Startup Markdowns: Magic Leap, WeWork, Airbnb[J/OL]. The Information, 2020.

一家著名的电影特效公司，也就是说，鲸鱼视频极有可能是后期经过特效处理的宣传视频。

3. HoloLens2 MR 纪元的开始

2015 年 1 月 21 日，作为行业巨头的微软公司在它名为 "Windows 10：The Next Chapter" 的发布会上推出了它的第一代 MR 头盔显示装置——Microsoft HoloLens。

Windows Mixed Reality 平台作为 Windows 的一部分（图 1–16），为混合现实、增强现实和虚拟现实相关的硬件体系提供了现场演示的物理硬件支撑，其中包括：运动边缘空间定义、虚拟模型空间展示、网络浏览器空间映射、虚拟体验场景交易平台等功能的集成，成为众多希望参与虚拟现实装备生产活动的各大厂商的设备标准接口和设备行业规范。直到五年后，还有很多虚拟现实头盔厂商在模仿微软的虚拟空间平台，但由于终端设备算力问题和模型优化技术的缺失，大多都只是完成了全景式的 APP Store 或者内容导航空间，或者索性把虚拟现实三维空间概念偷换成了全景模式。而 2015 年微软公布的这个平台已经具有虚拟现实三维空间的完整概念（图 1–17），在这个空间里，用户可以随意地在一座居于小山顶部的具有很高真实感的别墅中活动，这个别墅有一个布置了家具的客厅，还有接近 100 in 的画面投影在墙面上。有一个宽阔的阳台可以观景，甚至还有一个巨大的落地窗。脚边的购物袋则是 APP 市场的入口。

图 1–16　微软的 Windows Mixed Reality

图 1-17　微软的 Windows Mixed Reality 平台

实际上，在 Windows Mixed Reality 平台上支持的设备中，也只有 Microsoft HoloLens 这个产品才是唯一的 Mixed Reality（MR）设备，并且作为无线的 Microsoft HoloLens 是脱离 PC 终端进行独立运行的。它通过多个传感器，可以对现实空间进行定位，并可以通过这些定位，让用户方便地将虚拟物体放置在现实物体的表面上，并能够将虚拟场景与现实场景贴合，甚至可以在现实世界的桌面上开一个虚拟的深洞。

作为第一代产品，Microsoft HoloLens 也是存在很多缺陷的，最大的缺点就是它的视角非常狭窄，只有 34° 左右，虽然随着头部的转动，画面会自动进行补充，但是虚拟世界与现实世界明显的分界会让用户的沉浸感体验变差。另外，HoloLens 的手势识别也比较少，只有 2 个，对于手柄来说虽然进步了不少，但是交互体验并不是很好。2 h 左右的续航时间也不尽如人意。这些缺陷在 2019 年上市的 Microsoft HoloLens2 上得到了大幅度的改善（图 1-18，图 1-19），其中变化最大的是二代比一代的视角足足大了一倍，单目分辨率从 720 P 提升到了 1 440 P，并且根据人体工程学调整了配重设计，让用户佩戴起来更加舒适，没有前重后轻的感觉。在手势识别上，更是可以全手建模匹配，支持基于手部的所有动作。相比一代来说，Microsoft HoloLens2 已经是一款能够投入实用的 MR 设备了，当然对于民用产品来说其价格仍然是过高的。

图 1-18　微软 HoloLens2 内部构件解剖

图 1-19　微软 MR 产品 HoloLens2

Microsoft HoloLens2 于 2019 年发布，直到 2020 年中，市场上才可以普遍拿到订货。自从 HoloLens 发布以来，各种基于 MR 的应用依靠这一头戴式显示装置发展起来，直到 HoloLens2 上市时，MR 的应用体系通过这一系列产品的实际应用，在发展过程中逐步形成了体系化的行业应用方向（表 1-2）。根据目前最为完善的 MR 设备的条件，MR 目前最合适的还是工业上的应用，尤其在远程辅助、工序管理上具有强大的优势。

相比智能终端手机来说，解放双手的 MR 头戴式显示系统有最终的替代属性，随着 MR 技术的不断提升，MR 应用场景的不断扩大，MR 头戴式显示装置或者轻便的 MR 眼镜必将成为继台式电脑、网络、智能手机之后，改变人类生活的第四大智能装备，Microsoft HoloLens2 正是开启这一时代的钥匙。

表 1-2　微软 Windows Mixed Reality 平台引流出品的各种虚拟现实产品及其技术参数

Name	Headset Type	Release Date	Display Type	Resolution (per eye)	Field of View	Audio	Connectivity	Initial Retail Price (USD)	Platform Compatibility	Input
Microsoft HoloLens	MR	30-March-2016 2-May-2019	Proprietary	1 268x720	34°	Integrated Speakers	Bluetooth 4.1 LE, IEEE 802.11ac	$3,000 $5,000	Windows Mixed Reality	Hand Gestures and Clicker
Microsoft HoloLens 2	MR	24-February-2019	Proprietary	2 560x1 440	52°	Integrated Speakers	Bluetooth LE 5.0, 802.11 2x2 WiFi	$3,500	Windows Mixed Reality	Eye tracking, Spatial Tracking, Hand Tracking
Lenovo Explorer	VR	17-Oct-2017	LCD	1 440x1 440	110°	3.5 mm audio jack	1x USB 3.0 1x HDMI 2.0 1x Bluetooth 4.0	$349 ($449 with controllers)	Windows Mixed Reality SteamVR	6DoF dual controllers tracked by HMD*
Acer AH101	VR	17-Oct-2017	LCD	1 440x1 440	100°	3.5 mm audio jack	1x USB 3.0 1x HDMI 2.0 1x Bluetooth 4.0	$399.99 (controllers included)	Windows Mixed Reality SteamVR	6DoF dual controllers tracked by HMD*
Dell Visor	VR	17-Oct-2017	LCD	1 440x1 440	110°	3.5 mm audio jack	1x USB 3.0 1x HDMI 2.0 1x Bluetooth 4.0	$350 ($450 with controllers)	Windows Mixed Reality SteamVR	6DoF dual controllers tracked by HMD*
HP WMR headset	VR	17-Oct-2017	LCD	1 440x1 440	100°	3.5 mm audio jack	1x USB 3.0 1x HDMI 2.0 1x Bluetooth 4.0	$449 (controllers included)	Windows Mixed Reality SteamVR	6DoF dual controllers tracked by HMD*

续 表

Name	Headset Type	Release Date	Display Type	Resolution (per eye)	Field of View	Audio	Connectivity	Initial Retail Price (USD)	Platform Compatibility	Input
Samsung Odyssey	VR	6-Nov-2017	AMOLED	1 440x1 600	110°	integrated AKG headphones, built-in microphone	1x USB 3.0 1x HDMI 2.0 1x Bluetooth 4.0	$500	Windows Mixed Reality SteamVR	6DoF dual controllers tracked by HMD
Asus HC102	VR	20-Feb-2018	LCD	1 440x1 440	95°	3.5 mm audio jack	1x USB 3.0 1x HDMI 2.0 1x Bluetooth 4.0	$399	Windows Mixed Reality SteamVR	6DoF dual controllers tracked by HMD*
Samsung Odyssey+	VR	22-Oct-2018	Anti-SDE AMOLED Display	1 440x1 600	110°	integrated AKG headphones, built-in microphone	1x USB 3.0 1x HDMI 2.0 Integrated Bluetooth 5.0 radio to communicate with controllers[36]	$500	Windows Mixed Reality SteamVR	6DoF dual controllers tracked by HMD
HP Reverb	VR	6-May-2019	LCD	2 160x2 160	114°	removable headphones, two integrated microphones, 3.5 mm audio jack	1x USB 3.0 1x DisplayPort 1.3 Integrated Bluetooth Radio to communicate with controllers	$599 Consumer Edition $649 Professional Edition	Windows Mixed Reality SteamVR	6DoF dual controllers tracked by HMD

续　表

Name	Headset Type	Release Date	Display Type	Resolution (per eye)	Field of View	Audio	Connectivity	Initial Retail Price (USD)	Platform Compatibility	Input
Acer OJO 500	VR	17–Oct–2019	LCD	1 440x1 440	100°	removable headphones, two integrated microphones, 3.5 mm audio jack	1x USB 3.0 1x HDMI 2.0	$399.99 (controllers included)	Windows Mixed Reality SteamVR	6DoF dual controllers tracked by HMD
HP Reverb G2	VR	Q4 2020	LCD	2 160x2 160	114°	Valve 'off–ear' headphones, two integrated microphones	1x DisplayPort 1.3 1x USB 3.0 Type–C	$600 (controllers included)	Windows Mixed Reality SteamVR	6DoF dual controllers tracked by HMD (new controller design)

（二）虚拟现实编年史

1838 年，查尔斯·惠特斯通率先描述了立体镜技术原理，这项技术使他创建了世界上最早的立体显示装置（图 1-20）。

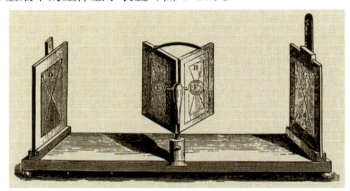

图 1-20　惠特斯通立体镜

1861 年，查尔斯·惠特斯通在让人们通过视觉设备从照片中产生具有尺寸和深度的幻觉方面取得突破。通过并排放置两个具有角度差的图像，再通过聚光镜查看它们，便有了最早的三维显示装置（图 1-21）。

图 1-21　最早三维显示装置

1929 年，埃德温·林克与训练师和飞行员制造商共同开发了第一台机械结构的飞行模拟器，进行了第一个"体验模拟"，除了视觉模拟外，其他方面的虚拟模拟体验已经实现（图 1-22）。

图 1-22　埃德温·林克的飞行训练模拟器

　　1935 年，科幻小说家斯坦利·温鲍姆撰写了《皮格马利翁的眼镜》。在这个虚构的短篇小说中，主角遇到一位叫德维希的教授，他发明了一副护目镜。这篇简短的故事详细地描述了包括视觉、气味、味道、声音和触感的仿真模拟，这部小说被认为是探讨虚拟现实的第一部科幻作品（图 1-23）。

图 1-23　皮格马利翁的眼镜

　　1939 年，纽约世博会上第一代 View-Master 问世了，其中文名字为三维魔景机，通过卷动图片带给观众 3D 的体验（图 1-24）。

图 1-24　View-Master 出现

　　1956 年，莫顿·海里格创造了"Sensorama"，可以说是第一台 VR 设备（图 1-25）。这个设备有点像电子游戏街机，它结合多种技术实现了所有感官体验全彩的 3D 视频、音频、振动和吹风等效果。他为自己的设备创作了六部具有沉浸式效果的短片。

图 1-25　Sensorama 模拟器（演示装置和体验采集装置）

　　1960 年，莫顿·海里格获得了名为 Telesphere Mask 的发明的专利（图 1-26）。这是有史以来第一台头戴式显示设备（HMD）的设计专利。他的设计为佩戴者提供了 3D 立体图像和完整的立体声效果。

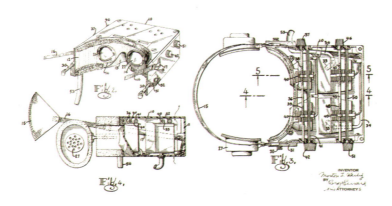

图 1-26 莫顿·海里格的 Telesphere Mask

1961 年，科莫和布莱恩发明了"Headsight"，它是世界上第一款成品 HMD 设备，融合可 CCTV 监视系统及头部追踪功能，但是作为隐秘信息查看装置，它并未集成虚拟现实功能（图 1-27）。

图 1-27 科莫和布莱恩的"Headsight"

1965 年，伊凡·萨瑟兰被亲切地称为"计算机图形学之父"（图 1-28），在 VR 历史上占有一席之地。他曾经进行过一个名为"The Ultimate Display"的 HMD 项目，该项目通过将 HMD 连接到计算机程序的立体显示器来实现 3D 效果。

图1-28 计算机图形之父伊凡·萨瑟兰

1968年，伊凡·萨瑟兰和他的学生鲍勃·斯普劳尔创建了世界上第一个AR头戴式显示器（HDM），如图1-29所示。

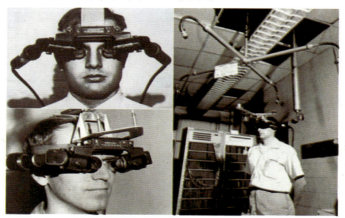

图1-29 世界上第一款AR眼镜

1975年，计算机艺术家迈伦·克鲁格成为第一代将虚拟现实和艺术结合的研究人员。通过动作捕捉系统，他成为第一批让自己的形象进入虚拟世界的计算机研究人员之一（图1-30）。

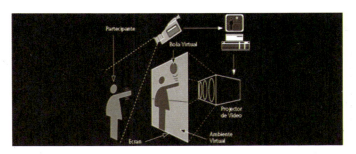

图 1-30 迈伦·克鲁格和他的虚拟艺术影像装置

1978 年，第一个真正的超媒体系统是由安德鲁·利普曼和他的同事在麻省理工学院开发的 Aspen 电影地图（图 1-31）。在该系统中，用户可以浏览当地街道、进入建筑物，甚至可以更改季节，可以选择穿过街道的随机路径，但不能偏离中心。另外，每个动作都以 10 ft 为步长。用户将使用动态生成的菜单系统进行交互。他们会从触摸屏界面中选择图标，以选择合适的速度和视角。谷歌的街景视图便借鉴了 Aspen 电影地图。

图 1-31 Aspen 电影地图

1979 年，麦克唐纳·道格拉斯公司将虚拟现实技术集成到 HMD 中，做出一种军用头盔，称为 VITAL 头盔设备。该头盔显示器中的头部跟踪器会跟踪飞行员的眼球运动，以匹配计算机生成的图像（图 1-32）。

图 1-32　麦克唐纳·道格拉斯公司的 VITAL 头盔设备

1982 年，托马斯·弗内斯为军方创建了一个虚拟飞行模拟器的工作模型（图 1-33），称为视觉耦合机载系统模拟器（VCASS）。

图 1-33　托马斯·弗内斯为美国军方建造的 VCASS

1985 年，斯科特·费舍尔为 NASA 的 Ames 研究中心的宇航员开发了虚拟现实系统（图 1-34），称为虚拟环境工作站项目（VIEW），开发该系统的目的是让宇航员从空间站内部控制空间站外部的机器人，该系统中的头戴式显示器具有 180° 视野场角（FOV）的超广角光学元件。该团队历时五年开发了具有匹配光学器件的相机系统、高科技仪器手套和虚拟接口环境工作站（VIEW）。

图 1-34 斯科特·费舍尔研发的虚拟环境工作站项目

1986 年，汤姆·弗内斯作为虚拟现实技术的先驱，编写了 "The Super Cockpit" 系统。汤姆·弗内斯将其描述为魔术系统，即结合魔术头盔、飞行服和手套，超级座舱可以将佩戴者带入了一个完全沉浸式的虚拟世界（图 1-35）。该系统功能包括语音控制、头部控制（包括眼睛控制）和虚拟手控制。汤姆·弗内斯的系统具有直观的触控面板，它可以投影关键信息，如航空电子数据、3D 计算机生成的地图、前瞻性 IR 和雷达图像。所有这些数据都进入了沉浸式三维虚拟空间。

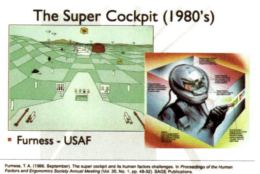

图 1-35 汤姆·弗内斯编写的 "The Super Cockpit" 系统

1987 年，英国航空航天公司以汤姆·弗内斯博士的 "The Super Cockpit" 系统为基础，增加了语音识别和触觉反馈，使之成为一个具有头部、眼睛和手部跟踪功能以及 3D 视觉和音频功能的完整系统。杰伦·拉尼尔在 VPL

Research 期间推广了"Virtual Reality"一词（图1-36）。随后的虚拟现实在媒体上的曝光度超过了任何一个历史时期。

图1-36　VPL Research 的虚拟现实系统

1989年，整个虚拟现实行业开始引起人们的兴趣，人们开始探索 VR 的潜力。任天堂娱乐公司在一场大规模的营销活动中展现了 VR 游戏效果和控制器配件的魔力。最初，它是每个游戏玩家愿望清单的首位。可悲的是，由于操作不准确且难以控制，很快便失去了市场。

1990年，乔纳森·瓦尔登开发了第一个多人 VR 游戏系统。他的虚拟街机和 VR 游戏 Dactyl Nightmare 在伦敦举行的计算机图形博览会上取得了巨大的成功。乔纳森·瓦尔登已成为 VR/AR 光学设备的90多项专利的指定发明人。

1991年，NASA 的科学家安乐尼奥·委地那设计了一个 VR 体验系统（图1-37），用于控制来自地球的火星机器人漫游车。科学家称该系统为"计算机模拟遥控操作"。商业机构开始推出相应的 VR 街机。这些身临其境的装置配备了 VR 头盔和实时 3D 图像，在当时荣登了新闻头条。

图1-37　VR 火星探索游戏机

1993年，世嘉公司在国际消费类电子产品展览会（CES）上宣布，他们正在开发世嘉 VR 头盔，将可供普通大众购买（图1-38）。这款头盔适用于街机游戏机和 Mega Drive Console。由于受《机械战警》等热门电影的影响，它有着类似面罩的外观，LCD 显示器被放置在遮阳板上，还有立体声耳机和跟踪头部运动的传感器。然而，它从来没有发布过，即使已经发布了针对它的四个游戏。世嘉解释的原因是担心虚拟现实效果太逼真，会使人们伤害到自己。实际上，由于当时设备的处理能力有限，这种解释是不太可能的。

图 1-38　世嘉广告"欢迎来到未来世界"

　　1995 年，维克多·麦克斯发布了一种名为 Cyber Maxx 的消费级头戴设备（HDM）（图 1-39），该 VR 头盔使用两个有源全彩色视频显示器来实现立体视觉效果。该装置有 3D 运动跟踪模块，可用于沉浸式 VR 体验。虽然 Victor Maxx 随即停业，但仍可以在线购买其 Cyber Maxx HMD 产品。

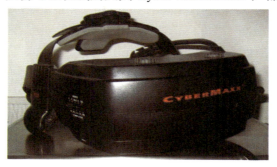

图 1-39　维克多·麦克斯的 Cyber Maxx 虚拟头盔

　　同年，任天堂推出的名为 Virtual Boy 的头戴式显示器，是游戏界对虚拟现实的第一次尝试（图 1-40）。可惜由于理念过于前卫以及当时技术本身的局限性，Virtual Boy 当年即停产，并被视为商业败笔。

图 1-40　任天堂的 Virtual Boy 虚拟头盔

1995 年还出现了第一个所谓身临其境的沉浸式 VR 影院。它是由企业家切特·达吉特和鲍勃·雅各布森创立的。次年，他们的系统在贸易展览会上展出。活动的参与者有机会查看了连接到互联网的另一台 VR 设备所拍摄的虚拟现实影像。

同样在 1995 年，由 Forte 开发的当今最为先进、最为酷炫和最为昂贵（当时售价为 1495 美元）的消费级虚拟现实头盔 VFX1 在市场上亮相。这款集成了 3DOF 头部跟踪，45°　FOV、180K 像素 LCD 的 HMD 设备还配备了立体声耳机和麦克风，同时还选配了带有 2DOF 空间跟踪器和 3 个可编程按钮的操控手柄。VFX1 系统与当时的 PC 机之间靠一块插在 ISA 接口上的 "VIPCard" 连接，当年最著名的一些游戏，如血统、星球大战、黑暗力量、系统冲击和地震等游戏都是支持它的。

1997 年，乔治亚理工大学和埃默里大学的研究人员利用虚拟现实技术为接受战争创伤后应激障碍（PTSD）治疗的退伍军人创造了虚拟战区场景。这就是所谓的 "虚拟越南"（Virtual Vietnam），参与者进入了计算机生成的虚拟环境进行心理舒缓。治疗结果是惊人的，临床医生评估的 PTSD 症状平均减轻了 34%。患者自评 PTSD 症状减轻了 45%。

1998 年，索尼推出了一款虚拟现实设备，或者说是一款类虚拟现实设备，之所以称之为类虚拟现实设备，是因为这个产品只是个能在用户眼前形成 30 in 的虚拟视图、再加上立体声耳机的 HMD 设备，没有头部动作捕捉，还达不到所谓的沉浸式体验。

同年，同样是日系电子产业大厂的 Toshiba（东芝）公司也出品了他们的第一款虚拟显示头盔。重达 3 kg 的巨型头盔，让人领教了日企对高科技产品的探索精神和奇特创意。

2001 年，SAS Cube 成为了第一个基于 Virtools VRPACK 开发的虚拟空间密室逃脱游戏。软件开发人员在 Virtools 上可以使用 3D 可视化工具平台进行 VR 场景的开发。Virtools VRPACK 的 3D 可视化编辑视窗对后期 VR 引擎平台的发展具有先驱引导作用，为 VR 编程人员带来了不可估量的便利和效率的成倍提高。

2006 年，中国第一个以虚拟现实技术为研究对象的虚拟制造技术研究院，在上海市政府的支持和中国科学院院士姚福生的指导下正式成立，代表着国内正式开始将虚拟现实技术作为一门独立的科学技术进行研究。其数年来为国家培养了精通虚拟现实技术的专业硕士近百名。

2007 年，谷歌导航内嵌了街景视图。原始版本仅涵盖美国 5 个主要城市及其周边郊区。如今，谷歌街景服务已覆盖全球。这是谷歌地图的一项互动功能，可让用户在虚拟世界中进行导航。全景街道水平为 360°，垂直为 290°。尽管存在隐私纠纷，但这种实拍全景方式的应用已经成为所有电子导航地图的一种规范。

2010 年，帕尔墨·洛基为后来的 Oculus Rift 虚拟现实头盔设计了一个原型（图 1-41）。

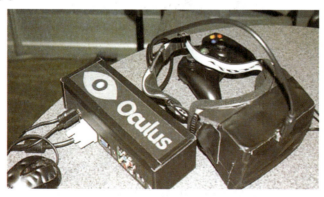

图 1-41　Oculus 简陋的原型机

2010 年，谷歌推出了可架设在车辆顶部的全自动 360° 街景拍摄装置，该装置已成为全景拍摄设备的标准（图 1-42）。

图 1-42　谷歌的 360° 多相机拼接模式

2012 年，Oculus 通过众筹获得了 240 万美元的资金，用以资助其 Oculus VR 头盔项目（图 1-43，图 1-44，图 1-45）。

图 1-43　Oculus Rift 第一代测试版样机

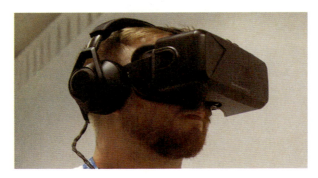

图 1-44　Oculus Rift 正式发售版

图 1–45　Oculus Rift 佩戴及显示效果

2013 年，Valve 公司推出了围绕着 Steam 平台所搭建的 SteamOS 系统，公开发布了一种名为"灯塔"（Lighthouse）的低成本无延时空间定位技术，并将其开源化，与所有 VR 设备供应商自由共享（图 1–46）。

图 1–46　Valve Lighthouse 原型机

2014 年，索尼发布了基于 PlayStation 4 的虚拟现实头盔 Project Morpheus（图 1–47）。

图 1–47　基于 PlayStation 4 的虚拟现实头盔 Project Morpheus

2014 年，三星推出了基于三星的 Galaxy 系列智能手机的 Samsung GearVR

系列产品（图 1-48）。此产品可以将三星的智能手机产品直接升级，作为 VR
头盔显示器使用。

图 1-48　三星 VR 头盔显示器

2014 年，Facebook 以 20 亿美元的价格收购了 Oculus VR，成为 VR 史上
第一个巨额投资 VR 产业的代表之作。同年，Oculus VR 提出了针对 VR 头盔
式显示器交互和显示的支撑系统的 VR Ready 标准，这是提出的第一个 VR 系
统硬件标准规范。Facebook 收购 Oculus VR 在当时引起轰动，引发了资本对
VR 产业的关注。2014 年，在 Facebook 收购 Oculus VR 后，谷歌紧接着推出
了 Cardboard——一个非常便宜的、可以让用户自己动手搭建的硬纸板制 VR
眼镜（图 1-49），通过装入智能手机配合谷歌的 VR 应用程序就可以实现虚拟
现实场景效果（图 1-50）。

图 1-49　一张纸板、一片磁铁、两个放大镜片组成的 Google VR 眼镜

图 1-50　装上智能手机即可观看 VR 场景

2015 年，HTC 与 Valve 合作推出 HTC VIVE。这时的 VR 头盔厂商约有

两三百家，而一直生存至今的只有 HTC VIVE、Oculus Rift、Sony PSVR 寥寥数家。HTC Vive 是首款基于空间跟踪的商业版 VR 头盔，它允许用户在虚拟空间自由移动（图 1–51）。

图 1–51　HTC 与 Valve 合作推出的 HTC VIVE

2016 年是 VR 正式进入公众视野的元年，大量的资本投入 VR 行业，微软发布了 Windows10 系统内嵌的 Windows Mixed Reality 平台和世界上第一款商业版 AR/MR 头盔 Microsoft HoloLens（图 1–52）。

图 1–52　世界上第一款商用版 MR 头盔 Microsoft HoloLens

2017 年，VR 市场一片繁荣，三大头显（Oculus Rift、HTC VIVE 和 Sony PSVR）纷纷降价，更多的公司都在开发自己的基于 WMR 平台的 VR 头盔，包括 HTC、谷歌、苹果、亚马逊、微软、索尼、三星等，国内也出现了大量的 VR 厂商，不少厂商都推出了新产品，其中 3Glasses、暴风魔镜等体验还是相当出色的。

2018 年，虚拟现实技术已经取得了长足的进步，目前正以各种方式得到应用，从提供沉浸式的游戏体验，到帮助治疗心理障碍，再到传授新技能（图 1–53），甚至让身患绝症的人进行虚拟旅行。虚拟现实有很多应用程序，随着智能手机技术的发展，虚拟现实将变得更加容易使用。沃尔玛和泰森等大公司都在发展自己的虚拟显示培训计划，这些大公司们旨在通过最新的虚拟现实技术来颠覆现有的传统培训模式。

图 1-53　基于无线 VR 头盔的虚拟培训场景

《福布斯》杂志称 2019 年是虚拟现实成为现实的一年，单单 Oculus Quest 一体式 VR 头盔就创造了 500 万美元的营业额，Steam 上的 VR 头盔月销量第一次突破了百万。典型的 VR 游戏《节奏光剑》在不到一年间销售量超过百万套。国内华为借着 5G 无线网络布局，重磅发布了 5G Cloud VR 服务应用场景（图 1-54）。

图 1-54　华为提出的 16 种 Cloud VR 应用场景

2020 年，由于疫情原因，世界经济受到损失，而中国基于 5G 的虚拟现实应用反而受激发展。虚拟云会议（图 1-55）、虚拟云展示、虚拟云购物等虚拟现实应用在 5G 环境中得到进一步普及。

图 1-55　HTCVive 展示的云会议场景

（三）虚拟现实消防训练应用历程

2012 年，上海消防研究所与上海理工大学虚拟制造技术研究院共同开发了消防设备虚拟现实装配仿真系统（图 1-56）。

图 1-56　消防设备虚拟现实装配仿真系统

2014 年，据纽约 *Springer Science +Business Media* 报道的基于严肃游戏和虚拟仿真的消防训练系统 XVR Simulation B.V 发布（图 1-57）。

图 1-57　消防训练系统 XVR Simulation B.V

2015 年，上海消防研究所研发了基于 GPU 运算的火焰特效仿真平台和灾场紧急疏散逃生体验舱系统（图 5-58）。

图 1-58 灾场紧急疏散逃生体验舱系统

2017 年，上海消防研究所开发消防员多人协同破拆训练系统（图 1-59）。

图 1-59 消防员多人协同破拆训练系统

2018 年，上海消防研究所与上海懿裕信息科技有限公司合作开发第一人称沉浸式高楼救援训练系统（图 1-60）。

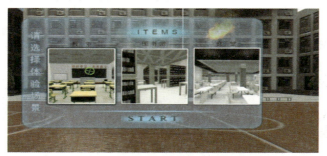

图 1-60 第一人称沉浸式高楼救援训练系统

2019 年，上海消防研究所开发完成虚拟现实场景交互式消防指挥平台系统。

2020 年，上海消防研究所开发完成虚拟交互训练场景开发及测试基础平台（图 1-61）。

图 1-61　虚拟交互训练场景开发及测试基础平台

四、产业化历程

（一）厚积薄发的 20 年（1999—2019 年）

虚拟现实技术在国内的产业发展不是一蹴而就的，而是经过多年的积累才使 2016 年成为中国 VR 元年的。早在 20 世纪末，中国国内科研界的先驱者们便已经开始进行虚拟现实技术的基础理论方面的研究，其中最为著名的就是激光全息技术，即通过窄缝激光干涉在胶片上形成具有三维立体视觉的物体形象。同时，根据双目视差原理，国内也从最早的红绿眼镜，逐步发展和生产出自有知识产权和技术的偏光镜片，逐步代替日本进口镜片，成为现在的 3D 电影院普遍使用的产品。光栅立体工艺品更是成为最为普遍的学生用品装饰。在以 VR 头盔为载体的虚拟现实方面，中国的起步是比较晚的。但是在技术基础方面也不是没有底蕴的。

在虚拟现实三维模型方面，早在 20 世纪 90 年代，国内的各大院校设计相关专业就开设了与三维建模有关的课程。早期就进行了基于 CATIA、SolidWorks、3DMAX、MAYA 等专业软件应用的培养，这也是近几年来中国国产 3D 动画影片能够异军突起的原因。虚拟现实的发展造成了虚拟应用场景的需求大增，而虚拟应用场景的主体就是三维虚拟模型，正因为有如此大基数的三维建模人员的基础，才能满足未来的发展需要，也为虚拟现实应用场景在各行业中的快速发展提供了人力资源。

虚拟现实技术的发展离不开软件平台的开发，中国在 2006 年就已经开始系统培养基于 VRtools 和 VRML 方面的专业 VR 编程人员，尤其是在 2012 年前后，有远见的教育工作者已经看到了虚拟现实软件跨平台的重要性，并主动在学校课业以外培养能够突破平台限制的系统编制人员。由于国内研发机制问题，尽管世界级的 VR 产业大公司在虚拟现实应用平台方面已经远远地走在了前面，但是在国内庞大的人口基数面前，虚拟现实应用场景以及虚拟现实平台发展的前景仍然值得期待。

同时，作为国际工厂的中国，各种代工电子产品也让国内企业时刻紧跟国际先进产业的发展，索尼、三星、Omni、谷歌等很多著名大厂的 VR 产品都是由国内厂商进行代工的，在这一过程中，国内厂商也积累了大量的生产经验，为 2016 年后的产业爆发做好了前期准备。

2016 年被称为中国的 VR 元年，这一年，虚拟现实产业在中国开始了大爆发，经过几年的持续发展，虚拟现实产业在中国的发展前景已经是不容置疑的。2016 年，VR 产业规模总值仅为 34.6 亿元，2017 年产业规模总值达到了 52.4 亿元，复合增长率达到 51.45%，至 2018 年已经突破百亿大关，达到 108.3 亿元，复合增长率更是达到了 106.68%。据 IDC 数据显示，2018 年全年中国虚拟现实设备出货量为 120 万台，其中 VR 头显出货量为 116.8 万台，AR 头显出货量为 3.2 万台。

工业和信息化部印发的《关于加快推进虚拟现实产业发展的指导意见》提出，到 2020 年，我国虚拟现实产业链条基本健全，在经济社会重要行业领域的应用得到深化，建设若干个产业技术创新中心，核心关键技术创新取得显著突破，打造一批可复制、可推广、成效显著的典型示范应用和行业应用解决方案，创建一批特色突出的虚拟现实产业创新基地，初步形成技术、产品、服务、应用协同推进的发展格局。

2016—2021 年间，各部委相继出台促进虚拟现实技术发展的指导政策（图 1-62）[1]。

---

① 本图来源：中国信息通信研究院 CAICT

图 1-62　促进虚拟现实技术发展的指导政策

到 2025 年，我国虚拟现实产业整体实力将进入全球前列，掌握虚拟现实核心专利和标准，形成若干具有较强国际竞争力的虚拟现实骨干企业，创新能力显著增强，应用服务供给水平大幅提升，产业综合发展实力实现跃升，虚拟现实应用能力显著提升，推动经济社会各领域发展质量和效益显著提高。

（二）5G 带来虚拟现实产业的持续发展（2020—2024 年）[①]

随着 2020 年及后续的受到新型冠状病毒肺炎的持续影响的长期可能性，国内外的社会生活和生产方式将面临新的挑战，而随着 5G 技术的发展，虚拟现实产业作为一个融合信息产业和各种行业应用的手段与工具，却迎来了崭新的发展机遇，伴随着 2016—2020 年的政府扶持，中国的虚拟现实产业正如工信部预计的那样，开始走向全球前列。

1. 2020—2025 年间虚拟现实终端出货量与市场规模稳步增长

据 IDC 统计，2020 年全球虚拟现实终端出货量约为 630 万台，VR、AR 终端出货量占比分别为 90%、10%，预计 2024 年终端出货量超 7 500 万台，其中 AR 占比升至 55%，2020—2024 年五年期间虚拟现实出货量增速约为 86%，其中 VR、AR 增速分别为 56%、188%，预计 2023 年 AR 终端出货量有望超越 VR。比之 2018—2020 年相对平缓的终端出货量，随着 Facebook Quest2、微软 Hololens2 等标杆 VR/AR 终端迭代发售以及电信运营商虚拟现实终端的发展推广，2021 年有望成为虚拟现实终端规模量显著增长的关键年

---

①　以下内容来源于中国信息通信研究院《虚拟现实白皮书 2020》

份，VR/AR 终端平均售价将从当前的 2 500~9 700 元进一步下降。此外，华为 VR Glass 手机伴侣、PicoNeo 2 等一体式头显终端均可通过串流功能而不再受制于移动平台的功耗预算与渲染算力，跨终端形态的使用融通性显著提高，一体式终端出货量份额预计将从 2020 年的 51% 进一步升至 2024 年的 64%。

据 IDC 等机构统计，2020 年全球虚拟现实市场规模份额约为 900 亿元，其中 VR 市场 620 亿元，AR 市场 280 亿元。预计 2020—2024 年五年间全球虚拟现实产业规模年均增长率约为 54%，其中 VR 增速约 45%，AR 增速约 66%，2024 年两者份额均为 2 400 亿元。从产业结构看，终端器件市场规模占比居首位，2020 年规模占比逾四成，随着传统行业数字化转型与信息消费升级，内容应用市场将快速发展，预计 2024 年市场规模超过 2 800 亿元。

虚拟现实产业链主要分为内容应用、内容生产、渠道平台和终端器件四个发展方向。内容应用方面，聚焦文化娱乐、教育培训、工业生产、医疗健康、商贸创意等领域，呈现出"5G+VR"大众与行业应用融合创新的特点；内容生产方面，主要涉及面向虚拟现实的操作系统、开发引擎、SDK、API 等开发环境 / 工具，以及全景相机、3D 扫描仪、光场采集设备等音视频采集系统；渠道平台方面，除互联网厂商主导的内容聚合与分发平台外，包含电信运营商发力的电信级云控网联平台，以及自助 VR 终端机、线下体验店与主题乐园等线下渠道；终端器件方面，主要分为终端外设及关键器件，其中终端外设包括 PC 式、一体式、手机伴侣与云化虚拟现实终端，以及手柄、全向跑步机等感知交互外设。根据 2020 年产业地图，对产业链结构分布统计进行分析可知，内容应用、终端器件、内容生产系统、渠道平台环节分布比例约为 5：2.5：1.5：1，业内企业以内容应用为主。

2. 云化虚拟现实触发端网边云产业链条融合创新

作为除单机智能外的主要发展路径，云化虚拟现实有助于优化用户体验，降低终端门槛，丰富内容生态，推动版权保护。由于部分计算和内容处理是在云端实现的，电信运营商凭借渠道、资金和技术优势，结合高带宽、低时延等的新一代网络特性，积极开拓基于体验的新型业务模式，旨在聚合产业资源，促进生态各方共赢发展，加速虚拟现实推广普及。目前四大基础电信运营商的全国云 VR 用户已超过 1 000 万。

在网络支撑方面，信息网络等新型基础设施迅速普及，云化虚拟现实产业发展条件基本成熟。当前，良好的网络基础设施促进了虚拟现实产业的发展。我国移动 5G 网络注重技术创新与生态培育，现已建成近 70 万个 5G 基站，5G 终端连接数超过 1.8 亿。在传统 VR/AR 终端的发展架构下，为了实现多阶梯、多层次与多场景的用户体验，难以不牺牲某方面需求来满足其要求。云化虚拟现实终端架构更加宽广的技术纵深，有助于解决终端创新顾此失彼的发展问题，有利于承载适配各类云化 VR/AR 业务。终端串流功能的引入，标志着移动虚拟现实用户进阶体验将不再受制于功耗预算与算力负载，终端分类依据正在由算力来源与供电方式向算力协同与业务场景迁移，预计 2020—2024 年，虚拟现实终端将日益便携，随着 5G 终端的大规模普及，一体式终端将原生集成 5G 能力，计算负载开始向云端协同分配。最终具有 5G+AR 功能的轻量级高续航便携终端会代替手机设备，成为智能终端的新一代标配。

在应用落地方面，对传统业务流程的解构重组催生视频内容上云、图形渲染上云与空间计算上云。在云化虚拟现实体系中，终端是门槛，业务是基础，网联是保障，协同是核心。VR/AR 强弱业务云化的难点与焦点在于分解流媒体、交互应用及机器视觉等现有任务流程，并结合虚拟现实人机交互的内生特性，在云边端侧优化分配计算负载。在云化视频等弱交互应用中，端侧用户视角这一人机交互信息可有效用于云侧视频映射、编码与传输。云侧 VR 视频内容依托 5G 的低时延特性，对端侧采集到的用户心率、眼动等生理指标及时做出响应，从而生成适配用户生理特性的后续视频内容。针对云化渲染等强交互应用，2020 年华为推出 Cloud VR 解决方案，旨在依托 5G 高性能网络导入云边渲染能力，优化流式传输体验，降低终端算力门槛，助力电信运营商吸引 5G 用户。

3. 终端、行业应用与增强现实孕育投融资市场新机遇

2020 年，全球虚拟现实风险投资受疫情影响，出现一定程度上的滑坡。这一年有 61% 的风险投资投向 AR 企业，32% 投向 VR 企业，7% 流入兼具 VR/AR 业务的公司。过去五年，尽管多数资金流入研发难度更高、与行业融合更加紧密的 AR 领域，但从投资频次上看，有 49% 的风险投资投向 VR 企业，37% 投向 AR 企业，14% 流入兼具 VR/AR 业务的公司，主要原因在于相比 AR，VR 大众消费市场已初步形成，技术研发与终端门槛相对较低，体验内容日益丰富，VR 企业需要具备更高的现金流转能力。预测中美将成为投资热点地区，风投资本集中度凸显，并针对产业链开展更加审慎明确的投入。AR 方向和行业应用方向逐步成为热点，将在 2020—2024 年间逐步成为投资主流。

4. 应急救援产业的行业应用存在巨大投资空间

在应急救援及消防行业应用方面，虚拟现实技术应用场景发展在以下几个方面表现得较为突出。

（1）以虚拟立体视频为主的科普教育场景

这些应用主要是按照相关知识点编辑的脚本进行三维动画制作形成的，大多数此类投入者为原来的广告公司或者动画公司，由于市场竞争激烈转而进入消防科普行业，从最初的平面视频，发展到现在的 VR 视频，以及带有分支情节的 VR 交互动画形式。由于大多是面向青少年机构或者消防队宣传需要的订单，存在费用少、时间急的特征，而科普知识点未经深入研究落实，往往漏洞百出，又因为是定式化的视频结构，所以 VR 体验较差。在科普教育需求较大的情况下，只有遵循专业、制作、投资三者相结合的原则，才能产生真正的 VR 体验。

（2）以应急疏散方案为目标的虚拟设计场景

由于近年来消防事故频发，相关单位对各大型企业的消防应急疏散方案完善要求提高，使得很多企事业单位能够有相应的经费去进行这方面的建设，为了提高消防应急疏散方案的市场层次，相应的虚拟现实版应急疏散方案制作应用需求也就产生了。这部分从业公司都有深厚的专业背景支持，大多按照开发系统级的项目进行收费，个别公司也在项目进行过程中完成了低层积累，逐步从单一项目制作向平台化发展，结合城市数字孪生大数据平台和智慧城市建设。相信未来会有越来越多的企事业单位有这方面的需求，相关市场还是有很大的发展空间的。

（3）基于 AR 技术的消防单兵设备

随着 AR 光波导和微显示器件的量产，AR 产品的造价也会逐步走低。以单目信息显示为目标的消防单兵设备也逐步市场化，2021 年后，数家大型安全消防配套厂商开始了相关研究，基于国内智能化消防单兵头戴装备的巨大空白市场，相信在不久的将来会有大量资金向这里倾斜。

（4）基于 MR 技术的灾场救援指挥系统

基于地面物体 AI 识别和灾后灾场重构方面的研究，大多是依托无人机飞行平台进行研究和构建的，目前来说市场上还是一片空白，由于这项研究的投入资本过大，目前只有国家级"十四五"研究计划有所涉及，另外有一些 AI 行业的大型企业在拓展自身技术覆盖面的需求上对其进行技术探讨，2020 年疫情期间的空基监控系统也可以算是这方面的尝试性应用。对于灾后重建和灾场指挥等需求方面来说，这样的市场需求体量是巨大的。

（5）消防官兵沉浸式训练系统

面向专业化的消防官兵的沉浸式训练系统，目前国内也仅有应急管理部下属的几个消防研究所在进行相应的研究，早期产品由于耗费较大，在消防系统中的普及非常困难。上海消防研究所在 2015—2021 年间构建了从单人训练体验舱到多人协同训练体系再到消防训练基础实验平台系统，已经构建了完整的训练系统化生物链。随着 VR 设备的便携性的提高和单机设备价格优势的体现，相信在不久的将来，消防官兵的虚拟化训练应用场景普及将能够实现。

五、虚拟现实前景展望

（一）技术展望

2014年
里程碑事件
FaceBook20亿
美元收购oc

2016年
产业初生
VR产业元年
（第一代产品）
2015—2018

2019年
成长培育
生态成型
5G云VR元年
（第二代产品）
2019—2021

规模上量
生态繁荣
（5G进阶期）
2022—2025

云端融合
脑机交互
智慧穿戴

0-无沉浸　　1-初级沉浸　　2-部分沉浸　　3-深度沉浸　　4-完全沉浸

图1-63　虚拟现实沉浸体验产业发展阶段 [①]

1.将 3I 贯彻到底——新一代 VR 场景展望

未来的虚拟现实技术是什么样的？这个问题有许多的研究人员在畅想，其中不乏中国信息通讯研究院、阿里达摩院以及各大院校的业界人士在各种文章中表达自己的想法（图1-63）。较为短期的都正在畅想云计算与终端显示的结合，通过高带宽的 5G 技术，将 Oculus Quest2 和 Pico Neno2 的串流应用到云端之间。笔者认为，虚拟现实未来的技术走向无非还是顺着最大地满足三大特征的方向去探索的。

（1）沉浸感

就如中国信息通讯研究院的专家们所分割的虚拟现实沉浸体验产业发展阶段一样，虚拟现实最终的发展目标直指 Full Immersion，什么样的沉浸感才是 Full Immersion？只有彻底将虚拟和现实融为一体，使两者无法分割的时候才是真正对沉浸感目标的实现。在这种技术实现中，我们无须刻意地去佩戴某个设备或者进入某个特定空间，就能观察到经过改变的物理现实。从技术角度来说，让众人同时在同一个空间能够感受到同样的虚拟物体，我们不妨来分析一下这

---

① 来源：根据中国信息通信研究院《虚拟（增强）现实白皮书（2018年）》修订

个技术的可行性：①所有用户的信息一定是同步互联的。这样才能在同一时间点上接收到虚拟物体的相同反馈。②所有用户的空间位置必然是可测的，并且能够精确到目光可测，这样他们才能在各自的位置上看到不同角度的画面。③隐形的显示装置，Magic Leap 在视频中展现的是一种不可见的显示装置，与最终发布的 Magic Leap One 头盔相去甚远。我们是否可以制造这样的装置呢？有以下两种发展方向，一种是 AR 隐形眼镜，在碳基纳米级半导体技术发展到一定阶段时，一种可以通过人体热量供电，通过改变排列阵列来改变透光度及透光色彩，通过 NFC 获得网络连接，通过 PAAS 获得影像反馈，通过如饰品般佩戴的微型传感器获得运动姿态的完整系统应该是可以被制造出来的。另一种可能的技术发展就是在人类探索人脑的研究发展到一定阶段后，能够通过 AI 掌握视神经信号的规律，并能够对之进行截流更改，这个时候，一粒嵌入颅骨的小系统，可能就可以实现 Magic Leap 的科幻场景了。完全沉浸式技术是未来的目标，但从理性上来说也可能会成为人类的梦魇，在技术能够实现以前，个人关闭 Full Immersion 应用的权利必须在伦理和法律上得以保障才行。

（2）交互性

虚拟现实技术的交互性包含了两个方面，一方面是人机交互，一方面是物机交互。人机交互的未来在完全沉浸的目标下，也可能会从 AI 支持下的自然语言识别、动作捕捉、情绪识别和手柄类交互直接发展到脑机神经交互。从马斯克 2021 年 3 月发布的脑机接口小猪实验来看（图 1-64），动物实验已经到了后期。虽然目前来说人脑的大部分神经信号还没有被完全认知，但从各个实验室传出的消息来看，运动反馈神经的功能研究已经排上了日程。相信在未来的虚拟现实交互中，脑机神经交互已经成为可以预期的技术。除了脑机接口，肌电传感能够直接将人体动作或动作欲望所产生的的肌电信号直接反馈给虚拟现实设备。

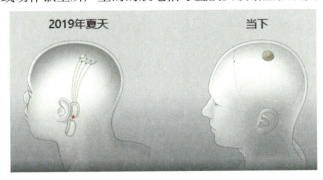

图 1-64　马斯克的脑机接口

物机交互方面，随着各种传感器技术的发展和 AI 的数据分析能力的不断增强，虚拟现实技术对物理世界的认知也越来越清晰了。无论是Outside-In 还是 Inside-Out，其空间感知能力一直是虚拟现实技术的痛点。三维重建技术的发展近几年已经逐渐成熟，并被应用到了多个量产产品之中，例如，Microsoft HoloLens2 中应用到的结构激光空间再构技术，由三维重构技术结合 AI 识别形成的环境理解技术，再结合其他各种传感技术进步而发展，最终实现虚拟与物理现实的紧密有机的结合，这是获得沉浸体验不可或缺的关键技术。

（3）构想性

构想性也称想象力，虚拟现实技术对影像技术的发展可以降低设备本身对人类思维构想的依赖，随着近眼显示技术的发展，LBS 激光显示、MicroLED、OLEDoS、光波导等技术已经逐步从完善到量产，新型的全息显示技术也在探索研究之中。虚拟现实技术的未来应用越来越多地偏向于结合了 AR 和 VR 双重特点的 MR 装置。物理世界与虚拟世界的有机密切结合，能够给人带来更为宽广的想象力构想空间，更多的应用场景将会在新技术的发展中被提炼出来。

构想性的发展将会展现在软件平台上，结合虚拟现实技术的发展，其崭新的展现方式将造成场景应用革命性的飞跃。可以想象在完全沉浸的虚拟空间中，连最简单的现实空间摆放虚拟画面的应用场景都会因其覆盖面的广泛而产生巨大的广告价值。在专业领域，我们可以预测未来虚拟消防训练和疏散演习将可以在实际空间中进行，随机在各处爆发的虚拟火焰和跌落的虚拟砖石将更好地演绎实际灾难场景，让每一个体验者都能像真正地进行了一场生死考验，这样的训练和演习能达到的效果无疑是深刻难忘的。同样，在真实灾难中，通过虚实结合和环境理解技术，在极短时间内将生存可能性最大的行动方案导引出来，及时调用出来的空间和工程虚拟地图在关键时可以救民于水火。甚至在极其危难的空间里可以直接遮蔽现实物理世界，让用户沉浸在虚拟空间中，将生理耐受度提高以便有更长的时间等待救援。这些场景应用将随着虚拟现实技术的进一步发展而逐步走向现实。想象力是虚拟现实的特性，同时也是虚拟现实技术和人类一切技术的发展原动力所在。

2. 智能化终端的替代品——从 MR 到 XR

虚拟现实终端在未来将越来越轻薄，2020 年走向市场的虚拟现实一体机在采用了 Pancake 的折返式光学系统后大多已经降到了 200 g 左右，体积也缩减至前代终端的三分之一，缓解了 VR 头显尺寸重量与便携性的痛点，且可保证较好的显示效果及更大的视场角。个别依靠镜机分离技术的穿戴终端的重量只有 150 g 上下。华为 VR Glass 更以 26.6 mm 的厚度和 166 g 的重量成为轻薄之最。作为国内较为知名的 MR 眼镜厂商，Nreal Light 的单镜重量在 90 g 内 ①，但并未牺牲一款合格的 MR 眼镜应有的功能。眼镜本体的显示以及定位能力都有着一定的保证。Nreal Light 采用复合光导方案，视场角 52° FOV，支持单眼 1080 P 分辨率，拥有 SLAM（同步定位与地图构建）技术、头部 6DoF 追踪、手部 3DoF 追踪（支持蓝牙手柄、智能手机，可连接外设拓展至 6DoF 追踪）、平面检测以及图像追踪能力。同样采取分体式设计的还有将于 2021 年或 2022 年面世的 Apple Glass，根据目前公布的信息，其应该也是基于 iPhone 智能手机的分体式虚拟现实终端。Apple Glass 的面世也代表着目前国际大厂都已经认可了近几年移动终端加虚拟现实终端的形式将会存在一定的生命周期。这种组合形式的存在归根到底还是由技术的发展进程造成的。

就目前的技术来说，虚拟现实终端完全代替移动手机所面临的困难有以下几个方面。

（1）重量问题

虽然现在的技术已经能够将虚拟现实终端的重量降至 100 g 左右，但这仅仅是眼镜本身的重量，如果加上主处理模块和能源模块，这种重量是大多数人不愿意长时间架在鼻梁上的。

（2）续航问题

现在市场上的大多数虚拟现实终端基本的续航时间是 2~3h，远远不能满足大多数工作的需要。便携式智能终端的代表智能手机，目前的普遍认可续航时间为 10 h 左右。即使现在采用了分体式构架，使用智能手机作为主机应用的常见虚拟现实终端的续航时间也只有 2 h（以 Nreal light 为例）。

（3）视场角过小

虽然相比手机来说，虚拟空间可以提供巨大的屏幕，但是狭窄的视角却只能让用户看到其中一部分，这样的虚拟屏幕反而让人失去了舒适的观看体验。

（4）交互手段少

虽然虚拟现实终端已经通配了语音识别和手势识别功能，但是大多轻型终端的语音和手势识别效果还是较为简陋的，所以大多情况下不得不配合手柄或者手机进行操控，这样就造成了人机交互离不开辅助设备的问题。

综上所述，在短期发展中，智能手机配合穿戴式虚拟现实设备的组合方式还会存在一段不短的时间。在终端计算量全部移至云端后，终端主机的能耗将

---

① 数据来源：Nreal Light 厂商公布数据。

极大地降低，结合碳基半导体设备的发展和无线较远程充电成为可能。能源技术的发展也可以带来体积小、能量密度大的高续航能源模块，如硫锂电池技术的能量密度是现在手机用三元锂电池的 3 倍以上。2021 年初，阵列光波导进入量产并且优品量提高到了 80%，随着技术的提高，各种波导技术会随着产量的增加，达到价格下降和 FOV 增大的目标。在脑机交互的人体测试完成后，人机交互是更可以达到了所思即所得的地步。未来虚拟现实穿戴式终端设备凭借着能够解放双手这一条优势，就可以完全替代智能手机成为个人智能终端和网络终端的最优选择。

（二）产业展望

1. 产业化升级带来的设备平民化

随着虚拟现实行业受到资本的追捧，产业升级已成为发展必然，2021 年，微软、苹果、高通、华为、三星、Magic Leap、HTC、Oculus 等企业纷纷做出近期规划，准备发布新的民用化产品。VR、AR、MR 行业的发展在未来的十年中将逐步超越智能手机成为自计算机、网络、智能手机后的第四次迭代商业更新。

（1）技术走向成熟

屏幕刷新率、屏幕分辨率和设备计算能力等逐渐成熟，输入设备姿态矫正、复位功能、精准度、延迟，传输设备提速和无线化，更小体积硬件下的续航能力和存储容量，配套系统和中间件开发等技术也日趋完善。并且，随着技术的愈发完善，3R（VR、AR、MR）的关键部件成品率也将得到有效提高，例如，AR、MR 上使用的光波导模块的成品率提高将会大大地降低目前价格持续走高的头戴式 AR、MR 眼镜的价格，就如已经平民化的 VR 头盔一样，成套费用将降至目前的一半甚至四分之一。尤其是依靠现有智能终端手机作为运算平台的虚拟现实眼镜产品，或者集成了智能终端手机的无线虚拟现实 3R 眼镜产品，将在未来成为人们的标配穿戴设备。

（2）内容更加丰富

目前已经有大量内容公司投入虚拟现实内容的开发制作中，未来几年，包括 PGC、UGC、影视剧、直播以及游戏等虚拟现实内容的数量和质量将会得到质的增加和提升。随着云数据、云计算等 3R 资源平台化趋势，行业细分将越来越深入 3R 体系，各大 3R 应用 2B2C 平台的建立，让更多的内容开发团队甚至是个人创业者获得生存发展的资源和展示平台。就像现在的直播一样，将来会有更多基于 3R 应用的内容被开发，更多场景被平台吸收。基于这些内容，虚拟现实设备的普及率和活跃率将得到坚实的保障。

（3）产品主流形态发生更迭

目前虚拟现实产品主要包括计算机端、移动端和一体机三种形态。其中，计算机端产品具有配置高、体验效果佳等优势，但由于携带不便、交互不便，只能成为专业研究机构和发烧级游戏玩家必选的设备。相对而言，近年来更多的 3R 内容被赋予智能手机移动端，虽然被众多手机厂商追捧的移动虚拟现实更方便，但在体验感上与计算机端产品相差很大，由于增强配件相对投入较少，在虚拟现实最主要的沉浸感和交互性方面难以达到用户的要求，所以智能手机上的 3R 应用最终只能作为商务活动中的小噱头存在，难以满足大多数人的需求。而技术含量最高的虚拟现实一体机，既包含了移动端虚拟现实的方便性和便捷性，也包含了计算机端虚拟现实的高体验感，在虚拟现实领域毫无疑问是最优秀的产品。随着移动核心处理器生产厂商的针对性优化，AI 技术对 3R 实施优化和图形运算云端化，3R 一体机必然会成为未来虚拟现实产品的主流形态。

2.世界虚拟现实产业远景

投资银行 Digi-Capital 的报告显示，到 2020 年，全球虚拟现实市场规模为 300 亿美元。研究机构 ABI-Research 曾预测，VR/AR 设备出货量将由 2015 年的 150 万台增长至 2020 年的 4 300 万台，年复合增长率高达 106%，到 2025 年甚至可能达到智能手机出货量的一半。

高盛集团发布的《VR 与 AR：解读下一个通用计算平台》报告称，基于标准预期，2025 年全球军事领域 VR、AR、MR 市场规模将达 15 亿美元；医疗、教育、零售领域的 VR、AR、MR 市场规模将分别达到 51 亿美元、7 亿美元和 16 亿美元；游戏、视频娱乐、直播领域的 VR、AR、MR 市场规模将分别达到 116 亿美元、32 亿美元和 41 亿美元。

目前，虚拟现实设备标准尚不统一，不同品牌产品纷纷涌现，因此，硬件厂商纷纷搭建平台，并开放自己的软件开发工具包（SDK），意图建立自己的生态系统。微软拥有 Windows10 Store 与 Xbox Store，Facebook 拥有 Oculus Store，同时能为其 Oculus Rift 提供社交平台，两者均开放了软件开发工具包在内的一整套开发系统。而国际最大的游戏销售平台 Steam 更是开放了基于以上所有平台的跨平台支持系统。未来虚拟现实设备的生态系统之争将会愈演愈烈，已成功建立生态系统的厂商将占据更大优势。就中国国内而言，硬件市场已经有华为眼镜、PICO、3Glasses、暴风魔镜等产品较为成熟的厂商，其拥有巨大的先发优势，在国内市场处于领先位置。而且硬件对资金要求较高，留给创业团队的机会已经不多，大批硬件创业公司的死亡也表明虚拟现实硬件领域生存艰难，因而虚拟现实内容制作市场相对来说更适合初创团队的进入。目前，虚拟现实内容方面尚缺少标杆性产品，也没有统一的标准，且内容相比硬件来说更加多元化，小规模团队也能制作出有竞争优势的产品。目前腾讯、阿里、百度纷纷依靠 AI 技术平台进入 AR、MR 领域，HTC、华为、PICO、小米等厂家也依靠硬件出货来完成虚拟现实平台的构建，可以预见，未来虚拟现实市场很可能会是硬件厂商几家独大、平台厂商群雄争霸、内容厂商百花齐放的局面。在专业级领域，未来五年则是建立虚拟现实行业门户，确立行业虚拟现实规范的黄金时期，对各个专业领域来说不啻于又一次百度、阿里创业期时期的到来。

第二章　虚拟现实关键技术

一、视差立体原理

立体视觉是指人的双眼在观察事物时所具有的立体感。人眼对获取的景象有一定的深度感知能力（Depth Perception），这些感知能力源自人眼可以提取出景象中的深度要素（Depth Cue）（图2-1）。

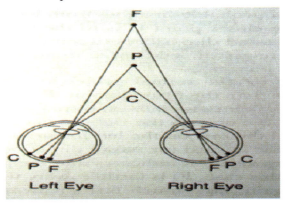

图2-1　人的双眼可以获取物体的深度信息

（一）立体视觉原理依赖的人眼机能

（1）双目视差（Binocular Parallax）。

（2）运动视差（Motion Parallax）。

（3）眼睛的适应性调节（Accommodation）。

（4）视差图像在人脑的融合（Convergence）。

除了以上几种机能外，人的经验和心理作用也对景象的深度感知能力有影响，例如，图像的颜色差异、对比度差异、景物阴影甚至是所观看显示器的尺寸和观察者所处的环境等，但这些要素相对上述机能来讲，对建立立体感的影响是比较小的。

当人们的双眼同时注视某物体时，双眼视线交叉于比物体上，这个交叉点称为注视点。从注视点反射回到视网膜上的光点是对应的，但由于人的两只眼睛相距 4~6 cm，观察物体时，两只眼睛从不同的位置和角度注视物体，所得到的画面有一些细微的差异。正是这种视差，在传入大脑视觉中枢合成一个物体完整的图像时，使人眼不但看清了该物体对象，而且能分辨出该物体对象与周围物体间的距离、深度、凸凹等，这样所获取的图像就是一种具有立体感的图像，这种视觉也就是人的双眼立体视觉。

实际上，人们在观察事物时，不仅仅是双眼看物会产生立体感，用单眼看物也会产生三维效果。如果一个物体对象有一定的景深效果，单眼观察时会自动进行调节，也就是物体的远近差异会引起眼睛内的晶状体焦距及瞳孔直径的调节；如果物体是运动的，单眼会产生移动视差，会因物体位置的移动而产生差异。

（二）画面产生立体感条件

1.画面有透视效果

透视效果是观看三维世界时的基本规律，是画面产生立体感的基本要求。如果画一个立方体却不遵照立方体的透视规律，那么画出来的作品就一定不会产生立方体所应有的立体感，不过，这样的作品还是有透视效果的，只不过是别的东西的透视效果。但如果是一个正方形就没有透视效果，如果画面中只有一个孤零零的正方形的话，就绝对不会有立体感。

2.画面有正确的明暗虚实变化

根据真实世界中光源的亮度、颜色、位置和数量的不同，物体会有相应的亮部、暗部、投影和光泽等；同时近处的物体的色彩饱和度、亮度和对比度等都相对较高，远处的则较低。如果画面中没有这些效果或是违反这些规律，都不会产生好的立体感。

3.具有双眼的空间定位效果

人眼在观看物体时，两只眼睛分别从两个角度来观看，看到的两幅画面自然有细微的差别，如图 2-1 所示。大脑将两幅画面混合成一幅画面，并根据它们的差别线索感知被视物体的距离。这就是双眼的空间定位，是人眼感知距离的最主要的手段。如果播放画面的时候不能再现这种空间定位的感觉，那么即使前两点做得很不错也总会让人觉得有所欠缺。

以上三点只有同时被满足才能产生比较完美的立体效果，普通显示器可以实现前两点却无法实现第三点，而所谓的立体视差显示技术也就是能够再现空间定位感的显示技术。

如果需要通过相机拍摄的画面来表现出景深的话，根据人眼瞳距假设左相机在原点（0，0，0）时，右相机的坐标为（T_x，0，0）。假设观察点 P 的坐标为（X，Y，Z），我们得到视差与深度成反比的关系。这也就意味着需要在虚拟空间中表达越远的物体在左右显示中的相互位移量越大，如图 2-2 所示。

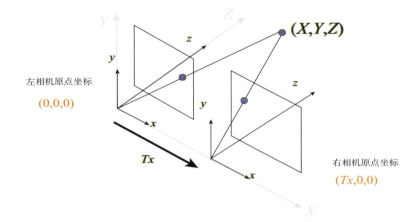

图 2-2　虚拟空间中的物体在左右显示中的相互位移

P 点在左相机成像位置坐标，如图 2-3 所示：

$$x_l = f \frac{X}{Z}$$

$$y_l = f \frac{Y}{Z}$$

（2-1）

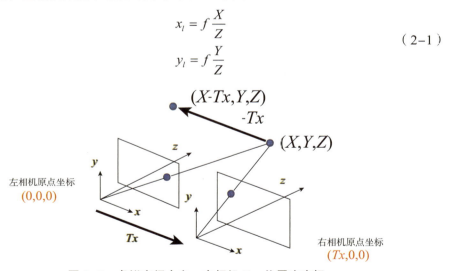

图 2-3　虚拟空间中左、右相机 Km 位置度座标

P 点在右相机成像位置坐标，如图 2—3 所示：

$$X_\gamma = f \frac{X - T_\tau}{Z}$$

$$y_\gamma = f \frac{Y}{Z}$$

$$d = X_l - X_r = f\frac{X}{Z} - \left(f\frac{X}{Z} - f\frac{T_x}{Z} \right) \tag{2-2}$$

$$d = \frac{fT_x}{Z}$$

目前主流的视差景深视觉实现技术基本上都是基于分光技术，也就是将具有视差效果的两个不同的画面分别提供给左右双眼，从而在人脑内形成虚拟的三维景深效果。3D 影院中使用了最简单的被动式偏振镜片，给双眼分别遮罩上不用的偏振角度的镜片，由于偏光镜片只能透过与之同角度的光线，所以我们的左右眼分别只能看到通过同角度偏振镜片后投射出来的左右眼画面。由于只有金属能够完全地保留光线的偏光特征，所以被动式 3D 影院使用的幕布必须是金属幕（具有金属材料涂层的幕布）。早期曾经出现过通过颜色分光的红绿眼镜和时差分光主动立体眼镜，后都因各种劣势被逐步淘汰。

虚拟现实终端采用的方法是通过光学镜片分别观察到的两块相隔离的左右画面，通过光学镜片呈现具有一定观察距离的虚像，配合逆推导的视差公式来实现虚拟景深，从而建立虚拟现实世界中的空间感。

二、从现实到虚拟——建模技术

建模技术是指针对虚拟环境中的物体的形状和外观进行建模的众多技术。其中，物体的形状由构造物体的各个顶点、顶点之间的连线以及连线所组成的面等确定，物体的外观则由表面纹理、颜色以及光照系数等确定。虚拟环境中的几何模型是包含物体几何信息的。因此，用于存储虚拟环境中几何模型的模型文件需要包含几何信息的数据结构、相关的构造与操纵该数据结构的算法等信息。

通常几何造型建模可通过人工几何建模和自动化点云建模这两种方式实现。

（一）人工几何建模技术

1. 多边形建模及贴图、光路设计

在原始的简单模型上，通过增减点、线、面的数量或者调整点、线、面的位置来生成所需要的模型，这种建模方式称为多边形建模，在这个过程中我们常用的操作有挤出、插入、切割、分离、倒角和合并等，常用的虚拟现实多边形建模软件有 Adobe 公司的 3DMAX、MAYA，Autodesk 公司的 CAD，达索公司的 SolidWorks、CATIA，Maxon 公司的 C4D，谷歌公司的 SketchUp 等。

与之相对的则是数字雕刻建模方式，著名的软件有 ZBrush 等，数字雕刻基本上是面向艺术类创意应用。

2.多边形建模一般经过的四个阶段

（1）前期准备

针对需要构建的三维模型，需要进行各种基本因素的确认，内容包括尺寸单位、用到的材质、表面反射度、表面花纹贴图、整个场景大小、渲染工具、应用到的插件等，并根据这些内容进行准备。

（2）模型生成

在前期准备完成后，根据需要构建的模型尺寸等数据，在软件中进行实体构建，如果是多元件组成的组合模型，则需要逐个进行构建，通过模型大体的形状尺寸，建立正方体、圆柱体或者球体等简单形状，然后再进行细化编辑点面，以构建预设的模型形状。

（3）材质贴图

完成模型形状的构建后，我们需要对其表面物理表现进行构造，首先根据模型的物理材质，选择材质库中最符合要求的材质球，并根据所建模型的光滑程度、反射程度和透明度进行相应的调整，模型表面有纹理的还需要进行纹理的制作和贴图工作。最终对制作好的材质进行赋值。

（4）灯光和渲染

在完成了材质贴图工作后，需要对模型追加灯光设置，可以增加天光、面光源或者点光源，以便让模型显得更加真实，并且能够呈现真实世界中的自然光照效果，通过布置摄像机对其进行渲染，或者直接进行烘焙后调整 UV 贴图导出到虚拟现实引擎中进行后期交互的制作。

以上就是利用多边形建模技术进行虚拟三维模型构建的基本流程，由于各个软件的不同，过程会有所不同。

（二）自动化点云建模技术

依靠多边形建模方式的手工建模对自然界十分复杂的各类物体来说，效率十分低下。针对现实世界中已经存在的人造建筑、山势地形、植被山石等物体的建模，经过多年的技术发展和成像研究，目前已经成熟的自动建模技术主要有结构光扫描技术、激光点云扫描技术、倾斜照片扫描技术。这些设备统称3DScanner，其主要作用是检测和分析现实世界中物体或环境的形状（几何结构）和外观数据（如颜色、表面反照率和其他属性）。收集到的数据用于三维重建计算，在虚拟世界中制作实际物体的数字模型。

1.结构光扫描

结构光扫描装置是由投影仪和摄像机组成的一套系统结构（图2-4）。投影仪用于将特定的光信号阵列投射到物体表面和背景上，然后由摄像机进行采集。根据不同帧的光信号在物体表面引起的光路畸形变化，计算物体的位置和深度等信息，然后在虚拟空间中模拟整个三维空间。结构光三维扫描仪类似于相机，视线范围为圆锥状，信息收集限定在一定范围内。相机读取颜色信息，而三维扫描仪测量距离。由于测量的结果包括深度信息，因此，它通常称作深度图像或距离图像。由于结构光三维扫描仪的扫描范围有限，经常需要改变扫描仪和物体的相对位置或将物体放置在电动转盘上进行多次扫描才能拼凑出物体的完整模型。集成多个单面模型的技术被称为视频配准或对齐，它涉及多种三维比较方法。

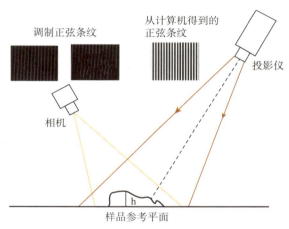

图2-4 结构光扫描成像原理图

首先投影机投射通过编程产生的正弦条纹图，因为后续要利用变形条纹图获取相位，采用四步移相法，因此，这里产生四幅相位差 pi/2 的条纹。然后将这四幅条纹图分时投影到被测物上，采集到四幅被调制条纹图，同时要参照四幅无被测物的参考面条纹图像。由采集到的四幅受调制条纹图计算出被调制相位，这里得到的相位图是截断相位图，因为四步移相算法得到的结果是由反正切函数计算所得，因而被限制在 [-pi，pi] 之间，也就是说，每当其值超过该范围，又会重新开始计算。解决上述问题需要解决跳变问题，即将截断相位恢复为连续相位。上述两者相减得到相位差，该相位差则表征了被测物相对参考面的高度信息，再代入相位与高度转化公式（其中相应参数经过标定）得到三维模型。

2. 激光点云扫描

三维激光扫描技术是20世纪末期逐渐得到推广应用的一项高新技术，其原理是激光三角测距功能。激光发射器发射激光出去，照射到物体表面后再反射回来被接收器接收，同时根据被接收的能量大小计算出物体表面的反射率（图2-5和2-6）。时间计数器记录这一过程的时间，再通过 $S = \frac{1}{2}CT$（C 为光速，T 为时间）得到目标点与扫描仪之间的距离。同时角度传感器会记录激光发射的角度 θ，再利用极坐标系与笛卡尔坐标系之间的相互转换关系计算出目标点的 X、Y、Z 坐标。最终成千上亿带有三维坐标和反射率信息的点在电脑上呈现出真实尺寸的环境信息。

三维激光扫描技术对大型空间扫描有着得天独厚的优势（图2-5），根据激光能量不同，常见的几款激光扫描设备在保证毫米级精度的前提下，能够一次性扫描350 m范围内的空间模型（图2-6）。三维激光扫描被大量地应用在历史建筑和自然景观的数字化工程中。

图2-5　云门寺三维激光扫描点云图

图2-6　法如（FARO）Focus3D激光扫描仪

3. 倾斜摄像扫描

倾斜摄像扫描技术起源于将物体的多角度照片进行对比获得精确且均匀分布的连接点并进行网平差解算，从而生成三维模型点面的一种技术。此技术被普遍了解是在由 AutoDisk 公司首先推出的 123DCatch 中，它利用云计算的强大能力，可将数码照片迅速转换为逼真的三维模型。只要使用傻瓜相机、手机或高级数码单反相机抓拍物体、人物或场景，人人都能利用 Autodesk 123D 将照片转换成生动鲜活的三维模型，拍摄的角度越多，生成的模型也就越细腻。

倾斜摄像扫描技术随着摄影技术的提高，高速、全幅、大画面摄像设备的出现，由航空机载的倾斜摄像设备可以在短时间内对大面积的地面地形建筑等进行数字建模。倾斜摄影技术优势体现在和人工建模相比的三维模型构建上。倾斜摄影自动化建模所具备的"三高一低"（高效率、高精度、高真实感、低成本）的优势，将推动测绘地理信息在多个行业的应用，构筑出广阔的应用新模式（图 2-7）。

图 2-7　倾斜摄影在矿山无证开采调查中的应用

（三）模型优化技术及实施——次世代模型标准

次世代源自日语，即下一个时代，未来的时代。常说的次世代科技，指还未广泛应用的先进技术。次世代模型设计原指次世代游戏模型设计师根据原画稿件设计出次世代游戏中的环境、道具、机械、人物、动物、怪物等物体的模型。为了将更多的运算资源用于交互运算，次世代模型的制作就需要把高模的细节通过法线贴图贴到低模上，来让低模模拟高模的细节，以便在节省多边形数量的情况下，又能够达到更逼真的模型效果。

次世代模型的基本标准要求需要根据项目和使用的三维引擎来考量，针对 PC 主机使用的角色模型支持 20K 的多边形，贴图基本控制在 3 张，包含法线、高光和漫反射这三种贴图。次世代的贴图可以制作大一点，根据实际运行时的帧率可以设定多种层次贴图匹配，从 4096（4K）到 2048（2K），最终可以使用到 1024（1K）最低要求贴图。角色的材质球尽量控制在三个以内，如头、身体、装备（或者特殊材质，如透明的材质）。常用材质球可以通过软件 Substance Painter 生成。贴图完成后应该使用 CHECK 图来进行检查，避免物体之间分辨率有过大的差异。分 UV 的目的是要在不拉伸的情况下以最大的像素来显示贴图。

次世代模型的基本制作流程：根据二维设计图制作中模；导进 ZBrush 进行高模雕刻；拓扑低模（即在场景中的模型）；展分 UV；烘焙（将高模细节烘焙到低模上面）；绘制贴图；在引擎中调整模型。

（四）虚拟环境数字建模

虚拟场景中需要构建立体视觉模型，获得更好的沉浸感、交互性和构想性；还需要构建虚拟环境数字模型，这些环境数字模型包括环境立体声数字模型、环境温度矢量模型、环境风动力矢量模型、三维空间偏移量模型、运动角速度模型、环境气味模型、触感仿真数字模型等，由于某些方面传感技术和仿真技术的缺失，有大量的环境数字模型无法采集或者无法完全再现。以下是近年来应用环境数字模型进行环境仿真的部分技术手段。

1. 人头音响

人头音响是由人头录音技术发展来的沉浸式耳机音响技术。在立体声技术发展的过程中，我们发现，由于人的耳廓、耳道、人的头盖骨、肩部等对声波的折射、绕射和衍射，并且在耳机中我们所听到的立体声大多是由两个相隔 10 m 的麦克风采集来的，从而形成了与现实声场并不一样的感受，在头脑中形成一种巨大的空间感，这种感觉被称为"头内效应"（In-Head Effect）。为了解决这个问题，技术人员发明了一种仿真人头录音的技术，也就是在一个仿真的硅胶人头耳道内接近耳蜗的部位安装两个高保真的迷你全指向性麦克风，用来模拟人听到声音的整个过程。当这样的录音被耳机直接灌入人的耳道时，人能够如置身录音场景内一样，通过人脑对声音的自然定位习惯，分辨出每一个发音的位置。

人头音响即声音领域的虚拟现实设备，只需使用一套立体声耳机就可以营造出令人信服的 360° 声场效果。结合虚拟现实眼镜，可以让用户更好地进入具有沉浸感的虚拟环境。如今通过虚拟仿真技术，在虚拟场景制作过程中，针对模型使用的 3D 音效方式，可以对交互用户进行实时空间位置定位。而虚拟双声道拾音器就安置在交互用户的头部两侧，这样也就能够在虚拟场景中不依靠人头录音，而仿真出具有 360° 声场的虚拟沉浸人头音响效果了。在消防训练场景中依靠人头音响生成拟真声场，营造危险环境，可以进行应急火灾逃生模拟、地震体验等。

2.热量仿真

热量仿真数字模型（也叫空间温度模型）大多数情况下被用于消防安全虚拟体验中。热量仿真数字模型针对的是人体裸露的皮肤，在皮肤表面，接受热温的感受器称作热点，用来感受加在皮肤上的热刺激。热点分布在不同部位，面部、口唇及眼睑部分布较密，对温度的感受性高。当皮肤温度为 32~45℃时，热感受器被激活，开始放电，产生温热觉。手部温度感虽然较面部要差，但是皮肤表面在 60℃的温度中持续 5 min 以上，就有可能造成烫伤。所以接触温度需要控制在 45℃左右，风温或者辐射温度应控制在 60℃以下，且不能持续超过 3 min。这个是虚拟现实体验中的热度仿真数字模型对外输出的安全标准阈值。

在固定位置①的消防训练体验中，我们采用了多向风热仿真装置来表现空间温度模型。通过温度控制和风力控制，将电热丝发出的热量通过鼓风装置传输到体验用户的体表，传递力度和角度通过数控风叶改变速度和翼叶角度来实现。用户在虚拟现实场景中进行交互，虚拟火源与体验者的空间位置时刻发生着变化，虚拟空间中由于仿真了空气流通体系，流体粒子仿真的虚拟火焰的干涉范围也会随着时间而改变，这就需要热量仿真模型实时地根据体验者的相对环境位置进行虚拟火焰热辐射范围判断并形成数字模型。对于热量仿真控制系统来说，虚拟空间热源位置的变化是可以获得绝对坐标的，如果体验者的运动位置是相对的，根据体验者的面向位置和前进位置的改变，热源位置就会相应地从体验者的左面运动到体验者的右面，或者从体验者的前方移动到后方。同一个热源，由于相对位置的变化，其热量风量（逼迫度）都会发生变化。在虚拟环境中，带有碰撞体的热量数字模型与体验者的虚拟单体模型进行交互，在体验者的碰撞体 45°、135°、225°、315° 四个角度上分别启用四个方向的风热仿真装置控制模型体。控制模型体与热量数字模型的碰撞，获得交互数值并通过无线控制模块将仿真数值通过多向风热防震装置作用于体验者，这样体验者就能真实地感受到虚拟场景中热源的热量，并随之运动而产生真实运动中温度体感体验，可以在消防训练场景中模拟热浪效果，实现应急火灾逃生模拟、定点灭火模拟等。

---

① 指采用万向跑步机设备原地运动或者以站姿或坐姿在固定空间内进行虚拟现实消防训练和交互行动。

3. 风量仿真

风量仿真数字模型相对其他仿真来说比较复杂，在虚拟现实空间中，一般采用 WindZone 来设定风的区域，可以设定最大风量、风向变化、风脉冲强度和风频率。但是 WindZone 主要是针对虚拟场景中草木模型的，依靠粒子系统也能影响火焰的走向。

风量仿真数字模型基本上也是通过多向风热仿真装置来实现的，风热仿真系统由可以通过脉冲（PWM）控制的直流电机、多叶曲面风扇、百叶式风向控制、电热丝发热器等结构组成。风量是通过脉冲控制风扇的速度来改变的，风向通过风道中的百叶窗翼片方向来控制。

风量的模拟数据现在基本上通过人为预设来完成，因为风区没有碰撞模式，所以无法像热量仿真中那样采用碰撞测试来实现。在消防训练场景中营造风场，可以实现台风灾害天气模拟、火灾现场爆燃体验。在灾害性体验中，风量仿真为了避免产生危险，大多体验馆只做了时序性控制，而且风力也没有大小的变化，对沉浸式体验来说这是远远不够的。未来针对虚拟现实环境中和物理现实中相应的风量仿真研究还是一个可以深入研究的课题。

4. 六轴平台

在虚拟现实沉浸式仿真中，构建虚拟空间的相对运动数字模型，我们经常会用到多自由度的运动仿真平台。常见的有 4D 影院中的三自由度座椅、仿真赛车用的三自由度驾驶平台和三自由度虚拟现实蛋椅，以及更大运动范围的仿真六自由度运动的六轴平台。这里以六自由度的六轴平台的结构和运动方式来介绍空间运动数字模型的构建。

六自由度平台是由六根伺服电动缸、上下两个平台以及上下各六只虎克铰链组成的。下平台固定在基础设施上，根据情况需要进行地面加固或者配重以防侧翻。六自由度平台通过六根伺服电动缸的伸缩运动来控制上平台在空间六个自由度（X、Y、Z、α、β、γ）的运动，从而模拟出各种空间运动姿态。

六个自由度分别是三维空间的 XYZ 轴以及分别绕 XYZ 轴旋转的 ABC，面向坐标轴观察逆时针方向旋转为正。绕 X 轴旋转这里称为 A 轴，一般习惯称为 α 或 $Roll$ 轴（横滚、横摇）；绕 Y 轴旋转这里称为 B 轴，一般习惯称为 β 或 $Pitch$ 轴（俯仰、纵滚或纵摇）；绕 Z 轴旋转这里称为 C 轴，一般习惯称为 γ 或 Yaw 轴（航向、偏航）。

首先，我们应该了解空间运动数字模型建模是需要有运动平台作为数据依托的，六轴六自由度运动平台表现为（X、Y、Z、α、β、γ）坐标点的时空序列，表现在空间运动数字模型上，就是六轴的长度变化，这些数据是根据设备的不同而受到限制的。空间运动数字模型在虚拟现实中被广泛应用。在各种训练模拟器如飞行模拟器、舰艇模拟器、直升机起降模拟器、坦克模拟器、汽车驾驶模拟器、火车驾驶模拟器等模拟训练设备上，甚至在常见的4D影院中也被普遍使用，由于六自由度运动平台和六轴平台空间运动数字模型的研制，涉及机械、电气、控制、计算机、传感器、实时信号处理、动态显示、动态仿真等技术，在与虚拟现实场景配合后可以构建完美的动态沉浸体验空间，所以六轴平台空间运动数字模型与六自由度平台在虚拟现实大型装备训练场景中会成为普遍配置，如图2-8和2-9所示，同时，能否驾驭虚拟现实场景中的六轴平台空间运动数字模型和六自由度运动平台的无缝对接也是大型装备虚拟训练研发企业技术实力的表现。在消防训练场景中，该技术可以实现消防车驾驶模拟、直升机灭火模拟等装备操作训练、酒后驾驶模拟、车祸模拟、地质灾害模拟等安全教育体验。

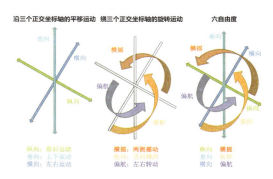

图2-8　六自由度运动示意图

图2-9　六轴伺服电缸型六自由度运动平台

5. 烟雾仿真

虚拟现实场景应用中使用的烟雾装置与舞台烟雾装置是不同的，但是它们的内部基本结构和发烟原理比较相似。常见的舞台发烟机主要分为干冰气化产生水雾的干冰机和通过高温分解烟雾油的舞台烟雾机。舞台烟雾机是使含有高温受热后能快速气化的烟雾油，快速通过高温加热管，形成白色气态烟雾并喷出。这种烟雾机具备功率小、体积小、经济实用及使用方便的特点，一般功率在 3 kW 内，烟量较小。干冰烟雾机利用 −78℃的固态干冰在常温下受热气化时产生大量的白色烟雾的原理，为舞台提供烟雾效果。功率在 3 kW 以下的干冰机，适用于中、小型舞台。大功率干冰机烟量大，出烟快，可快速铺满舞台。干冰机虽然价格较高，但是由于其环保、对人伤害较小、出烟沉于地面、容易出效果等特点，被国内舞美广泛使用。

虚拟现实中的烟雾仿真由于体验者的视觉被遮蔽，所以其仿真点不是烟雾的视觉效果，而是更加追求嗅觉沉浸。所以，虚拟现实沉浸系统的烟雾仿真装置的主要功能是能够产生弥漫小区域空间的带气味烟雾，并且能够在控制下迅速净化排空，以便于配合虚拟场景，使体验者产生不同的嗅觉体验。

在项目实现中，我们采用本身几乎没有味道的高级烟雾油混合不同配方香精的方法去制造仿真场景中的嗅觉体验，特制烟雾机采用半导体瞬热喷管，配合由脉冲信号控制的喷油泵，获得足够长时间均匀滞空的热式薄雾，同时在活性炭滤网、纳米矿晶滤网和多级静音抽风机组成的空气净化装置运行下，形成涡流状的空气循环系统。在虚拟现实体验中烟雾机阵列不断地根据场景需求向空气中喷发特定嗅觉气味，同时净化系统也同步不断地将前一个场景中带嗅觉气味的烟雾净化。这样的一系列装置组成了完整的虚拟现实嗅觉仿真体验系统。

综上可知，虚拟空间中的烟雾仿真数字模型鉴于气味的传输方式偏向于范围空间数据，由气味的发生中心向四周衍射，根据地形形成等高线逐渐降低浓度数值。通过与传感器碰撞将数据赋值给仿真烟雾设备，数据结构是包含了气味类别和气味浓度属性的时效数组。气味类别控制含有不同香料的供油箱的喷出量，而气味浓度则控制了烟雾喷出的持续时间或者频率。这项技术可以在消防训练场景中营造紧张氛围，以实现商场、学校、高楼、酒店、娱乐场所等人员密集场所的应急火灾逃生模拟等。

6. 体感仿真

针对虚拟现实的体感仿真的概念有别于 PS4 和 Xbox 基于 Kniect 的体感交互。Kniect 装置的体感交互属于人机交互的动作捕捉范畴，而虚拟现实方面的体感仿真则属于针对虚拟场景中的物理碰撞反馈给现实世界中人体的体表感觉范畴。

虚拟现实体验中常见的最简单的体感仿真就是虚拟交互手柄中的动力反馈装置，也就是在虚拟空间交互体验中手柄会产生振动来实现虚拟碰撞。在体感仿真技术的发展过程中，各种力反馈技术占据了主流，力反馈技术中也存在气囊式力反馈技术、机械式力反馈技术以及微电机式力反馈技术。2020 年后基于微电机式力反馈技术的各种产品因其耗能少、控制简单、占用空间小等优势成为唯一量产化的技术产品。结合蓝牙通讯和锂电池续航，微电机式力反馈穿戴产品已经极大地丰富了虚拟现实沉浸式交互体验。

最新穿戴式虚拟现实体感仿真设备已经发展到了由力反馈背心、力反馈臂套、力反馈手套、力反馈脚套组成的较为完整的系列量产产品（图 2-10）。较为著名的是 2021 年 4 月 30 日开始对外发售的 bHaptics 公司的 Tactsuit & Tactosy 产品。最多拥有 40 个力反馈体感反馈点的 TactsuitX40 背心是现在力反馈点最多的穿戴式体感装置（图 2-11）。

图 2-10　bHaptics 公司的 Tactsuit & Tactosy 系列产品

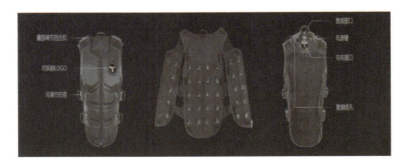

图 2-11　拥有 40 个振动反馈点的 Tactsuit X40

环境数字模型一直都是根据体验设备技术的发展而形成需要的，在体感设备未成熟时，我们在虚拟空间中对交互的用户碰撞体只需要做成一个椭圆形上下拉长的蛋体即可，而在体感设备出现后的今天，支持体感仿真的人体体感数字模型则需要根据这些设备进行更加细腻的构建。如按照 bHaptics 的 Tactsuit & Tactosy 系列产品来进行建模的话，我们需要在人体躯干的前方相应位置建立 20 个碰撞体，后背建立 20 个碰撞体，双肩部各建立 6 个碰撞体，双腕部各建立 6 个碰撞体，双手部各建立 3 个碰撞体，双脚部各建立 6 个碰撞体，眼睛周围的面部建立 6 个碰撞体，这样整个交互人体模型便拥有了 88 个碰撞球体。在消防训练场景中可以营造接触感、碰撞感，实现消防装备负重体验、灾害天气受伤体验、车祸体验等。

三、人机交互

人机交互是虚拟现实三大特征中交互性的需求，所谓的人机交互并不只是针对人和虚拟现实场景之间的交互，根据交互的主体可以分为几个大类：针对环境的识别、针对语音的识别、针对人体动作的识别以及针对人类情绪的识别。这些交互技术，在沉浸式虚拟现实场景中只用到了其中的一小部分，如交互控制用的手柄、虚拟空间运动用的万向跑步机等，但是随着 AR 和 MR 场景的普及，人机交互技术的需求越来越大，各种人机交互技术不断被研究开发，越来越多人机交互产品得到了量产和应用。尤其是近几年来由云算力支撑、网络大数据配合形成的人工智能算法高速发展，为语言图形理解、机器视觉、边缘识别等技术的发展创造了新的台阶，大大提升了人机交互的技术层次，从传感器电信号计算发展到了对物理空间自然语言和图像的分析理解。下面的主要介绍虚拟现实场景中的人机交互过程中各种技术的应用方式。

（一）环境识别

环境识别是应用计算机视觉技术感知环境获得信息进行识别，利用视觉以及其他相关传感器作为主要的环境识别手段来实现环境扫描、记录、分析、认知，并通过环境识别获得的环境数据实现虚拟现实场景中的现实交互方面的应用。环境识别采用的技术有基于图像外观的环境识别以及基于兴趣点的环境识别。环境识别技术在 AR、MR 以及其他与现实世界需要进行实时交互和无缝连接的应用场景中是非常重要的。环境识别技术大部分都是基于人工智能中的机器视觉和边缘识别发展起来的。

1.二维码识别技术

二维码（2-dimensional bar code）是用某种特定的几何图形按一定规律在平面（二维方向上）分布的、黑白相间的、记录数据符号信息的图形；在代码编制上巧妙地利用构成计算机内部逻辑基础的"0""1"比特流的概念，使用若干个与二进制相对应的几何形体来表示文字数值信息，通过图像输入设备或光电扫描设备自动识读以实现信息自动处理。它具有条码技术的一些共性，每种码制有其特定的字符集；每个字符占有一定的宽度；具有一定的校验功能等。同时，它还具有对不同行的信息自动识别的功能及处理图形旋转变化点的功能[①]。

二维码能够在横向和纵向两个方位同时表达信息，因此，它能在很小的面积内表达大量的信息，标准的PDF417二维条码、QR码、DM码大多能包含256个字符以上的内容，数据含量最多甚至能达到1 850个字符。二维码有信息容量大、编码范围广、容错能力强、编译成本低、识别迅速、制作成本低廉、持久耐用等优势。

在虚拟现实应用场景中，二维码常被用来从通用程序如微信、支付宝等APP中调用以网页形式存在的AR应用，并可以作为AR应用中前景交互的物理世界标志，用以固定模型或者图文视频的物理空间位置。而在MR应用场景中，二维码作为虚拟场景和现实场景对接的锚点是最为合适的，其识别快、指向性好、点位准确，有利于迅速将虚拟空间模型与现实物理世界对齐绑定。如果想在物理空间中对虚拟模型投射比例进行调整，仅需要在相应位置上再增加一个二维码锚点，而不需要进行四点定位即可实现。

二维码识别在虚拟现实场景中的应用技术虽然有解码速度快、包含信息量大、指向性准确等特点，但是二维码终究是人为造物，在某些要求较高的场景中还不能被认可或者某些场合无法预设二维码锚点。所以我们还需要继续研究和发展自然图像识别应用技术。

2. 图像识别技术

图像识别是指利用运算终端对摄像装置采集的图像进行处理、分析、记忆和理解，以识别各种不同的目标对象的技术。其主要依托人工智能方向的深度学习算法。图像识别根据图像性质主要分为角点特征检测和RGB色彩特征检测两个研究方向，在大多数的应用中这两种特征检测是相辅相成的。对文字、数字等内容的识别，角点检测应用的比较多，角点检测方法中比较著名的有Harris的角点检测方法。该方法使用图像的一阶差分，计算每个像素处的平均平方梯度矩阵，通过特征值分析给出角点响应。在图像的旋转、灰度的变化和视点的变换方面，它也是一种稳定的点特征提取算子，可以定量地提取均匀而

---

① 中国物联网.二维码的概念与分类[EB].（2015-01-12）[2015-01-12].

且合理的特征点。但是 Harris 角点检测方法只能在一幅图像中按照一个固定的比例提取图像中的角点，对尺度变化很敏感，不具有远近尺度不变的特性。而实际环境中，通常需要对两幅比例发生了较大变化的图像进行匹配。因此，David G. Lowe 提出 RGB 色彩特征方法，将特征检测推广到多尺度空间以提高特征检测的稳定性。该方法首先在尺度空间进行特征检测，并确定关键点的位置和关键点所处的尺度，然后将关键点邻域梯度的主方向作为该点的方向特征，以实现算子对尺度和方向的无关性，从而确保良好的稳定性。检测出特征点后，经过复杂的处理过程得到一个 128 维的 SIFT 描述子进行特征描述。由于 SIFT 特征对图像的缩放、旋转、光照强度和摄像机观察视角的改变以及噪声扰动具有很好的稳定性，SIFT 算法很快得到了比较广泛的应用[1]。

虚拟现实应用通过图像识别来感知物理现实世界中的文字信息、图像信息以及物体信息，并根据用户交互做出反馈，该方式结合 AR 遮罩技术应用于实景导航等软件场景中。MR 系统通过 SIFT 算法获取角点信息，从而得到必要的空间信息，确定虚拟模型在现实空间中的摆放位置，相较二维码定位方式，图像识别的运算资源占用量较大，但是其应用场景也更加丰富（图 2-12）。

图 2-12　图像识别技术在 AR 和 MR 中的应用

3. SLAM 技术

SLAM（Simultaneous Localization and Mapping），也称 CML（Concurrent Mapping and Localization），即时定位与地图构建，或并发建图与定位。虚拟现实应用中常见的 SLAM 技术，是基于双目相机或者单目相机结合 IMU 传感器实现的，单目相机虽然使用的信息最少，但估算尺度仍需要较高的 IMU 精度，跟踪丢失时需要较长的时间进行初始化。但是缺点就是无法得到尺度信息，在与双目对

① 丁刚,王海波,王智灵,等.基于支持向量机的移动机器人环境识别[J].计算机仿真,2010,27(09):186-190.

比时，有着不可更改的硬伤。双目可以通过单帧图像得到场景的真实尺度且初始化比较简单，但是由于基线长度限制，对太远的场景初始化能力不够，在费用较高的情况下，双目 SLAM 如想代替单目 SLAM，还需进一步优化图像获取的时间、算法处理的时间、渲染的时间和渲染结果到最后显示的时间。

微软的 HoloLens 系列以及 Nreal 的二代 MR 头盔都采用了双目 SLAM 技术进行空间定位，这是基于面向虚拟现实专用的 GPU+ 运算器（如高通的 XR 系列、华为的麒麟 900 系列、苹果的 A12X 系列等）的图像处理能力提升，并且相机模块在精度和帧率都大幅提升的前提下形成成本比例连续降低的产业优势。结合双目图像视差解算同时配合 IMU 的位差验算，更加精准的物理世界空间模型自动再建为 MR 空间构建和空间锚定功能提供了有力的保障。通过自动的体验空间模型构建并留档比对，我们就能够很容易地在物理体验空间中配置虚拟交互模型，并且可以将这些虚拟模型与物理体验空间进行捆绑，实现现场配模、实时体验。

4. 惯性传感器技术

传感器是实现虚拟现实技术与现实物理世界交互的必不可少的元素，所有的虚拟世界与物理现实环境的接触全部依靠传感器进行。上面提到的二维码识别、图像识别和 SLAM 技术中必不可少的视觉相机也可以归纳到传感器之中。下文将介绍除了视觉相机和语音采集话筒以外的虚拟现实场景中最常用的几种惯性传感器（IMU）图 2-13，它们分别是机械陀螺仪、激光陀螺仪和微机械陀螺仪。

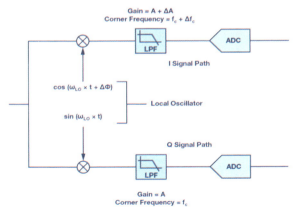

图 2-13　IMU 惯性测量单元的原理构成

（1）机械陀螺仪

机械陀螺仪以经典力学为基础，具有高速转动的转子或振动的部件。常见的机械陀螺仪有刚体转动陀螺仪、振动陀螺仪和半球谐振陀螺仪等：

①刚体转动陀螺仪是把高速旋转的刚体转子支撑起来，使之获得转动自由度的一种装置，可用来测量角位移或角速度；②振动陀螺仪是利用振动叉旋转时的哥氏角加速度效应做成的测量角速度的装置；③半球谐振陀螺仪是利用振动杯旋转时的哥氏加速度效应做成的测量角位移的装置。

（2）激光陀螺仪

激光陀螺仪是根据塞格尼克的理论发展起来的。当光束在一个环形的通道中前进时，如果环形通道本身具有一个转动速度，那么光线沿着通道转动的方向前进所需要的时间要比沿着与这个通道转动相反的方向前进所需要的时间要多。也就是说，当光学环路转动时，在不同的前进方向上，光学环路的光程相对环路在静止时的光程都会产生变化。利用这种光程的变化，如果使不同方向上前进的光之间产生干涉来测量环路的转动速度，就可以制造出干涉式激光陀螺仪，如果利用这种环路光程的变化来实现对在环路中不断循环的光之间的干涉，也就是通过调整光纤环路中激光的谐振频率进而测量环路的转动速度，就可以制造出谐振式激光陀螺仪。

（3）微机械陀螺仪

传统的陀螺仪主要是利用角动量守恒原理，因此，它需要一个不停转动的物体，其转轴的指向不随承载它的支架的旋转而变化。但是要用微机械技术在硅片衬底上加工出一个可转动的结构不是一件容易的事。所以微机械陀螺仪主要利用的是科里奥利力（旋转物体在做径向运动时所受到的切向力）。微机械陀螺仪的设计和工作原理可能是各种各样的，但是根据公开的微机械陀螺仪专利文件，均采用了振动物体传感角速度的概念。利用静电调制振动来诱导和探测科里奥利力，如此设计的微机械陀螺仪没有旋转部件，不需要轴承，已经可以用微机械加工技术大批量生产。

惯性传感器实际包含了线性加速度传感器和角速度传感器两个数据输出，在虚拟现实技术应用中，我们经常采用的是他们的双轴和三轴组合。采用双轴组合的惯性传感器可以获得垂直平面中的实时运动态势，结合时间运算就可以得到与虚拟现实装置垂直的这个二维空间中装置所在的位置信息和运行轨迹。常见的应用装置有虚拟现实交互手柄、空间鼠标、智能手机、智能平板等设备。这些设备都具有双轴惯性传感器。这种能够定位一个二维空间维度的IMU，称为平面空间定位。三轴组合可以让我们获得三个方向上的加速度和三个轴上的角速度数据，结合辅助的强磁计和时间运算，就可以获得三维空间中的实时坐标以及运动状态。虚拟现实头盔和穿戴体感模块中都装载了三轴 IMU 器件，依靠它可以实时观察到头盔在虚拟空间和现实空间的三维位置。三轴组合由于集成了三轴加速度传感数据和三轴角速度传感数据的采集，所以也有人将其称为六轴空间定位。

不过，通过惯性传感器 IMU 定位也有一定的缺陷，常用的陀螺仪还是依靠对物理运动产生的力的检测获得数据，物体运动不可避免地产生数据误差，在结合时间运算时会形成误差积累，一段时间后整个空间坐标便会产生漂移。所以在依靠惯性传感器进行定位的应用中，需要注意及时地依靠其他的物理或者视觉校验手段进行空间坐标的矫正工作。

（二）AI 语音识别

在虚拟现实技术中，人机交互最常用的也是最能够让用户接受的就是基于自然语言的语音交互。语音识别技术，也被称为自动语音识别（Automatic Speech Recognition，ASR），其目标是将人类的语音中的词汇内容转换为计算机可识别的输入内容，如搜索关键词、键盘输入字母或者数字字符序列等。与说话人识别及说话人确认不同，后者尝试识别或确认发出语音的说话人身份，而非识别其中所包含的词汇的具体内容。语音识别技术所涉及的领域包括信号处理、模式识别、概率论和信息论、发声机理和听觉机理等等。近年来语音识别技术的飞速发展主要是依靠人工智能技术发展出的人工神经网络（ANN）。模拟的语音信号进行采样得到波形数据之后，要输入到特征提取模块，提取出合适的声学特征参数，供后续声学模型训练使用。好的声学特征应当考虑以下三个方面的因素。首先，应当具有比较优秀的区分特性，以使声学模型不同的建模单元可以方便准确地建模。其次，特征提取也可以认为是语音信息的压缩编码过程，既需要将信道、说话人的因素消除，保留与内容相关的信息，又需要在不损失过多有用信息的情况下使用尽量低的参数维度，以便于高效准确地进行模型的训练。最后，需要考虑鲁棒性，即对环境噪声的抗干扰能力。

目前常用的声学模型基元为声韵母、音节或词，根据目的的不同来选取不同的基元。汉语加上语气词共有 412 个音节，包括轻音字，共有 1 282 个有调音节字，所以在小词汇表孤立词语音识别时常选用词作为基元，在大词汇表语音识别时常采用音节或声韵母建模，而在连续语音识别时，由于协同发音的影响，常采用声韵母建模。语言模型包括由识别语音命令构成的语法网络和由统计方法构成的语言模型，语言处理可以进行语法、语义分析。

语言模型对中、大词汇量的语音识别系统特别重要。当分类发生错误时可以根据语言学模型、语法结构、语义学进行判断纠正，特别是一些同音字，必须通过上下文结构才能确定词义。语言学理论包括语义结构、语法规则、语言的数学描述模型等有关方面。目前比较成功的语言模型通常是采用统计语法的语言模型与基于规则语法结构命令的语言模型。语法结构可以限定不同词之间的相互连接关系，缩小了识别系统的搜索空间，这有利于提高系统的识别率。

1. 关键词识别

关键词识别是语音识别领域中的一个子领域，其主要目的是在语音信号中检测出指定词语。在虚拟现实应用，尤其是离线式虚拟现实语音交互需求中，我们经常利用标准发音的关键词来进行简单的语音交互。例如，常见的普通话或者英语为主的语言虚拟现实场景中用到的几个关键操作词汇：主菜单（Home）、下一（页、项、篇、个）（Next）、上一（页、项、篇、个）（Prev）、返回（Back）、第一（One）、第二（Two）等。只要采用这些有数的关键词，就可以对场景进行简单的控制，并且离线语音识别的计算量也相当小，基本可以做到本地系统固化。

针对定制化的虚拟现实专业场景，我们也可以采用非特定人语音识别模块来进行关键词构建，并通过这些外置的语音关键词识别模块传回的特定唤醒数据来实现相应的交互功能（图2-14）。

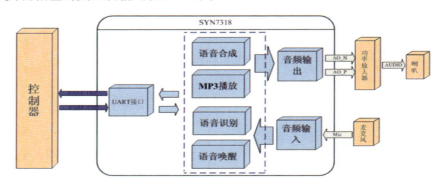

图 2-14　非特定人语音关键词识别模块结构

关键词识别具有一定的优势，但是它的缺陷也是不可避免的，在三种不同语态中准确获得特定关键词发音的能力较为有限。在这三种语态中孤立词语音，即输入每个词后会停顿的语音是最容易被识别的，相对来说，每个词发音都比较清晰，但是一些出现连音现象的连接词语音识别起来就会有些困难。存在大量连音和变音的自然流利的连续语音输入基本上会存在较高的不识别率。

因此，在我们采用关键词识别交互的虚拟现实场景中，应该尽量能够在词语定义上有意识地进行分割，不要定义发音过于相近的词汇，也不要定义过长

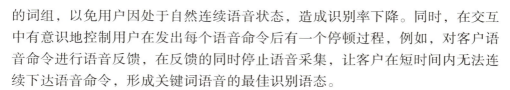

的词组，以免用户因处于自然连续语音状态，造成识别率下降。同时，在交互中有意识地控制用户在发出每个语音命令后有一个停顿过程，例如，对客户语音命令进行语音反馈，在反馈的同时停止语音采集，让客户在短时间内无法连续下达语音命令，形成关键词语音的最佳识别语态。

2.语气词分析

基于语音识别技术的语气词分析研究是针对具有关键词义的语言之外的发声词状态的研究，语气词在很大的成分上是不会含有明确的语意的，早期的语音识别中也将这些词汇作为垃圾词汇来处理。

随着虚拟现实应用场景的需求的提高，除了关键词识别应用外，用户语气词分析在用户情绪识别和交互上也越来越重要。语气词分析采用了与关键词识别完全不同的方法，语音识别的标准过程是通过麦克风进行语音信号采集、生成波形信号、除噪对比处理、提取特征、比对词汇模型、解释语意的过程，目前关键词的识别率已经达到了95%以上，但是包含了语气词的自然语言识别率只能达到89.5%。

关于语气词分析的研究是针对除噪以后的语音波形进行分析，无须进行词义相关的特征提取和模型对比工作，通过对声场声强和持续语音进行训练形成的模型，结合场景内容因素，来判断当前场景中体验者的情绪因子，由此展开场景中的相应交互内容，这样的交互性场景变化能够准确地把握场景的训练或者体验关键痛点，尤其在具有情绪控制需求的虚拟现实场景中，语气词分析相比自然语言词义分析，具有反馈速度快、分析结果准确度高、受到干扰小等特点。所以在与受众情绪关联性较大的虚拟现实体验场景中，语气词分析技术的利用率和优先率远高于词义分析技术。

（三）人体动作识别

虚拟现实三大特征中交互性最关键的部分就是将现实世界中的人体交互反馈和运动状态在虚拟世界中展现出来。如何准确地获得体验者对虚拟世界和现实世界的刺激展现出的不同反应，即或主动或被动的人体行为，包括手部动作、四肢动作、身体动作、面部动作等，这个问题促进了动作捕捉技术的发展。常用的动作捕捉技术从原理上来说可以分为机械式、声学式、电磁式、主动光学、被动光学以及惯性导航式等。这些不同原理的设备各有优缺点，最主要的评价方式无非是从定位精度、实时性、使用便捷性、抓取范围大小、抗干扰性、多目标捕捉以及相关配套软件的完整性等几个方面来衡量。当前影视方面使用的各种动捕设备已经能够做到精确的面部表情抓取和三人以上的动作捕捉，达到影视级的精确的高分辨率、高帧率标准。但是对于虚拟现实体验来说，动辄几十万或上百万的影视级动作捕捉设备肯定不适合虚拟现实设备和场景的推广应用，同时，影视级动作捕捉设备与虚拟现实所需要的动作捕捉设备在需求指向上也存在着分歧。影视级动捕对高分高帧的需求很大，但是对实时性基本上没有什么要求，而虚拟现实所需要的动作捕捉设备则对实时性要求非常高，高分高帧严重侵占资源，反而成为虚拟现实场景的负担，在没有升级运算硬件的前提下，是可以牺牲的。

下面介绍一些在虚拟现实中应用到的一些动捕装置，其中大多是专为虚拟现实场景开发的专用产品，当然也有部分影视级的较为昂贵的设备，只是在虚拟现实场景中降低了这类产品的高分高帧性能来提高了这些产品的实时性。

1. 全向跑步机

全向跑步机是一种能够将用户现实运动状态反馈至虚拟世界的交互设备（图 2-15），该设备通过实时采集用户的运动方向、速率以及里程数据并传输至计算机，从而实现对用户运动状态的真实模拟，结合 HTC VIVE 或者 Oculus Rift 虚拟现实 HMD 眼镜，用户可以在一个固定的小范围内 360° 地控制虚拟角色进行运动。

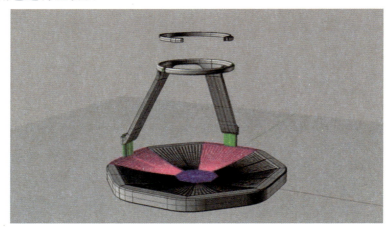

图 2-15　Virtuix 公司的 Omni 全向跑步机

Omni 是 Virtuix 公司开发的一款全方位跑步机。普通的跑步机主要体现速率和距离这两个维度的数据，但 Omni 在这个基础上，还加入了方位这一因素，让用户可以自由地在 Omni 上转向，朝任意方向前进。Omni 没有采用传统的输送带式跑步机结构，取而代之的是一个光滑、倾斜的表面，当玩家向前走的时候，就会滑下来。Omni 的底盘表面是一个凹陷圆形曲面的带有很多细小凹槽的光滑跑道，直径为 122 cm，上方是一个 142~195 cm 的可调节支架，总重量为 50 Kg。用户需要穿上特制的鞋子在 Omni 的跑道上运动。鞋子的底部有一个与凹槽匹配的锥状物，Omni 用它来稳定脚步的运动，防止位置偏移等状况的发生，这双鞋子的底部的脚尖部位同样有非常高的摩擦力，以保证人们在上面运动时的平衡。Virtuix 公司声称，依靠这种设计，Omni 既能让用户在上面自然地行走，又能精确地记录数据。值得注意的是，Omni 的支架并不是像传统跑步机那样作为手扶、显示和操控设备使用的，而是应当被调整到腰部的位置，通过安全带与人体连接，使其不会滑倒，保证人们在戴上 VR 眼镜后，无须用视觉感知周边环境时的安全。

Omni 内置动作侦测硬件与处理软件，可以判别使用者步行的方向与速度，将之转换成虚拟现实场景可以采用的方向和运动操作讯号，让玩家可以通过脚步来控制虚拟角色的移动和转向。搭配 Oculus Rift 和 HTC VIVE 虚拟现实 HMD 时，可以达到第一人称视点虚拟角色前所未见的逼真体感效果。

在虚拟现实消防训练中采用 Omni 全向跑步机作为限制用户运动空间的动作交互设备，便于在这个运动空间的四个方向进行沉浸式仿真设备的布局，并通过 Omni 全向跑步机进行方向采集来获得交互用户在虚拟空间中的位置信息，以便实现准确的方向性热量、风量、烟雾以及配合人头音响耳机的声场仿真。

2. 动作捕捉相机

动作捕捉相机是高帧率、低畸变的摄像机装置，根据动作捕捉需求有红外和 RGB 等几种。动作捕捉相机根据动作捕捉的抓取范围有单相机和阵列相机之分，与计算机之间通过高速 USB 或者大带宽的千兆网络进行数据传输相比，新一代的 OptiTrack 动作捕捉相机已经采用通讯和供电合一的 POE 网线通讯模式，实现了迅速简单的布局联通。动作捕捉相机根据应用分为表情捕捉系统和人体动作捕捉系统。

（1）Dynamixyz 表情捕捉系统是一套应用于电影制作、虚拟现实等领域的无标记面部表情分析系统。借助表情捕获头盔、表情分析模块和面部表情定位模块的配合，将面部表情捕获数据实时反馈到 3D 模型中，实时生成虚拟角色的面部动画。Dynamixyz 表情捕捉系统通过精心设计，确保了面部动作捕捉的精确性。表情捕获头盔上配有一个高清摄像机，用来精确捕获表情变化时的细微差别，能够在表情捕获和跟踪时确保获得最高的精度。专门设计的半封闭式的表情捕获头盔符合人体工程学，在保证舒适的同时兼顾了捕获设备的稳定性，使用户能够在不受任何影响的情况下自由地进行面部表情采集。Dynamixyz 表情捕捉系统拥有专门的摄像机校准模块，通过校准能够提高跟踪结果的准确性，确保了后期数据处理结果的精确性。系统的图像采集模块能够实时地将用户的表情信息采集下来并传输给表情分析模块，在表情分析模块中，系统提供快速且精确的表情跟踪与数据分析功能，能够得到产品级别的嘴唇、眉毛、眼睛和眼珠等肌肉运动并生成表情动画。系统能够与虚拟现实场景进行实时协作，将其所获取的表情信息实时映射到三维虚拟角色上，与肢体捕捉系统配合，组成完整虚拟动作捕捉的流程。

（2）OptiTrack 是一套较为成熟的全身动作捕捉系统。经历了 20 多年的发展，OptiTrack 已经可对人类的自然全身动作进行准确捕捉。OptiTrack Prime 高速红外相机多机阵列最大能形成覆盖 12 个人、长宽各 26 m、高 3 m 的运动捕捉空间。在这个空间中，所有人的动作通过贴在身上指定位置的被动式轻质反射标记点被高速红外相机捕捉，并实时地通过 OptiTrack 提供的数据接口传输给虚拟现实体验计算机，计算机可以将多人的动作数据与虚拟场景中的虚拟人物相捆绑，在虚拟现实多人协同训练中，通过虚拟模型展现多人在虚拟场景中的运动位置和运动状态是十分有必要的。

3. 空间手柄

空间手柄分为两种，一种是主动式的空间手柄，一种是被动式的空间手柄。

（1）主动式空间手柄在虚拟现实应用中常见的就是配套虚拟现实 HMD 设备的双手 SteamVR Tracking 手柄设备，手柄设备上有多个传感器点，依靠 Steam 开源的 LightHouse 技术，通过接受对角放置的两个灯塔发出的横纵扫描激光和 LED 红外标定光进行三角定位运算来确认自己的空间位置。这种技术也就是 HTC VIVE HMD 和 Oculus Rift HMD 这两种头盔所用相同的定位技术。主动式定位空间手柄将运算所得空间坐标以及用户手柄操控指令通过蓝牙发送给 HMD 头盔，再经过数据线传输到虚拟现实场景计算机中，以此获得用户手部交互动作信息，来与虚拟现实场景进行交互。这种技术也称为 Inside-Out 定位技术。

（2）被动式空间手柄采用了 Outside-In 定位技术，HMD 通过装载的多个摄像头装置捕捉手柄上分布的反光点，从而确定虚拟现实场景中手柄相对 HMD 设备的空间位置，由于手柄没有运算负担，可以将手柄设计得较为轻巧和延长手柄电源待机时间。常见的被动式空间手柄多为微软混合现实门户中的各厂商生产的 HMD 套装。主动式空间手柄具有空间坐标准确、可以在 HMD 视觉空间外存在等优势，但是主动式空间手柄也存在需要搭建灯塔的问题，不能实现即开即体验。被动式空间手柄无须架设灯塔，使用方便，即开即用，但是其空间坐标依靠 HMD 摄像头获取，在视线外就不能很好地进行交互，简单来说，只要是不放在面前，手柄就无法正常识别了，所以无法进行可见空间外的虚拟空间交互。在虚拟现实场景体验中，我们需要根据场景的需要合理地采用相应的符合使用需求的手柄和与对应的 HMD 设备，否则容易造成交互体验变差的后果。

还有一种简单手柄不同于以上两种，虽然也应属于主动式的空间手柄，但是其定位依靠的是惯性制导，虽然可以进行一定的交互，但需要随时进行矫正，这种单独配置的小型手柄一般使用在观看虚拟影片等较为简单的应用上。

4. 数字手套

在虚拟现实产业发展的早期，为了适应人手部动作捕捉需求，首先被使用的是数字手套技术。要想把人手精细复杂的动作输入到计算机中，就需要戴上一个布满传感器的手套，基于各种不同的传感器技术，发展出了各式各样的构造的数字手套结构，配合机械装置的数字手套还有反馈虚拟空间物体碰撞的作用。

常见的数字手套采用弯曲传感器。弯曲传感器由柔性电路板、力敏元件、弹性封装材料组成，通过导线连接至信号处理电路；在柔性电路板上设有至少两根导线，以力敏材料包覆于柔性电路板外部，再在力敏材料上包覆一层弹性封装材料，柔性电路板留一端在外，以导线与外电路连接。该设备能够把人的手指弯曲姿态准确实时地传递给虚拟环境，而且能够把与虚拟物体的接触信息反馈给数字手套，通过机械结构让手指弯曲阻力加大。使体验者以直接、自然、有效的方式与虚拟世界进行交互，大大增强了互动性和沉浸感，并为体验者提供了一种通用、直接的人机交互方式，特别适用于需要多自由度手模型对虚拟物体进行复杂操作的虚拟现实场景。

数字手套根据传感器和控制节点分为 5 触点（针对每个手指）、14 触点、18 触点、28 触点以及骨架式力反馈数字手套等，数字手套不具备空间定位能力，在虚拟现实空间应用中还需要增加其他定位装备，在后期发展中，这些弯曲传感器和拉伸传感器由于重量过大、造价较高、无定位等原因，逐渐退出了虚拟现实市场，被廉价的空间手柄装置所代替。2020 年后，国外有虚拟现实公司将具有惯性导航的空间定位原件微小化，应用到数字手套方式的产品上，通过多层次自组网的蓝牙阵列分别采集每个关节上的空间定位，并能够自动进行空间矫正，如果研究出可靠的产品，相信在不久的未来就可能有带力反馈的无线数字手套进入虚拟现实产业市场。

5. 深度摄像机

深度摄像机应用在动作捕捉方面的产品也称为 3D 体感摄像机，比较著名的有微软为 XBOX 配套的 Kinect 一代和二代产品。微软在 2009 年 6 月 2 日的 E3 电子大展上正式公布了 Kinect 一代产品，彻底改变了当时的人机交互方式，使人机交互的理念被更加彻底地表现出来了。Kniect 是集合了 RGB 摄像头、立体声麦克风和红外深度摄像机的一套完整的人体姿态捕捉交互体验产品，它可以捕捉三维空间中用户的实时动作信息。最早的深度摄像机的测量范围为 0.6 ~ 3 m，最新的设备可以实现 0.2 ~ 8 m 的景深测量。

在一些投入较少的虚拟现实系统中，采用深度摄像机抓取人物运动姿态（主要是骨骼动画）是一种物美价廉的方案。目前常用的低价位深度摄像机有微软的 Kinect 2 和 Azure Kniect DK 产品（图 2-16），除此之外还有英特尔的 RealSense 系列产品，尤其在裸眼 3D 产品中，这一类体感设备应用非常广泛。

微软和英特尔都有专门针对虚拟现实体感交互的专用 SDK 接口，可以直接获得交互体态信息，便于后期的二次开发。深度摄像机还在虚拟现实实时空间建模方面有很大的技术发展和应用空间。深度摄像机 Azure Kinect DK 包含以下配置和功能：

图 2-16　Azure Kinect DK 中包含的内容

（1）100 万像素深度传感器，具有宽、窄视场角 (FOV) 选项，可针对应用程序进行优化。

（2）7 麦克风阵列，可用于远场语音和声音捕获。

（3）1 200 万像素 RGB 摄像头，提供和深度数据匹配的彩色图像数据流。

（4）加速计和陀螺仪，可用于传感器方向和空间跟踪。

（5）外部同步引脚，可轻松同步多个 Kinect 设备的传感器数据流。

如图 2-17 所示的情形。

图 2-17　Microsoft Azure Kniect DK 捕捉到的人体动作骨骼

（四）情绪识别

情绪是综合了人的感觉、思想和行为的一种状态，在人与人的交流中发挥着重要作用。它包括人对外界或自身刺激的心理反应和伴随这种心理反应的生理反应。在人们的日常工作和生活中，情绪的作用无处不在。在医疗护理中，如果能够了解患者，特别是有表达障碍的患者的情绪状态，就可以根据患者的情绪做出不同的护理措施，提高护理质量。在产品开发过程中，如果能够识别出用户使用产品过程中的情绪状态，了解用户体验，就可以改善产品功能，设计出更符合用户需求的产品 ①。

在虚拟现实系统的人机交互中，如果系统能识别出人的情绪状态并时刻针对交互者的情绪进行实时监控分析，人与虚拟现实场景的人机交互就会变得更加友好和自然。虚拟现实系统在接受交互者主动信号之前，可以根据交互者的情绪因素进行交互预判，将更加贴合自然发展或者能够更深层次地引导交互者通过预设交互，顺利捕捉虚拟现实场景所需要表现的主题内容。

情绪识别技术的发展主要依靠人工智能技术和大数据技术的成熟应用，通过大量的数据采集和数据比对，再通过计算机人工智能算法获得简单的情绪分类（六类情绪分类法，此处不讨论其缺陷）信息成为可能。根据采集数据的方式，较为适用于虚拟交互系统的有生理监控技术、表情捕捉和声线分析三种，在不远的将来也许其他的各种技术因为技术发展、设备小型化，在性价比上超过以上三种成为主流虚拟现实交互系统情绪识别主要手段也是很有可能的。

---

① 聂聃，王晓韡，段若男，等．基于脑电的情绪识别研究综述 [J]．中国生物医学工程学报，2012，31(4):595-606.

1. 生理监控

基于生理信号的情绪识别方法，主要包括基于自主神经系统（ autonomic nervous system）的情绪识别和基于中枢神经系统（ central nervous system）的情绪识别。基于自主神经系统的识别方法是指通过测量心率、皮肤阻抗、呼吸等生理信号来识别对应的情绪状态。美国麻省理工学院的研究人员通过对人体自主神经系统的测量和分析，识别出了平静、生气、厌恶、忧伤、愉悦、浪漫、开心和畏惧 8 种不同的情绪。这些自主神经系统的生理信号虽然无法伪装，能够得到真实的数据，但是准确率低且缺乏合理的评价标准，因此，不太适合实际应用。基于中枢神经系统的识别方法，是指通过分析不同情绪状态下大脑发出的不同信号来识别相应的情绪。这种方法不易被伪装，并且与其他生理信号识别方法相比识别率较高，因此，其越来越多地被应用于情绪识别研究领域[1]。

在虚拟现实场景的应用中，在马斯克的脑机交互技术尚未普及到人体的前提下，基本不可能采用较为复杂的大型设备来监控中枢神经数据，所以较为常用的技术是利用基于心率检测的穿戴式手表装置来实现生理信号监控。常用的穿戴式心率测量手表（图 2-18）的原理是基于名叫"光电容积图"的技术，该方法利用了血液对绿光的吸收性，通过测量反射光强的变化来反映血流量的变化，即心脏收缩时血流量高，反射光线弱；心脏舒张时血流量低，反射光线强，从而将相应的光信号转化为电信号，再转换为数字信号，得到对应的心率数据。穿戴式心率手表将心率数据通过蓝牙等近程通讯方式传递给虚拟现实系统，通过系统 AI 算法分析获得情绪监控的数据结果。

在虚拟现实体验场景中，基于体能训练方面的需求，穿戴式心率装置也是体能训练成果监控交互设备之一。

---

① 聂聃，王晓韡，段若男，等．基于脑电的情绪识别研究综述 [J]．中国生物医学工程学报，2012, 31(4):595-606．

图 2-18　AppleWatch 上的心电检测传感器

2. 表情识别

表情识别方法是根据表情与情绪间的对应关系来识别不同的情绪，在特定情绪状态下人们会产生特定的面部肌肉运动和表情模式，如心情愉悦时嘴角上翘，眼部会出现环形褶皱；愤怒时会皱眉、睁大眼睛等。目前，表情识别多采用图像识别的方法来实现[①]。在虚拟现实应用中多采用面部摄像头对面部的眼部进行监测来实现表情识别，具体技术和应用在前面的动作捕捉章节中已经提到过，这里就不重复论述相关内容。

3. 声线分析

声线识别方法是根据不同情绪状态下人们的语言表达方式的不同来实现的，如心情愉悦时说话的语调会比较欢快，烦躁时语调会比较沉闷。声线分析作为情绪识别的技术，其内容与语气词分析作为语音识别应用，两者的基本技术和应用方式以及装置产品都是一样的，仅作为 AI 应用在情绪识别中的一种数据采集方式在此列出，具体内容请参考语气词分析章节内容。

四、虚拟现实引擎

虚拟现实系统是一个复杂的综合系统，外部设备与各种支持软件众多，它们只有在虚拟现实内核——虚拟现实引擎的组织下才能结合形成 VR 系统，如图 2-19 所示。

① 刘晓旻，谭华春，章毓晋. 人脸表情识别研究的新进展 [J]. 中国图象图形学报，2006 (10): 1359-1368.

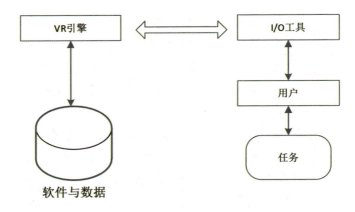

图 2-19　虚拟现实系统

虚拟现实引擎的实质就是以底层编程语言为基础的一种通用开发平台，它包括各种交互硬件接口、图形数据的管理和绘制模块、功能设计模块、消息响应机制、网络接口等。基于这种平台，程序人员只需专注于虚拟现实系统的功能设计和开发，无须考虑程序底层的细节。从虚拟现实引擎的作用观察，其 VR 平台软件作为虚拟现实的核心，处于最重要的中心位置，组织和协调各个部分的运作（图 2-20）。

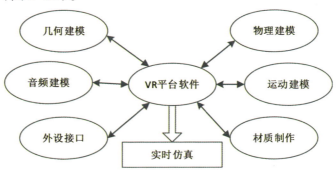

图 2-20　虚拟现实引擎功能

（一）虚拟现实引擎的特点

目前，已经有很多虚拟现实引擎软件实现了运作，它们的实现机制、功能特点、应用领域各不相同。但是从整体上讲，一个完善的虚拟现实引擎应该具有以下特点。

1.可视化管理界面

基于可视化管理界面，程序人员可以通过"所见即所得"的方式设计和调整虚拟场景。例如，在数字城市系统中，开发人员通过可视化管理界面就能够添加建筑物，并同步更新图形数据库系统中的位置、面积、高度等数据。

2. 二次开发能力

二次开发是指引擎系统必须能够提供管理系统中所有资源的程序接口。通过这些程序接口，开发人员可以进行特定功能的开发。因为虚拟现实引擎一般是通用型的，而虚拟现实的应用系统都是面向特定需求的，所以，虚拟现实引擎的功能并不能满足所有应用的需要。这就要求它提供一定的程序接口，允许开发人员能够针对特定需求设计和添加功能模块。没有二次开发能力的引擎系统的应用会有极大的局限性。

3. 数据兼容性

数据兼容性是指虚拟现实引擎管理各种媒体数据的能力，这一点对虚拟现实引擎来说至关重要。因为虚拟现实系统涉及图形、图像、视频、音频等各种媒体数据，而这些数据可能以各种文件格式存在。这就要求虚拟现实引擎能够支持这些文件格式。例如，在数字城市建设过程中，一个中型城市的建筑物、街道、河流和商业区等，用手工做出来的可能永远只是城市的一角。但是在测绘领域，这些数据已经非常完善了，这时就要通过引擎的数据处理模块把这些数据进行某种处理，以供本系统使用。而这些数据因当初测绘、采集等方式和工具的不同，格式也有所不同，这就要求设计者重视数据兼容性。

4. 更快的数据处理功能

VR 引擎首先读取依赖于任务的用户输入，然后访问依赖于任务的数据库以及计算相应的帧。由于不可能预测所有的用户动作，也不可能在内存存储所有的相应帧，同时有研究表明，在每秒 15 帧的帧速率以下，画面刷新速率会使用户产生较大的不舒服感，为了进行平滑仿真，至少需要每秒 24~30 帧的速率。因而虚拟世界只有 33 ms 的生命周期（从生成到删除），这一过程导致需要由 VR 引擎处理更大的计算量。

对 VR 交互性来说，最重要的是整个仿真延迟（用户工作与 VR 引擎反馈之间的时间）。整个延迟包括传感器处理延迟、传送延迟、计算与显示 1 帧的时间。如果整个延迟超过 100 ms，仿真质量便会急剧下降，使用户产生不舒服感。低延迟和快速刷新频率要求 VR 引擎有快速的 CPU 和强有力的 GPU 图形加速能力。

虚拟现实引擎从其设计角度看，其层次结构可以分为 4 个部分：基本封装、虚拟现实引擎封装、可视化开发工具和软件辅助库。下面仅介绍前两部分。

（1）基本封装对图形渲染及 IO 管理进行封装，这个中间平台为上层引擎开发解决了下层算法的多样性问题，便于提供实时网络虚拟现实的优化，以便集中力量针对一些底层核心技术进行研究。平台技术在不断更新的基础上实现技术共享和发展，但为上层提供的始终是统一的标准。

（2）虚拟现实引擎封装是基于网络、高层应用的封装，该封装分为场景管理的引擎、物理模型引擎、虚拟现实人工智能引擎、网络引擎和虚拟现实特效引擎封装。同时，该封装直接面对虚拟现实开发者，提供一个完整的虚拟现实引擎中间件，此外，在虚拟现实引擎层上还将构建一个可视化的开发工具，该开发工具中嵌套了道具编辑器、角色编辑器和特效编辑器等，可以完成地形生成，并且还融合了物理元素、虚拟现实关卡和出入口信息等。

在基于虚拟现实引擎开发时，使用者可以通过两种方式使用引擎提供的功能，一种是直接在引擎层上通过调用引擎封装好的人工智能来创建自己的虚拟现实框架，另一种是通过场景编辑器来创建虚拟现实的基本框架。

（二）虚拟现实的子系统分类

虚拟现实引擎从功能上可以分为以下子系统。

1.图形子系统

图形子系统将图像在屏幕上显示出来，通常用 OpenGL、Direct3D 来实现。

2.输入子系统

输入子系统负责处理所有的输入数据，并把它们统一起来，允许控制的抽象化。

3.资源子系统

资源子系统负责加载和输出各种资源文件。

4.时间子系统

虚拟现实的动画功能都与时间有关，因此，在时间子系统中必须实现对时间的管理和控制。

5.配置子系统

配置子系统负责读取配置文件、命令行参数或者其他被用到的设置方式。其他子系统在初始化和运行的过程中会向它查询有关配置，使引擎效能可配置化或使运作模式简化。

6.支持子系统

支持子系统的内容将在其他引擎运行时被调用，包括全部的数学程序代码、内存管理和容器等。

7. 场景子系统

场景子系统中包含了虚拟现实系统虚拟环境的全部信息，因此，场景图既包括了底层的数据，又包括了高层的信息。为了便于管理，场景子系统把信息组织成节点，分层次结构进行操作管理。

（三）常见的两大虚拟现实引擎

1. Unity3D

Unity3D 是由 Unity Technologies 开发的一个让用户轻松创建如三维视频游戏、建筑可视化、实时三维动画等类型互动内容的多平台综合型游戏开发工具，是一个全面整合的专业游戏引擎。

Unity Technologies 源于丹麦哥本哈根，目前公司总部位于美国旧金山。

Unity3D 引擎特点如下：

（1）可视化编程界面，以完成各种开发工作，进行高效脚本编辑，方便开发。

（2）自动瞬时导入，Unity 支持大部分 3D 模型，骨骼和动画直接导入，贴图材质自动转换为 U3D 格式。

（3）一键即可完成作品的多平台开发和部署，这是 Unity3D 至今为止最大的优势所在。

（4）底层支持 OpenGL 和 Direct 11，具有简单实用的物理引擎、高质量的粒子系统，轻松上手，效果逼真。

（5）支持 Java Script、C# 脚本语言，学习难度较小。

（6）Unity 性能卓越，开发效率出类拔萃，极具性价比优势。

（7）支持从单机应用到大型多人联网游戏开发。

2. Unreal Engine

虚幻引擎（Unreal Engine）是一款由 Epic Games 开发的游戏引擎。该引擎主要是为了开发第一人称射击游戏而设计的，但现在已经被成功地应用于开发虚拟现实场景及应用系统，初代虚幻引擎于 1998 年推出，将渲染、碰撞侦测、AI、图形、网络和文件系统集成为一个完整的引擎。虚幻引擎开发工具包（Unreal Development Kit，UDK）为 2009 年 11 月 Epic Games 所发布的游戏开发工具，对应虚幻引擎 3 及以后各个版本。 Epic 表示并不会提供玩家指导，所以使用时要参考基本的教学，也可至论坛上观摩。开发包中已包含了游戏应用程序，死亡竞赛（Death Match）及夺旗模式（CTF）各含两个地图，修改器内含模块修改器、音效修改器、地图编辑器等插件，Unreal Frontend 则是封装游戏的工具，但此包最主要的还是经由修改代码的内容，完成自己理想的游戏内容。2020 年 5 月 13 日晚，Epic 在没有预兆的情况下对外宣布了虚幻引擎 5 的消息。虚幻引擎 5 采用了两大核心技术，一是"Nanite"，用于处理游戏场景中复杂的几何体；二是"Lumen"，用于解决游戏的光照细节。同时，Epic 将向 UE 开发者完全开放 Quixel Megascans 素材库，使用虚幻引擎 5 让小团队做出高水准（画质）内容成为可能。

Unreal Engine 特点如下：

（1）实时逼真渲染：基于物理的渲染、高级动态阴影选项、屏幕空间反射和光照通道等强大功能可以灵活而高效地制做出令人赞叹的内容，可以轻松获得影视级别的视觉效果。

（2）可视化脚本开发：游戏逻辑的开发提供了独创的蓝图方式和 C++ 代码方式，其中蓝图是一种比较简单易用但又功能强大的可视化脚本开发方式。蓝图方式可以使非专业人员便利地进行开发。

（3）专业动画与过场：动画方面提供了由影视行业专家设计的一款完整的非线性、实时动画工具，包括了动态剪辑、动画运镜以及实时游戏录制等功能。

（4）健壮的游戏框架：提供了包含游戏规则、玩家输出与控制、相机和用户界面等核心系统的 GamePlay 框架。同时内置了各种类型的游戏模板和多人游戏模板等。

（5）灵活的材质编辑器：提供了基于节点的图形化编辑着色器的功能。

（6）先进的人工智能：提供了行为树、场景查询系统等 AI 相关的先进工具。

（7）源代码开源：可以通过源代码更深入地学习或解决问题。

（8）云部署：像素流送，在云端服务器上运行虚幻引擎应用程序，通过 WebRTC 将渲染的帧和音频流送到浏览器和移动设备。

（9）小投入：虚拟引擎首创了分成式的收费模式，起始金额目前定位在收入 100 万美元后，才提取总额的 5% 的分成费用。对小型创业型团队提供先期免费服务。

第三章　虚拟现实消防训练需求分析

一、消防训练的必要性分析

在人类社会生活中，火灾是威胁公共安全和危害人民生命财产的主要的灾害之一，从全球范围的火灾情况来看，随着社会经济建设和综合技术的发展以及人类社会生活方式的改变，火灾发生几率有逐年升高的趋势，火灾的危害程度也呈严重化趋势。从我国的火灾情况来看，由于社会经济发展的需要以及城市化步伐的加快，越来越多的电气设备、燃气设备等高科技民生产品逐步普及，工农业生产物资越来越丰富，易燃易爆危化品遍及社会的各个角落，人员聚集场所和超大规模复杂建筑逐年增多，大量新技术、新材料、新工艺和新能源广泛使用，这些无疑都给各类消防事故的发生埋下了深深的隐患，发生火灾的概率必将随之增大。表 3-1 为火灾总量与经济发展的关系。

表 3-1　火灾总量与经济发展的关系

年份	火灾起数	直接损失 / 亿元	GDP/ 万亿元
2014	395 052	47.0	63.5
2015	346 701	43.6	68.1
2016	323 636	41.3	75.0
2017	281 467	36.0	81.8
2018	242 943	36.8	89.7
2019	255 625	40.3	98.3

随着全社会经济和城市的发展，伴随着人口密度增加和财产的聚集，在相当长的一段时间，火灾发生概率和火灾中的财产损失会增加，即火灾不可避免

地会经过一段多发、上升、到达高峰的过程。具体原因有以下几个[①]。

（一）随着经济的发展，生产生活中用火、用电、用油、用气量的增加使致灾因素增加

随着国民经济的发展，资源能源的开发，交通运输的日益发展，第三产业的蓬勃发展，工农业生产和人民生活中火的使用量不断增加，不安全因素日益增多。特别是伴随着现代社会发展而日益发达的石油化工工业，它在丰富人们生活的同时，在生产运输过程中的潜在致灾因素也威胁着人们的生活安全。物质财富的丰富，人民生活水平的提高，使生产和生活中的用电设备与器具的数量、范围日益扩大，火灾发生的系统因素和随机因素相应增加，用电量增大、电气设备过载、电线陈旧老化都极易引起火灾。据国家能源局公布的数据，近年来，我国的社会用电量持续上升，由此带来的安全风险持续增加。从电气火灾的占比看，2020年因违反电气安装使用规定引发的火灾共8.5万起，占火灾总数的33.6%，因目前还有1万起火灾原因尚未查明，预计后续该比重还将提高；其中，因电气引发的较大火灾36起，占较大火灾总数的55.4%。从电气火灾的分类看，因短路、过负荷、接触不良等线路问题引发的火灾占电气火灾总数的68.9%，因故障、使用不当等设备问题引发的火灾占电气火灾总数的26.2%，其他电气原因引发的火灾占4.9%；其中，电动自行车引发的火灾不容忽视，特别是36起电气引发的较大火灾中，有11起已查明系电动自行车引起，占总数的30.6%。目前，我国新能源车全社会保有量接近500万辆，由此带来的火灾风险将持续增大。

（二）新技术、新产品、新工艺、新材料的大量运用使火灾危险性上升

由于科技的迅猛发展，新工艺、新材料、新设备的出现，机械化、电气化、自动化水平的提高，火险因素必然增多，火灾发生的随机性、连锁性、扩散性和危险性将会增加，同火灾作斗争的任务日趋繁重。但是消防科技的发展却滞后于经济的发展，无法有效地保卫经济的稳定发展。如在先进施工工艺的支持下所出现的建筑形式，给建筑防火带来新的问题，目前还没有得到应有的重视，或者说对出现的问题缺乏解决的方法。

---

① 杨秸.火灾形势随社会经济发展而变化的原因分析[J].广东化工，2011,38（8）：230-231.

（三）城市化进程的加快、城市人口的增加使火灾发生的几率及损失大大提高

现代化城市具有生产集中、人员集中、建筑集中、财富集中四个特点。随着经济的发展，城市在社会经济生活中的主导地位不断提高，带动作用越来越明显。截止到 20 世纪 90 年代中期，我国城市面积已占全国国土的 16.9%，人口已占全国人口的 39.9%，创造了全国 69.5% 的国内生产总值、72.3% 的工业产值和 70.8% 的社会商品零售额，容纳了全国 43.7% 的就业人口。但由于现代城市人口稠密、建筑密集、经济活动高度集中，火灾发生的几率也大大提高，而且一旦发生火灾，所造成的经济损失和人员伤亡会相当严重。

（四）社会财富的迅速增加使火灾能产生的财产损失加大

城市的发展与扩大导致人员和财富的高度集中，一旦发生火灾极易造成重大损失。如公众聚集场所发生火灾后极易造成人员伤亡，而资本密集型企业发生火灾后则易造成重大财产损失。世界上一些国家的火灾直接损失约占其国民生产总值的 0.2%。除了直接损失外，火灾的间接经济损失、人员伤亡损失等也都相当大，而且有的损失和后果短期内看不出来。根据世界火灾统计中心的研究，如果火灾的直接损失占国民经济总值的 0.2%，那么整个火灾损失（指火灾造成的直接、间接经济损失、人员伤亡损失、扑火消防费用、保险管理费用以及投入的灾害防护工程费用）将占国民经济总值的 1%。

从以上分析可知，由于人类居住空间的密集化、社会生活的复杂化、群居生活的城市化，火灾等各种消防事故的防范和处理将长期面临巨大的挑战。而且近年来随着火灾形势日益严峻，各类火灾事故暴露出了部分群众消防安全意识薄弱、逃生自救能力较差，社会单位消防安全主体责任落实不到位，企业消防安全管理、员工"四个能力建设"（提高社会单位检查消除火灾隐患的能力、提高社会单位组织扑救初起火灾的能力、提高社会单位组织人员疏散逃生的能力、提高社会单位消防宣传教育培训的能力）等问题还有待改善，必须敲响警钟，高度重视。对于专业的消防救援人员来说，各种出现消防事故的高危场所以及复杂的火灾情况越来越多，对参战人员灭火救援的专业性要求也就越来越高，如果没有扎实的消防训练基础，不仅会造成大量的财产损失，还可能造成大量的人员伤亡。

综上，火灾发生后，如何能保证及时有效地发现并扑灭火灾，以及火灾发生时，如何组织火灾现场人员迅速撤离火灾现场或让处于火灾现场的人员懂得采取自救、互救措施等是当前消防工作者面临的紧迫任务。同时，还应增强全民消防意识、提高全民消防素质、普及消防知识、强化消防宣传力度，防患于未然。因此，积极寻找高效的消防训练手段和消防知识科普方法极为重要，扎实有效的消防训练才能最大程度地避免消防事故带来的人财物的损失，全面深入的消防知识普及才能将火灾等各类消防事故扼杀在摇篮中。

二、我国消防训练存在的主要问题

消防队员的工作是保护人民生命财产安全的重要基石，但是随着社会经济的高速发展，日益复杂的火灾事故形势对消防队员的工作提出了更高的要求。现阶段我国消防训练存在的问题主要有以下几个方面。

（一）消防训练与实际脱节，复杂场景适应能力弱

随着经济的发展和城市化进程的不断加快，各种拔地而起的高楼建筑以及越来越复杂的工厂生产环境等对消防人员的救援专业性提出了更高的要求，也给消防人员的训练内容带来了挑战，平常的训练场景难以适应日益增长的灾害复杂情况，从而降低了消防队员实际现场救援的效率，同时增大了救援的危险性。近年来，为了解决灭火训练与实际脱节的问题，全国各级灭火部队为了更好地开展战训，使用了多种手段，如建设综合训练设施、改进训练方法和训练器材、开展火灾扑救等，以及利用多功能训练室提升火灾现场战斗人员的适应能力，以此提高消防部队灭火救援的水平。但是，因受各种因素的限制，实战训练依然存在诸多局限性。

（二）消防训练专业化程度不够，针对特殊对象的战术训练较少 ①

我国消防人员培训的内容专业化程度不够，针对特殊对象的战术训练较少，如高层火灾扑救战术，传统的训练方法很难针对建筑火灾特点以及建筑火势的发展规律，寻找火灾的最危险点和最脆弱点，从而很难制定针对性强的作战方案并开展相应的训练；在石油化工厂事故、煤矿事故等不同环境条件下的特殊灾害事故训练中，很难模拟真实的火灾和爆炸事故场景，也很难针对灾害的特殊性进行专门研究并制定一套系统的演练方案。

（三）心理素质训练不足或投入成本巨大

在心理素质训练方面，传统的基础训练注重体能、理论训练，而对消防人员在特殊环境下心理承受能力的训练，如在高温、浓烟的环境下，在高空负荷等特殊条件下的作战训练等，则主要是利用模拟训练设施来进行，这虽是一种行之有效的方法，但是其投资规模大，且火灾、爆炸等灾害的模拟可重复性差。

---

① 张俊刚．虚拟现实技术在消防模拟训练中的实际应用 [J]．大科技，2016（7）：332.

（四）训练重复性差、训练效率低、投入成本高

消防部队的每一次训练演习，都要投入大量的人力、物力。大量的投入使得训练演习不能频繁进行，造成了大量的资源浪费，而且每次防火演练都会造成环境污染，更重要的是演练的危险性极高，容易造成不必要的人员伤亡。由于不能重复地进行演习，训练人员往往不能得到充分的练习，从而对训练内容不能有效地掌握，再加上空间的限制，所有训练人员不可能在同一时间都参与到训练中，而是分批次进行训练，进一步造成训练效率低下，最终导致消防人员不能熟练地掌握救援技能，不能随时随地为突发事件做好充分的准备。

除了消防部队训练现状存在诸多问题之外，我国公民的消防科普工作和消防安全意识也相当薄弱。我国的基础教育体系中，科学文化和专业技术知识教育的成份居多，而包括安全知识在内的综合素质教育成份缺乏，一些大、中学生甚至对火灾报警、火场逃生等最基本的消防安全知识一无所知。我国目前的消防社会宣传工作主要依靠政府来组织，民间自发性和企业公益性宣传活动不多，而政府的精力和人力资源有限，制约了消防知识的传播和普及。由于市场经济是社会化经济，市场经济下的消防管理也应当是社会化管理，企业和市民应当是消防管理的主体。但受传统观念的影响，一些企业和市民仍然将经济发展置于主导地位，从而忽略了消防安全，错误地认为消防管理是政府部门的事，习惯于把自己当作被管理者。一些经营业主消防观念淡薄，只注重眼前的经济利益，对火灾隐患久拖不改，严重违反消防法规，甚至人为地堵塞消防安全疏散通道，导致火灾发生率和火灾死亡率增加。

人民群众的消防安全意识大大落后于时代步伐。当然，随着各级政府部门对防灾减灾、消防安全重要性的认识的加强，各地政府和消防部门也逐渐随着公安部"七进社区"行动的进一步加强，将消防安全素质培养和消防安全意识教育作为防灾减灾的重要内容进行普及和宣传。很多主要城市的消防部门和其他政府有关部门一起建造了规模各异的消防安全教育展厅，并定期地进行消防安全教育普及活动。但是由于消防安全教育活动还处于启蒙阶段，在各种宣传活动中，大多以强制灌输性的图文展板为主要宣传教育手段，内容也多以消防法制法规条款为宣传内容，没有针对性地宣传指向群体概念和能够提升受众参与积极性的展示手段。

综上分析，我国消防训练方法和公民消防科普工作以及全民消防意识培养手段存在效率低下、投入成本大等诸多问题，因此，与时俱进、开拓创新就成为了消防训练工作的主要方向。为了更好地保护人民群众的生命财产安全，消

防训练工作应该随着时代的发展而发展，应该在训练方法和手段等方面进行不断的改革和创新，尤其是近年来大量新科技、新媒体技术的涌现，将带来更多的消防训练新模式，作为传统消防训练方法的重要补充。

三、虚拟现实技术在消防训练中的优势

虚拟现实技术是 20 世纪末发展起来的涉及众多学科的技术。它集计算机技术、传感与测量技术、仿真技术、微电子技术于一体，理想的虚拟现实技术就是利用这些技术，通过计算机创建一种虚拟环境，通过视觉、听觉、触觉、嗅觉等作用，使用户产生和现实中一样的感觉，可使用户与该环境直接交互。鉴于虚拟现实技术的实时三维空间表现能力、人机交互式的操作环境以及给人带来的身临其境的感受，它在消防训练中起到举足轻重的作用。

利用虚拟现实技术开发的虚拟消防训练系统具有传统消防训练所不具备的优势，主要包括以下四个方面。

（一）虚拟现实技术能够将体能、技能的训练方式转变为体能、智能、技能相结合的训练方式[①]

传统的训练方式主要以体能和技能结合的方式进行训练，训练模式比较机械和呆板，抛开高昂的训练成本，其训练的结果也不够理想。而虚拟现实技术能够利用虚拟现实技术将过去以体能、技能和程序化模式相结合的训练方式转变为体能、技能、智能和亲身体会实战相结合的仿真模式训练法，使消防作战人员在虚拟的场景训练中如同身处火灾现场一般。通过场景建模技术、动态实时生成立体感知技术，同时系统中还有三维定位、方向、触觉等反馈技术，再利用计算机将所有参数合成处理，在灭火的准则上进行计算机程序指挥，将任务转变为数字的形式并反馈到人的大脑，消防工作人员就能够各自分工，开展灭火工作。通过应用虚拟现实技术而产生的最显著的效果就是能够同时完成消防作战人员体能、智能、技能、心理素质的综合训练，系统可以非常智能地对训练参与人员的训练过程进行统计、评价并做出反馈，根据反馈，训练人员可以针对性地对薄弱环节进行单独训练，大大提升训练质量，促使消防工作人员积累丰富的救灾经验，特别是一些含有剧毒、爆炸等特殊灾害的训练，全面提升消防工作人员的救火技能水平。

---

① 封义根.虚拟现实技术在消防战训工作中的应用探讨[J].电子世界，2017（20）:35-36.

（二）虚拟现实技术使得消防训练跨越空间和时间限制，并能复现一些平时难以接触到的灾害场景，逼真、安全、可靠，以极低的成本实现重复训练

使用虚拟现实技术的消防训练系统对传统实地训练场所进行 1：1 精确建模，包括地貌、建筑物、障碍物、消防设施等所有训练相关的必要元素，训练人员可以任意在各个虚拟场景中进行跳转学习，不同地域的训练人员也可以通过网络突破场地的限制，随时随地加入战训，脱离了空间的束缚，训练人员只需要将所有精力集中投入在技能训练中，而不用浪费时间在一些跟训练本身无关的事情上，从而大大提高了训练的效率。另外，使用虚拟现实训练系统进行训练的成本非常低，一旦系统开发完成，便可以反复地进行训练，基本不会增加任何成本。在进行心理适应能力方面的训练时，虚拟现实技术还可以模拟高楼、漆黑、浓烟等极端环境，避免了实地演练过程中的安全风险，更不会产生资源的浪费，节省了大量的人力、财力和物力。

（三）使用虚拟现实技术能够进行专题模拟和实地演练中很难实现的特殊灾害场景模拟

传统消防训练中普遍存在着真实性差、训练不全面、训练费用高以及非专业化等问题，使用虚拟现实技术可以对现实救援中的各类主题场景进行模拟，包括学校、办公室、高楼建筑、地铁、商场、工厂等常见生活化场景。同时，虚拟现实技术可以构建传统实地演练中难以构建的特殊或极端灾害场景，如地震、超高建筑、易燃易爆、有毒、缺氧或浓烟、极端天气等特殊场景，消防人员可以在指定的场景下进行针对性的训练，以提高训练人员对各类救援环境的适应性能力，同时帮助消防人员积累应对各类场景的救援经验，提高训练人员面对真实的火灾救援场景时的反应能力，另外，通过贴近真实场景化的考核，确保消防员能灵活应对各类火灾事故后方能上场参与救援，让消防员在安全的环境中完成实训和考核，提高消防员的实战经验和心理准备。

（四）使用虚拟现实技术可以进行火灾事故场景推演并制订科学高效的灾害现场人员疏散方案 ①

虚拟现实技术的产生为应急演练提供了一种全新的开展模式，将事故现场用虚拟技术模拟出来，在这里人为地制造各种事故情况，组织消防人员做出正确响应。这样的训练大大降低了投入成本，增加了实训时间，使如高污染、重大火情、大规模人众所带来的用传统训练方式无法完成的训练可以在虚拟现实

---

① 王冠虎．基于虚拟现实技术的消防安全系统的研究与开发［D］．天津：天津大学，2007．

环境里进行，从而保证了救援指挥人员面对真正事故灾难时的职业素养。同时，利用虚拟现实技术可以建立火灾疏散模型，例如，合理设置商场内消防通道的数量，评估其位置是否合理，模拟商场高峰期能容纳人数及通道吞吐量，模拟毒气和烟气、照明强度和逃生通道设施等，对其进行三维实景的效果试验，从而制订出相对科学合理的人员疏散预案，并且使这个预案用于消防员训练和民众逃生训练。在火灾发生现场，消防指挥员又可以根据此预案结合现场传递回来的实时信息，及时做出反应，制订有效的现场人员疏散逃生方案，从而进行科学高效的救援。

综上所述，将虚拟现实技术应用于消防安全领域，即将传统的训练、预警、指挥、疏散、火调等重要消防环节利用三维数字建模和虚拟仿真进行真实的再现和重建，可用于人员训练、火灾预警、火场指挥、现场人员疏散、火灾原因调查等方面。

四、基于虚拟现实技术的消防训练系统需求分析

（一）虚拟现实技术在消防训练系统中的业务应用方向

通过前面章节的分析，可以知道虚拟现实技术在消防训练中的应用场景有很大的想象空间，且可以解决大部分传统实地演习模式的问题，具有训练可重复、成本低廉、安全系数高、无空间时间限制等优势，目前使用虚拟现实技术在消防训练中的业务应用方向主要包括以下几类。

1. 消防教育和逃生能力训练

通过构建办公楼、石油化工装置安防点等场景，构建虚拟训练系统，参训人员可在虚拟环境中进行火灾和逃生训练，以提高训练者的消防意识和自救能力。

2. 消防装备操作训练

建立装备的虚拟模型，使消防员熟悉装备的原理、功能和操作程序，训练消防员对装备的操作、保养和维修技能。

3. 决策、指挥、协同能力训练

通过虚拟灾害场景的设定、灭火战术和救援方案的选择、指令的下达等功能设计，对宏观指挥、现场调度、决策分析能力和突发事件处置能力等内容进行交互式辅助训练，并提供综合评判意见，采用分布式训练系统，各级指挥员和参谋人员可同时进行训练，以提高大型火场联合作战的指挥、协同能力。

（二）虚拟消防训练系统的基本需求分析

1. 身临其境的沉浸体验感

沉浸感就是训练人员在消防虚拟训练系统中进行训练时对虚拟环境感受的真实程度。训练人员佩戴头盔、数据手套、交互手柄等系统交互设备，便如同来到了真实的事故现场，但其只是进入了一个纯数字化的虚拟环境，训练人员可以和虚拟场景中的各种元素进行相互作用，其产生的效果遵循现实世界的行为逻辑。此外，在虚拟世界中各个对象间保持着内部一致性（一致性是指在虚拟世界中没有不协调的视觉线索，各种对象在虚拟世界中的交互行为是始终如一的），各类反馈应该符合人在自然世界的心理预期，最终使得训练人员在整个学习训练过程中产生一种身临其境的神奇感受，比如，训练人员能够感受到熊熊燃烧的火焰逐渐扑面而来，能够感受到周边的建筑摇摇欲坠，能听到被困人员的高声呼救，一切都仿佛是在实战的环境下进行的。

一个具有很强沉浸感的虚拟场景可以让人专注于当前的训练目标，并在愉悦感和满足感的影响下忘记真实世界，从而激起训练人员的训练激情，进而帮助训练人员提升消防业务水平。而沉浸感不强的虚拟场景往往会导致训练人员因缺乏代入感而训练积极性不高，最终的训练效果可想而知。

2. "人—物体—环境"之间的双向互动

基于虚拟现实技术的虚拟消防训练系统不是只靠单方面的视觉沉浸就可以达到训练目的的，还应该让训练人员与虚拟场景中的元素形成双向互动，这样才能形成真正的沉浸感，最终达成培训效果目标，否则与传统的填鸭式、灌输式的教育就没有什么本质的分别。

在虚拟训练场景中，人与系统的交互行为可以概括为以下四类。

（1）人与物体的互动

这里的物体不一定是指现实生活中实际存在的对象，也可以是用虚拟技术构造的对象，如人机交互界面、引导标志信息等。人与物体之间的交互，在消防训练系统中可以体现为消防人员使用工具的训练内容，如使用消防斧等破拆工具。

（2）物体与环境的互动

物体与环境的相互作用表现为物体与虚拟环境之间的相互影响，如在虚拟环境中，某个物品掉入火焰之中应该产生相对应的被燃烧的效果。

（3）人与环境的互动

人与环境之间的交互可以表现为消防人员在各种特殊环境下的互动，如训练人员与虚拟火场中的火焰和浓烟之间的相互作用、训练人员在虚拟环境中的移动等。

（4）物体与物体的互动

物体与物体之间的交互表现为环境中各种虚拟对象之间因碰撞而发生的相互作用，如训练人员使用锤子破拆车窗玻璃。

这些相互作用的叠加大大增加了虚拟场景的趣味性和训练人员的沉浸感，使训练人员在长时间多次数的训练过程中不易产生乏味感，能够更好地掌握消防救援技能。

3. 科学合理的评估指标体系

虚拟消防训练系统除了提供一个可交互的沉浸式训练环境之外，还应该科学地、专业地衡量和评测训练人员的学习过程以及训练结果，同时根据个人训练情况给出后期的训练意见，训练人员根据反馈意见有针对性地进行再学习，同时调整接下来的培训计划，直到熟练掌握培训目标技能。

在多人协同式消防训练系统中，还要将多个训练人员的操作过程自动地记录下来，对团队整体的训练情况进行统计分析，按照评判规则和策略自动地、智能地评判所有参与人员以及团队集体的成绩。

构建科学合理的虚拟消防训练系统评估指标体系是对模拟训练进行评估的比较关键的一个环节，该指标体系主要有以下四个目的。

（1）作为消防虚拟训练的评估基础和依据。

（2）进一步加深受训人员对虚拟训练过程的理解。

（3）有利于上级主管或领导更好地进行决策。

（4）有利于每一个消防训练人员更好地认识自身的能力和不断提高自己的业务水平。因此，在设计虚拟消防训练系统的评估指标体系时，应当遵循客观性、系统全面性、可行性、目的性、可靠性、可比性、层次性以及可量化性等原则[①]。

（三）虚拟消防训练系统的进阶需求分析

1. 多维感官的沉浸式虚拟训练

一般来讲，基于视觉、听觉以及交互行为的浅度沉浸式消防训练系统已经能满足训练的需求，并能够解决传统实战演练的大部分问题，大大提高了消防训练的能效比。那么，基于虚拟现实技术的消防训练系统能否进一步提升虚拟培训的效果呢？

针对这个问题，利物浦大学的科研人员进行了一场关于"虚拟培训＋体感"的实验，目的是了解体感反馈带来的感官提示能否进一步提升虚拟培训的

---

① 陈进军. 通用电子装备保障能力评估指标体系初探 [J]. 装备制造技术，2010(6):134-135.

体验感和学习效果，尤其是在上手实践培训时能否达到技能提升的效果。利物浦大学科研人员选择的方案是将实物道具、体感手套与沉浸式投影结合，快速、低成本地了解体感反馈对虚拟培训效果的影响。他们随机筛选出 42 名来自利物浦大学的学生和教职工参与这场实验，并将实验对象随机分为三组，每组包含 8 名女性和 6 名男性，年龄在 17 ～ 60 岁之间。三组实验对象分别进行不同的任务，如第一组仅接受传统的换胎教学，而第二组和第三组则通过 3D 沉浸式方案培训换胎技能。第二组和第三组的区别是，第三组在沉浸式视觉基础上，还加入与培训内容相关的多重感官提示。实验结果显示，3D 沉浸式培训的效果超越了传统换胎教学，而额外的感官提示方案又进一步提升了培训的效果（以客观绩效为标准）。也就是说，从感知工作量、临场感、舒适性等客观绩效上来看，"VR+ 多重感官信号"是一种提升培训效果、增强用户体验、提高知识转化率的有效方式。逼真的体感甚至有望增加使用者对 VR 模拟的接受程度。

因此，除了沉浸的视觉和听觉外，虚拟消防训练系统还可以通过模拟力反馈、触觉反馈、风感、温感、运动仿真平台等来增强训练人员的沉浸感受。不过，从实际角度出发，在虚拟场景中加入体感反馈装置，还需要考虑成本和运营等因素。

另外，训练过程中对任务完成的确认或提示也很重要，但如果只是通过视觉提示来进行确认，则会破坏逼真感和沉浸感。比如，在模拟组装过程中，传统方案中可能会通过钉子固定的扭力反馈来确认步骤完成，而在虚拟训练中，通常需要用视觉来进行提示，体感反馈难以模拟，这时可以采用虚实结合的办法来解决体感反馈的问题，如图 3-1 所示，训练人员使用真实的"剪扩器"和虚拟场景中的虚拟剪扩器对象进行对任务完成的确认。

图 3-1　上海消防研究所开发的破拆仿真系统

2.分布式的协同消防训练

随着我国经济社会的不断发展，消防救援队伍面临的灾害事故类型日趋复杂，规模不断增大，这就对灭火救援现场的协同作战能力提出了更高的要求。2018年，消防救援队伍迎来了重大改革，公安消防部队和武警森林部队成建制退出现役划归应急管理部，同时整合的部门和单位达13个，这对加强、优化、统筹国家应急能力，构建一个统一指挥、权责一致、权威高效的国家应急体系具有非常重要的作用，将在很大程度上解决消防救援队伍外部协同方面的问题。但消防救援队伍本身的一些特点导致这支队伍严重缺乏大兵团作战经验，日常的训练内容多以体能、单兵救援技巧、攻坚组技巧、本队战的简单合成训练为主，大队级、支队级的合成协同作战训练内容科目严重不足，对大规模合成协同作战训练的考核更是缺乏可靠的量化指标，各基层基本作战单位消防站专攻小规模的攻坚作战，严重缺乏协同作战经验和协同作战意识。

传统的实地协同训练方式因为投入成本高、训练效率低下等原因而无法大规模普及，而现有的基于虚拟现实技术的消防训练系统还不太完善，日益增长的消防救援任务复杂性和数量又给消防救援官兵的业务水平提出了更高的要求。因此，开发具有协同作战训练功能的虚拟消防培训系统对我们社会和人民具有极其重要的现实意义。

3.多样化的虚拟训练场景

大部分的消防虚拟训练系统一旦投入使用，其内置虚拟场景和训练内容就基本固化，在掌握训练目标之前，训练人员往往需要在同一场景中进行多次训练。场景和培训内容的单一性，使得训练人员多次体验后容易产生疲劳感或对培训内容产生"免疫"性，从而导致培训效率低下，或者训练人员自以为掌握了救援技能，但在实际救援现场却表现出对复杂环境适应能力的缺乏。

因此，消防虚拟训练系统中的虚拟训练场景应该保持一定的多样化能力，对训练人员的训练计划应该注重在不同的训练场景中对同一技能进行多次训练，当然也可以是在同一个但环境布局不同的场景中进行重复训练，如不同的火源位置、不同的火势走向、不同的逃生路线、不同的障碍物布置等，从而保证训练人员对不同场景的适应能力得到提高。

系统应该对外暴露自定义配置训练场景的接口，让训练管理人员根据需求制定个性化、多样化的消防训练方案。

4.基于5G的资源云端化管理能力

面对日益复杂的消防救援需求，消防人员的训练强度变得越来越高，基于虚拟现实技术的消防虚拟系统中的用于训练的3D场景等资源也必将越来越丰富。但是，当资源需要更新时，只能将整个训练终端应用程序进行更新，终端的存储空间的累计会让每个用户的下载和存储压力变得更大，浪费了大量的时间和精力。如果能将动态的场景资源部署到云端，每次只做增量更新，并以极快的类似本地下载的速度将资源更新到本地，然后实时无感加载至虚拟训练场景，如此一来，训练终端应用程序将会变得非常轻量，这为后期终端的部署提供了巨大的便利。

2020 年是 5G 技术的商用元年，其凭借低延迟、低成本、高速率推动了物联网、云计算、大数据、AI、区块链等高新科技的发展。基于 5G 技术的超高传输速度，利用虚拟现实技术的虚拟消防训练系统中所有的 3D 场景等动态场景资源就具备了进行云端化管理的条件，从而可以在云端对资源进行增删改查，并实现了资源的无感更新，大大减轻了训练终端的部署压力以及后期维护的时间成本，为消防训练系统的后期扩展赋予了生命力，可以使其更好地为消防救援能力训练服务，大大提高消防人员的救援水平，从而更好地保护人民的生命财产安全。

（四）虚拟消防训练系统非功能需求分析

1.系统性能需求

基于虚拟现实技术的消防训练系统由于需要加载大量资源，如模型、图片、音频等，再加上沉浸感的需要，对主机 GPU 的渲染性能也提出了更高的要求，因此，系统的场景优化功能显得特别重要，这要求在导入全部资源后，系统的响应速度要快，且在运行过程中不会出现卡顿、跳动等现象。

2.系统可靠性需求

系统可以在任何时间稳定地运行，不会出现异常结束的现象，有一定容错能力，各功能模块可以相互独立、互不影响。对可能发生的非系统错误，应该具备错误提示和记录功能，以指导管理人员进行维护。

3.系统易操作性需求

系统应该有操作简单的特点，用户可以根据指导学会所有的操作，且不会在训练过程中增加额外的学习成本，训练人员在虚拟场景中跟各个对象之间的交互操作应该尽量简洁和人性化，符合自然交互的原则。

4.系统可扩展性需求

考虑到后期可能对系统功能进行扩展，因此，要求系统涉及的各功能模块可以随时增加或减少，其中大部分功能可以适用于多种场景，系统需要有良好的扩展性。

第四章　系统设计与技术实现

一、系统分类与设计原则

（一）虚拟现实系统分类

从虚拟现实技术诞生和 2016 年虚拟现实产业的爆发式发展以来，基于此技术开发的系统或平台也在不断发展和升级，人机交互程度和场景沉浸感也在不断强化和深入，国外学者根据沉浸感与交互性程度及操作方式的差异将虚拟现实系统分为以下几类[①]。

1. 非沉浸式虚拟现实系统

用户通过键盘、鼠标、操纵杆或触摸屏等设备与虚拟环境进行交互，这种虚拟现实系统通常被称为非沉浸式虚拟现实系统，又称桌面式或窗口式虚拟现实系统。国外学者关于非沉浸式虚拟现实系统的研究主要集中在教育领域，他们致力于探究此系统提升学习效能的途径。2008 年，非沉浸式虚拟现实已经在现代教育中得到普及，因为它能够在与现实世界非常相似的虚拟世界中提供实时可视化服务和进行交互，这有助于提高教学活动效率。有学者强调关注桌面式虚拟现实系统的低沉浸度，使用比较便宜的设备如个人电脑，就可以运行这种系统。得益于系统价格下降、计算机处理能力飞跃和互联网的扩散，非沉浸式虚拟现实系统的使用率得到大大提升。

2. 半沉浸式虚拟现实系统

半沉浸式虚拟现实系统又称增强式虚拟现实系统，它将虚拟世界叠加到真实世界中，使两个世界实现无缝连接，从而使用户获得超越现实的虚拟体验。此类系统一般应具备三个基本功能：将真实对象和虚拟对象结合在一起；交互地、实时地运行；同时跟踪真实对象和虚拟对象。增强式虚拟现实系统的目的是简化用户生活，把虚拟信息带到用户周围的环境中，增强用户对现实世界的感知和交互。这项技术在教育、娱乐、艺术和科学等广泛领域有着巨大的应用

[①]　杨青，钟书华.国外"虚拟现实技术发展及演化趋势"研究综述 [J].自然辨证法通讯，2021（3）:97-106.

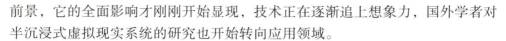

前景，它的全面影响才刚刚开始显现，技术正在逐渐追上想象力，国外学者对半沉浸式虚拟现实系统的研究也开始转向应用领域。

3.沉浸式虚拟现实系统

沉浸式虚拟现实系统可使用户完全融入到虚拟环境中，获得沉浸式体验。实现系统功能一般有两种途径：CAVE 投影和头戴式显示器，同时配备运动传感器以协助进行自然交互。与非沉浸式虚拟现实相比，沉浸式虚拟现实可使用户拥有更好的记忆能力。这种虚拟环境非常逼真，使用户很难区分虚拟世界和现实世界，但其局限性在于可能会使少部分用户产生晕眩感，未来的相关研究应重点关注这一点。

4.分布式虚拟现实系统

分布式虚拟现实系统通过互联网使不同地方的用户能够进行实时交互，共享相同的虚拟世界。虚拟世界不是独立存在的，而是运行于网络连接的多个计算机系统中。分布式虚拟现实系统需要在虚拟环境中准确有效地远程呈现动画实体，远程主机必须实时显示每个用户的位置，以支持系统用户之间的交互。进入 21 世纪后，分布式虚拟现实系统的应用研究成为主流。考夫曼（H. Kaufmann）认为分布式虚拟现实系统在教育领域中应用较多，因为它能够很方便地进行远程多人学习。国外学者的研究证明，分布式虚拟现实系统可构建3D 协作环境，供分布式用户相互交流，并完成各种协作任务。分布式虚拟现实系统顺应了时代的新需求，促进了用户间的沟通和协作，其应用潜力仍有待挖掘。

结合目前消防训练日益增长的需求和特点，具有分布式协同能力的沉浸式虚拟现实系统可能更适合当前消防训练的需要，当然，各级消防单位也可以根据训练成本和具体的训练需求选择适合的虚拟现实系统来进行训练。

（二）设计原则

针对消防训练的需求特点，基于虚拟现实技术的虚拟消防训练系统不仅需要满足健壮性、可重复性、可维护性要求，还要遵循以下几点设计原则。

（1）满足虚拟现实的 3I（沉浸感 Immersion、交互性 Interaction、想象性 Imagination）基本特性。保证体验者能够身临其境地沉浸在系统搭建的虚拟环境中，以提高培训的趣味性。

（2）人物样貌、建筑、环境为真实环境事物的反映，力求逼真，使体验者能够快速地进入体验状态。

（3）体验者模型与虚拟环境、体验者模型之间的交互符合现实情况及物理准则，避免出现如"穿墙而过"这样违反自然现象的交互。

（4）在满足虚拟体验环境逼真度最大化的基础上，尽可能地减少模型数据量，提高体验流畅感，降低配置系统对电脑硬件的要求。

（5）由于系统虚拟体验内容是最关键的，且不是一成不变的，所以系统应具有一定的灵活性，虚拟环境应具有可扩展性、易于修改性，交互知识点应专业、全面。

（6）精度要求低、区别性低的模型，如体验者模型等数据应具有重复使用特性，以缩短系统开发周期，降低开发成本。

（7）系统软硬件数据接口具有通用性，能适应大多数应用环境，便于硬件的更换。

（8）系统设计的界面友好，以人性化设计为原则，为使用者和操作者提供方便简洁的人机交互界面。

（9）配备平滑低延迟的头部追踪设备，这毋庸置疑是沉浸式虚拟现实系统中最为关键的一环，毕竟头部追踪可以让体验者对虚拟场景里周围的事物形成正确的感知。沉浸感的体验关键是平滑、低延迟地保持头部追踪，一旦停止头部追踪，体验者就会产生不适感。

（10）避免头部追踪的掉帧。加载新场景，往往会导致头部追踪轻微的停止（也就是掉帧，会引起不适感）。如果无法避免，需要将屏幕渐变为黑色并且保持声音的反馈，让用户感知到当前系统仍在运转，而且是正在加载新信息，以此来降低用户的不适感。

（11）使用连续的速度。沉浸式体验在一些情况下会让人感觉不舒服，如画面中存在加速或减速的视角变化。本质上来说，就是当用户感知到加减速的时候，身体并没有做出对应的反馈，所以产生了不适感，在沉浸式环境中应尽量以平滑的或者均匀的速度来进行视角的移动或方向的改变。

二、系统方案设计

（一）系统总体架构

一般来说，基于虚拟现实技术的消防训练系统在总体结构上可以分为五个层次：硬件层、基础设施层、数据资源层、虚拟现实平台层以及消防训练应用层。每个层的具体功能如图 4-1 所示。

图4-1　基于虚拟现实技术的虚拟消防训练系统的总体架构

硬件层主要提供训练所需要的硬件设备资源，包括电脑主机（非必须，目前的虚拟现实设备已逐渐向一体机过渡，当然在对性能要求高的情况下，也可以采用传统的电脑主机作为运算核心）、头戴虚拟现实头盔、手柄、位置跟踪等交互输入设备以及环境仿真设备（如第二章提到的热量仿真设备、体感仿真设备等）。硬件层为消防虚拟训练系统提供了硬件保障。

基础设施层则是需要在电脑主机上部署 Windows 操作系统，各类虚拟现实设备相关的驱动程序，Web 服务器部署系统以及数据库系统，并确认网络环境是否正常，如果需要外网协同进行训练，还要保证本地机器具备访问外部网络的权限。基础设施层部署了训练所需的各类软件资源，是虚拟消防训练系统平台的基础和支撑。

数据资源层则提供了整个消防训练系统所需要的数据资源，包括三维模型库、媒体素材资源库、理论知识库、训练管理库。其中，三维模型库包括常见的典型基础场景资源库、各类通用的模型库以及消防相关的设备模型库等，每个模型文件都按照指定的格式存储在云端，方便后期进行扩展。媒体素材资源库则包含所有的图片、声音、动画等素材文件。理论知识库包括训练人员在训练时进行理论知识点学习所需要的数据，形式可以为文字、图片、视频或者它们的组合。训练管理库则包含了训练人员、训练成绩的统计等信息。

虚拟现实平台层包含了使用虚拟现实技术开发系统所需要的 SDK、三维渲染引擎（如 Unity3D、UE4 等）以及其他辅助开发工具，本层是整个虚拟现实培训系统的核心，为应用层的开发提供了丰富的 API 接口，便于后续应用层的业务功能的实现。

消防训练应用层包括整个消防训练系统的所有业务功能模块，虚拟训练模块负责整个训练流程的控制和管理；环境仿真模块负责救援火场环境的模拟渲染，包括烟雾、火焰等环境效果的生成及其生命周期和行为的管理；过程评估模块负责训练人员在虚拟训练场景中的各种交互行为的统计和评估；云端加载模块负责云端资源的加载和更新下载；场景配置模块负责场景的生成；虚实联动模块负责构建多维感官的沉浸式训练环境，将虚拟场景中的环境变化与身体的感知进行同步关联；多人协同模块负责多人协同训练的同步管理和协调，负责各个训练终端系统之间的场景同步，包括训练人员位置同步、交互模型位置同步、训练状态同步等，同时还要负责协同环境中训练人员的加入和退出管理，保证整个协同训练的有序进行。

（二）网络拓扑结构

虚拟消防训练系统的网络拓扑结构主要由服务端和若干训练终端组成（图4-2），对于单人训练系统而言，只需要一个训练终端即可。每个训练终端由消防训练软件终端、虚拟现实显示设备、交互输入设备、虚拟联动仿真设备组成。消防训练软件终端则负责功能的实现和画面的渲染，同时通过虚拟现实显示终端将画面呈现给训练人员，训练人员通过操作交互输入设备（如手柄）将交互信号传回训练软件系统进行相应的处理。虚实联动仿真设备用于仿真训练人员的位置以及场景状态变化带来的感知上的改变，在某些情况下，也可以将设备状态通过传感器进行采集后转换成数字信号或模拟信号反馈给软件系统。

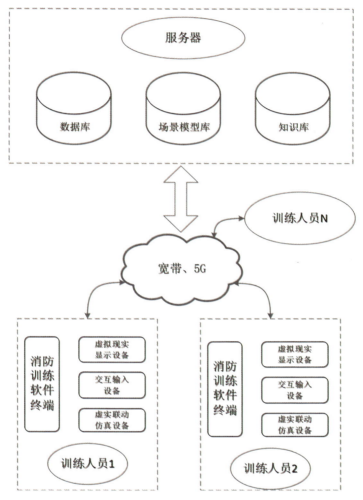

图 4-2　基于虚拟现实技术的虚拟消防训练系统网络拓扑结构

（三）功能架构设计

整个虚拟消防训练系统可以分为训练终端和服务端两个部分，其中训练终端又分为软件系统和硬件平台，各个模块的功能如图 4-3 所示。

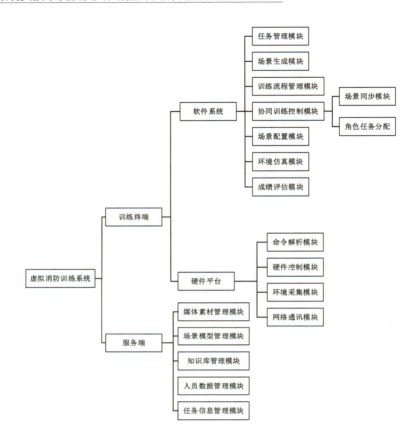

图 4-3 基于虚拟现实技术的虚拟消防训练系统功能架构

1. 软件系统

（1）任务管理模块

负责任务的生成和分发功能，一般由训练管理员负责训练任务的制定。

（2）场景生成模块

该模块负责根据当前任务的安排来加载对应的场景，如果本地已经存在该训练场景，就从本地直接加载即可，否则必须先从云端下载对应场景到本地。当场景加载成功后，模块会检测该场景是否在云端存在对应的场景配置文件，如果存在则下载配置文件到本地，模块会在该场景的基础上根据配置文件的信息自动生成最终的训练场景。

（3）训练流程管理模块

该模块负责对每个训练任务的各个步骤的训练流程的控制，实时监控训练人员与场景中各个对象之间的交互状态，并智能地判别各个步骤的可操作状态以及引导训练人员接下来的操作行为。

（4）协同训练控制模块

该模块主要用于多人协同训练的任务中，负责保证所有参与训练的终端场景状态的一致性，包括角色位置和方向的同步、交互行为的同步等，另外该模块还要负责协同任务的流程控制和管理，以及各个角色的步骤分配。

（5）场景配置模块

该模块主要供训练管理人员用来对每个训练任务的场景进行个性化和多样化的配置，以保证同样的任务可以在不同的场景状态下进行训练，提高训练人员对不同救援现场情况的适应能力。

（6）环境仿真模块

该模块主要负责给训练人员提供多维度感知的沉浸式体验，可以实时计算训练人员在虚拟场景中应该有的体感状态并将其转化为命令传递到硬件平台的环境模拟接口，然后对应的硬件装置会执行相应的动作，模拟出与场景相匹配的环境，如火场温度、风向等。

（7）成绩评估模块

该模块负责对训练人员的任务交互情况进行统计，并根据计分标准对训练人员的任务完成情况进行打分，同时给出相应的评价建议。

2.硬件平台

（1）网络通信模块

该模块主要是在软件系统和硬件平台之间建立供数据流通的桥梁，负责两者之间的命令传递和数据反馈。

（2）命令解析模块

该模块负责解析从训练场景系统中发送过来的指令，然后传递到对应的硬件控制接口，让对应的执行设备执行相应的动作。

（3）硬件控制模块

该模块主要是为了简化各个硬件的控制逻辑，所以在硬件的驱动上层构造了一系列抽象的控制接口，方便上层调用，同时降低了系统的复杂度，增加了系统的稳定性。

（4）环境采集模块

该模块主要负责对硬件装置的状态进行采集，同时通过网络通信模块将各种数据上传到软件系统，该模块是进行虚实联动的体感模拟时必不可少的一部分。

3.服务端

服务端主要为整个训练系统的云端化提供服务，主要包括以下几个模块：

（1）媒体素材管理模块

该模块负责管理整个系统所需要的文字、图片、视频等多媒体素材。

（2）场景模型管理模块

该模块负责系统所需要的典型基础场景、常用模型、消防设施模型、配置场景方案的管理等，这些数据供训练终端进行场景的自定义配置。

（3）任务信息管理模块

该模块负责训练计划的管理，包括任务的流程信息、任务参与人员信息等。

（4）知识库管理模块

该模块负责消防训练系统的理论知识点的管理以及训练过程中所需要的知识类信息的管理。

（5）人员数据管理模块

该模块主要负责训练人员信息的管理，包括训练人员基本信息的管理、权限的管理、训练过程数据的管理等。

图4-3中的每个功能模块并不是在所有的训练任务系统中所必需的，可根据实际训练需求进行模块的增加或删除。

（四）技术架构图

如图4-4所示，整个系统是由一系列虚拟现实开发工具、网络通信技术、嵌入式设备控制技术以及操作系统等支撑开发技术和底层运行环境，然后在此基础之上构建了大量的核心模块和功能接口并形成了整个系统的核心技术层，利用各个模块搭建了虚拟训练系统的各个子系统平台，包括三维场景子系统、任务训练子系统、环境仿真子系统、训练评估子系统。在这些系统平台上可以开发各种消防能力训练系统，如针对消防人员的消防救援能力训练系统、消防设备使用能力训练系统以及针对公民消防意识培养的逃生能力训练系统。

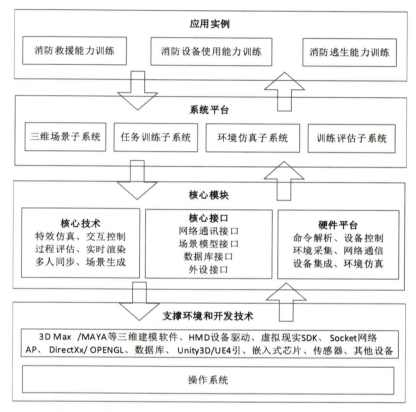

图4-4　基于虚拟现实技术的虚拟消防训练系统技术架构

三、虚拟消防训练模式设计

（一）沙盒式训练模式设计

1. 沙盒式游戏特殊的叙事模式

沙盒式游戏是对那些游戏性丰富、自由度极高、拥有一张庞大的无缝拼接地图的游戏类型的总称，这类游戏玩法自由开放，因此，也被称为开放世界游戏[①]。沙盒游戏属于模拟游戏的一个分支，其核心在于"自由的创造"，与其他类型游戏最大的不同之处在于，沙盒游戏的开发者不会为玩家提出一个明确的目标或者任务主线，而是为玩家提供了一个可以互动的、开放性的虚拟世界及相关的内部规则，在这个框架中，玩家可以扮演任何角色，甚至是游戏世界的创造者，从而获取极为真实的游戏体验。其他种类游戏的叙事大多以游戏开发

---

① 孙明.沙盒式游戏的模块化场景设计与应用[J].戏剧之家，2018（2）：69.

者为主导，而沙盒游戏则将创造故事的权限完全赋予了玩家，这种叙事与点线式、分支式以及网状叙事模式都存在着较大的区别，甚至很难称之为叙事。然而随着人工智能技术和新的游戏算法的提高，这种叙事模式已经发展得十分成熟，并被成功地运用到大量的商业作品之中，其典型代表是"模拟人生"和"模拟城市"系列。

沙盒游戏为玩家提供了与以往任何游戏都不尽相同的游戏体验，游戏的设计者不再设定任何叙事段落，玩家的行为是完全自由的。然而这种游戏的叙事仅仅是随着玩家的游戏行为而产生的一个个零碎事件，并不具备如"英雄之旅"等经典叙事所应有的元素、结构以及叙事意义，因此，沙盒游戏的叙事结构更倾向于"玩家的故事"。

关于沙盒游戏的叙事是否真的能够称之为"叙事"这一问题学界依然存在着较大的争论，沙盒类游戏虽然没有提供一条完整的叙事线索，但是由于电子游戏更加强调玩家参与游戏时的过程，玩家在进行城邦的构建或者人物的行动时依然能够获得类似"英雄之旅"的游戏体验，玩家的角色等级越来越高或城邦规模越来越大的过程，就是玩家制造叙事的过程。从这个角度来看，沙盒类游戏已经具备了叙事的属性，只是这种叙事产生于玩家的现实感受，而并非游戏内情节的连缀。

2.沙盒式虚拟消防训练模式设计

沙盒式游戏具有自由、开放、强交互性三大特点（图4-5），因此，沙盒式虚拟消防训练模式主要也是围绕这三点来进行设计，并且应该满足如图4-6所示的四大原则。

图4-5 沙盒式游戏的三大特点

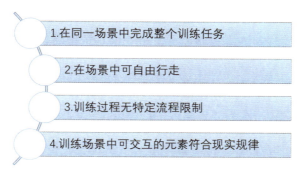

图 4-6　沙盒式训练模式的设计原则

以高楼办公室虚拟逃生训练系统为例，如果采用沙盒式训练模式进行训练，则训练流程如图 4-7 所示。

图 4-7　高楼逃生虚拟训练的沙盒式流程设计

当系统场景初始化后，训练人员角色出现在场景中预设的初始位置，从初始位置开始在训练场景内部自由行走，虚拟角色可以与场景中任意可以交互的元素进行交互，且没有先后顺序的限制。训练人员会感觉像是在真实的火灾逃生现场一般，需要完全靠自己的经验和常识做决策，运用自己的消防知识，在没有系统提示的情况下进行逃生训练。当训练人员最终到达安全区时，系统会对训练人员的整个逃生过程进行评估，并将评估结果量化为成绩，同时给出逃生训练的建议。

沙盒式虚拟消防训练模式相较于其他传统训练模式，具有以下优势。

（1）以训练人员为中心的开放式训练思想

沙盒式虚拟消防训练模式以训练人员为中心，把一切都交给训练人员让其自主选择，这样能够充分调动训练人员独立思考问题和判断、决策的能力。除此之外，还可以激发训练人员的训练兴趣，加强训练人员对所训练的任务的深刻认识。

（2）更贴近实战状态

将训练人员置身于虚拟的现场环境，系统没有任何有关任务流程的提示，一切训练都要经过自己对环境的观察与场景元素进行交互，切身体会实际事故现场的状态，激发自己的真实感受，使训练更贴近实战时的状态，大大提高训练质量。

（3）从感性到理性的飞跃

通过自由开放的沙盒式虚拟消防训练，训练人员能够发现自身消防意识的薄弱之处，逃生能力或救援能力有哪些欠缺，也能感受到理论和实战之间的区别，能够明白"怎么做"和"实际能不能做到"是两件事情。经过不断的训练，训练人员更能理性冷静地面对实际灾害来临时的处境。

（4）培养团队意识和协同合作的能力

沙盒式虚拟消防训练模式更适合多人实时进入同一个事故场景里进行协同训练，不同的工位负责不同的任务，配合较好的训练人员之间更容易成功地完成任务，系统会根据每个人的具体表现和岗位职责完成情况，给出相应评估和打分。经过多次反复的自由训练，训练人员的团队合作意识逐渐提高，团队的默契也在不断的训练过程中慢慢形成。

（二）流程式训练模式设计

1.程序训练法

程序训练法是按照训练过程的时序性和训练内容的系统性特点，将多种训练内容按照逻辑有序地编制成训练程序，按照预定程序组织训练活动，对训练过程实施科学控制的方法。

程序训练法以训练程序为控制依据。训练程序是将训练过程的时序性与训练内容的逻辑性融为一体的有序集合体。训练程序表达了训练过程不同时期、不同阶段的训练内容之间的逻辑关系。一般来说，训练程序中训练内容的逻辑性、训练过程的时序性越清晰、越细致，则越有利于训练程序的组织实施。科学编制训练程序是实施程序训练法的重要前提。

如图4-8所示，程序训练法具有系统化、定性化、程序化三大特点。

图 4-8　程序训练法的三大特点

（1）系统化

程序训练法实施的整个过程以训练程序的内容体系为控制依据，以评定标准的指标体系为监督、检查工具。整个训练过程的发展与变化均置于系统控制的状态之下。

（2）定性化

程序训练法所依据的训练程序具有鲜明的定性化特点，便于教练员抓住训练过程中的主要矛盾，选定明确的训练方向。

（3）程序化

由于训练内容包含在训练程序的过程之中，因此，训练过程中训练内容的变更实质上是在严格检查、评定、监督之下，按照训练内容内在关系的本质联系，有步骤、有计划地进行的。

2.流程式虚拟消防训练模式

基于程序训练法的系统化、定性化以及程序化三大特点，这种训练模式非常适合被用在消防训练任务中流程性比较强的任务，这类任务一般对每一个子任务的执行顺序的要求都特别高，需要严格按照指定流程将任务逐步进行下去。因此，流程式虚拟消防训练模式可以根据程序训练法的特点进行一般训练方案的设计，如图 4-9 所示。

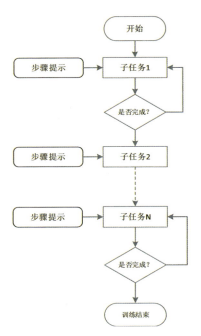

图 4-9 流程式虚拟消防训练模式

流程式虚拟消防训练模式由一系列的子任务连接组成，每个子任务系统都会为训练人员提供对应的步骤操作提示，步骤提示包括环境提示、图文提示、模型闪烁提示等。训练人员可以根据提示信息与子任务所对应的场景元素进行互动，比如，在使用灭火器的任务中，第一步要先拔掉灭火器的保险销，拔掉保险销即为整个任务的第一个子任务，当训练人员未完成拔掉保险销这个子任务或完成错误时，是无法进入到下一个任务的，当目前的子任务完成后，系统才会将下一个子任务中相关元素切换为可交互状态，否则当前子任务不在激活时的所有交互操作都将被系统识别为无效操作。当前任务如果操作不正确，一般有两种处理方式，第一种是系统通过提示信息告诉训练人员重新进行当前任务，直到操作正确，方能进入下一个子任务，第二种则是系统通过提示信息告知训练人员进入其他分支子任务。

灭火逃生训练是比较常见的消防训练，利用流程式虚拟消防训练模式进行训练流程设计，大概可分为以下几步。

（1）寻找着火点

体验者在商场中漫游，发现一处着火点，此时火焰处于刚刚开始燃烧的阶段。

（2）找到火源附近的消防栓

体验者需要找到火源附近的消火栓，拿取灭火器对火源进行灭火。

（3）进行使用灭火器的准备工作

拿取灭火器分为取出灭火器、拔插销、拿起把头等步骤，系统会判定体验者使用灭火器的步骤是否正确。

（4）对火源进行灭火

体验者在正确使用灭火器的前提下，开始对火源进行灭火。如果灭火器喷射的物质可以将已有的火焰熄灭，则系统判定灭火成功，体验者可以继续漫游；如果灭火失败，场景中会播放逃生广播提醒体验者及商场中的虚拟消费者进行逃生，要求体验者弯腰低头沿指示方向逃生，系统会对体验者的状态进行判定并做出提示。

（5）关闭卷帘门

逃生途中经过卷帘门时，体验者需要将其关闭。

（6）寻找消防门

逃至电梯处时系统提示电梯不能使用，体验者应向消防门处逃生；逃至第一个消防门，系统提示该门无法打开，体验者需要找到其他消防门进而从楼梯通道下楼。

（7）逃生结束

体验者逃出商场，系统会判定体验者是否逃生成功，如果逃生成功则灭火逃生演练结束，反之，体验者则需要重新进行演练。

四、虚拟现实开发平台和工具介绍

（一）虚拟现实设备的选型方案分析

在虚拟现实技术发展早期，其核心技术主要以三维建模技术、动画制作技术以及实时渲染技术为主，基于虚拟现实技术开发的软件系统与用户的交互界面只能呈现在显示器、投影仪等平面显示设备上，而使用这些设备所展示出的三维虚拟环境与物件，显然无法使用户获得身临其境的感受。

随着虚拟现实技术、传感器技术以及芯片算力的发展，沉浸式的头戴虚拟现实设备开始涌现，将停留在概念上面的传统沉浸式虚拟现实设备逐渐落地并商用化。

所谓沉浸式虚拟现实设备是指通过佩戴头盔或眼镜的方式，隔绝使用者与外界的视觉联系。通过由外向内或由内向外的定位技术，确定使用者的头盔和控制器在空间中的位置，并通过头部显示器为使用者提供虚拟环境的视觉画面，使用户在虚拟空间中的移动和操作能得到即时的反馈，以获得沉浸式虚拟现实的体验。

在被业界称为 VR 元年的 2016 年，Oculus、HTC 与索尼三大厂商分别推出了面向消费市场的三款沉浸式虚拟现实设备 Oculus Rift、HTC Vive 以及 PlayStation VR，沉浸式虚拟现实设备的概念也开始逐渐被人们了解和认可。沉浸式虚拟现实设备全面进入市场，标志着虚拟现实技术在交互体验、内容资源和交互方式上进入了一个新的阶段，与之对应的内容资源市场、设备生态圈也都会不断成熟。表 4-1 为德国数据统计资源网站 Statista 关于 VR 设备在 2019 年的销售情况。

表4-1　2019 年德国数据统计网站 Statista 关于 VR 设备的销售情况

VR 设备	Oculus Rift（cv1）	HTC Vive	索尼 PlayStation VR	其他
出货量 / 万台	170	80	220	130
市场占比 /%	28	13	37	22

Oculus Rift、HTC Vive 以及 PlayStation VR 消费市场版本均发布于 2016 年，自 2017 年 9 月开始，微软联合戴尔、宏碁、联想、惠普、三星等厂商共同推出微软 Windows MR（本质依然是 VR 头显）系列，厂商基于微软提供的同一套架构与技术方案进行生产，但设计细节、价格与配置方面略有差别，表 4-2 为四种沉浸式虚拟现实设备的硬件指标对比，其中 Windows MR 系列设备以惠普 MR 为代表。

表4-2　四种沉浸式虚拟现实设备显示部分硬件指标对比

设备名称	Oculus Rift（cv1）	HTC Vive	索尼 PlayStation VR	惠普 MR
分辨率	单眼 1 080 × 1 200 双眼 2 160 × 1 200	单眼 1 080 × 1 200 双眼 2 160 × 1 200	单眼 960 × 1 080 双眼 1 920 × 1 080	单眼 1 440 × 1 440 双眼 2 880 × 1 440
瞳距调解	双屏幕面板物理调节	双屏幕面板物理调节	单屏幕面板软件式调节	双屏幕面板软件式调节
视场角 FOV	110°	110°	100°	95°
屏幕材质	OLED	OLED	OLED	LCD

续　表

设备名称	Oculus Rift（cv1）	HTC Vive	索尼 PlayStation VR	惠普 MR
最大刷新率/Hz	90	90	120	90
重量 /g	470	555	610	530

在四款设备的分辨率中，索尼 PlayStation VR 略低，而惠普 MR 则由于其推出时间稍晚，分辨率高于其他三款，在实际使用过程中，惠普 MR 所展现出的画面也较其他三款更锐利。

在色彩还原度方面，索尼 PlayStation VR 采用的是全色域 OLED，因此，其直观的感觉色彩最为艳丽，而使用 LCD 的惠普 MR 则显得色彩有些偏淡。

四款设备均支持瞳距调节，其中，惠普 MR 以及索尼 PlayStation VR 采用软件方式调节瞳距，其他两款则以物理方式调节瞳距。在实际评测中，物理调节瞳距的效果要好于软件调节。索尼 PlayStation VR 头显内只有一块较长的单屏幕面板，因此，调整瞳距时易导致显示面板损失部分像素，即可视面积略微变小。

通常来说，头显参数中的视场角（Field of View，FOV）指水平视场角，即观测点（眼睛）与屏幕面板边缘连线的夹角，这是当用户双眼直视前方，不转动眼球时可以观测到的水平方向上的极限范围。目前，行业内认为理想的 FOV 是 120°，目前这 4 款产品均未达到这个理想值，而惠普 MR 的视场角最小，也最容易让人感受到潜望镜效应，也就是用户会感觉自己是在通过一个潜望镜或望远镜观测外界，视场中存在较多的黑色区域。

针对佩戴眼镜的用户，四款头显均可支持戴眼镜使用，但对于眼镜的镜框尺寸有一定要求。经测试，眼镜边框距离在 140 mm 以内的可以在 HTC Vive、索尼 PlayStation VR 及惠普 MR 头显中使用，Oculus Rift 头显内部空间稍小，需要将眼镜边框宽度控制在 135 mm 以内。

四款头显在对佩戴眼镜的用户进行测试时，均可以观测到眼镜镜片与头显镜片直接接触，可能会产生磨损，这种情况下可通过在头显内部的镜片上贴膜的方式降低镜片的磨损度。佩戴眼镜的用户如需要达到较为理想的体验效果，可使用隐形眼镜，或通过网络定制，购买指定近视度数的内嵌镜片安装到头显里，四款头显均支持内嵌镜片。除此之外，四款虚拟现实设备还有一些对比指标（表 4–3）。

表4-3　四款虚拟现实设备的使用对比

设备名称	Oculus Rift（cv1）	HTC Vive	索尼 PlayStation VR	惠普 MR
定位技术	Outside-In	Outside-In	Outside-In	Inside-Out
定位精确度	准确	最准确	较准确	一般
场地要求	提前规划场地	提前规划场地	提前规划场地	无须提前规划场地
易安装性	不方便	不方便	不方便	非常简便
软件安装和兼容性	安装简单	安装简单	安装复杂	安装非常简单
开发引擎	Unity3D/UE4	Unity3D/UE4	Unity3D/UE4	Unity3D/UE4
显示效果	较为理想	较为理想	较为理想	较为理想
对电脑要求	不高	不高	不高	不高

前三款设备的共同特征是使用了 Outside-In 的定位技术，即从外向内获取定位信息。通过安装外部摄像头或激光发射器来捕捉和追踪用户的动作，这种方式具有较高的精确度，但使用者在体验期间不能离开传感器的有效监测区，且外部传感器安装起来较为麻烦，每一个传感器均需要连接数据线及配备电源插座。有三款设备采用了红外主动式光学技术（Oculus Rift）、激光定位技术（HTC Vive）以及可见光主动式光学技术（索尼 PlayStation VR）三种外部传感器定位技术，其中 HTC 的激光定位技术最为准确，而索尼 PlayStation VR 的定位精度则较弱。如果采购了由外向内定位技术的沉浸式虚拟现实设备，则需要为其规划固定场地，在固定场地内安装传感器。而微软 Windows MR 系列则是使用 Inside-Out 的定位技术，即从内向外获取定位信息。该技术方案的传感器内置于头显上，不依靠外部传感器即可实现对空间的定位，但由于其没有外部传感器辅助计算，精度不如前三者那么好。

另外，由于 Inside-Out 技术是以头显为中心探测周围环境，并不是用传感器或定位器限定用户的活动范围，这就打破了 Outside-In 定位技术对用户活动的空间限制。如果头显是连接到台式机，那么用户可以在以台式 PC 为圆心，以连接线总长为半径的圆形范围内活动。如果头显是连接到笔记本电脑，且将笔记本电脑放入背包，背在使用者背上的话，那么使用者可以在无限大的空间内活动。

　　从安装的角度上来说，惠普 MR 仅有一根连接线，将它的 HDMI 与 USB 这两个接口连接到 PC 上，即可完成安装，对比其他三款的安装，其过程可以说是非常简便。在对微软 Windows MR 系列进行设备管理时，只需按照一般设备的管理方法进行管理即可，使用时从库房中临时选取一个场所就能开展训练，不需要单独为训练规划场地。

　　从对硬件的需求来说，四款头显对硬件的需求均不算高。在硬件需求方面，CPU 只需达到英特尔 Core i5 4590 或 AMD FX 8350 及以上，内存达到 8 G，显卡达到 GeForce GTX 970 即可，显卡需求稍高，2017—2018 年中等配置的电脑即可胜任。

　　从软件安装及兼容性上来说，四款头显最容易安装的是惠普 MR，这款设备的驱动由 Windows10 系统原生支持，安装简易。索尼 Play Station VR 连接电脑需要借助第三方（Trinus PSVR）驱动及软件，其安装及调试也较复杂，如需要获得电脑端的头显空间定位，还需要额外购买 NOLO 套装。HTC Vive 及 Oculus Rift 均有完备的电脑端驱动，且有自己的内容平台，但 HTC 的内容平台在测试中出现多次连接不上的情况，运行不太稳定。

　　从软件开发角度上来说，四款头显均能支持目前比较流行的开发引擎 Unity3D 及 UE4，都有对应的 Unity3D 开发库可以调用。

　　从显示效果的角度上来说，受当前的硬件制约，目前的 4 款 VR 头显均未能达到或接近理想的显示效果。截至 2020 年上半年，双眼 4K 的头显也才刚刚上市。而要达到理想的体验效果，至少需要具备双眼 8K 分辨率、200 Hz 的刷新率，这些指标也是未来的沉浸式虚拟现实设备发展的方向。

　　最近几年市场上陆续推出了集运算和显示为一体的 VR 一体机，如 Pico VR、Oculus Quest 等，这类设备具备独立运算、输入和输出的功能，虽然功能不如外接式 VR 头显强大，续航时间也不如外接式 VR 头显那么长，但是没有连线束缚，拥有更高的自由度。便携化和小型化必然也是未来沉浸式虚拟现实设备走向大众消费级产品的一个方向。

　　对于虚拟消防训练系统来讲，根据训练任务的特点选择合适的设备即可，如果没有固定场地，建议使用 Windows MR 系列产品，其安装便捷，维护简易而且兼容性较好，且 Windows 系统自带驱动。如果不涉及续航问题，也可以考虑 VR 一体机。如果需要更精确的头显定位且拥有固定场地的话，可以考虑使用 Oculus Rift 或者 HTC Vive 系列产品进行训练。

（二）虚拟现实开发平台的选择

1. Unity3D 与 UE4 的对比

表 4-4 描述了时下比较流行的几个虚拟现实开发引擎和流行的头戴显示设备之间的相互支持情况，可以看出，Unity3D 是支持头戴显示设备数量最多的开发引擎，其次是 UE4 虚幻引擎。

表 4-4　虚拟现实开发引擎对头显的支持情况

设备名称	HTC Vive	Oculus Rift	PlayStationVR	三星 Gear VR	Windows MR
UE4	支持	支持	支持	支持	不支持
Unity3D	支持	支持	支持	支持	支持
CryEngine	支持	支持	支持	不支持	不支持
Lumberyard	支持	支持	不支持	不支持	不支持

Unity3D 是虚拟现实游戏开发者的轻量级工具，也是目前虚拟现实游戏开发者的首选游戏引擎。时下大部分的 VR 游戏开发者都是从原 Unity3D 开发者转型而来的，能够快速上手，在 VR 方面的学习成本比较低，因而受到了广大开发者的热捧。Unity3D 的安装、调试和打包比较方便，配置的 VR 项目十分简单，文档也比较完善。Unity3D 配套了很多东西供开发者使用，基本可以靠 Marketplace 买来的东西搭建原型，甚至某些最终业务的核心组件也可以用买来的东西，这极大地降低了开发成本。比如用户可以把整个 Material 换成 Alloy、用 Ngui 替代 UI 系统，如果你要做个赛车游戏，你能找到从模型、音效、材质到控制系统等一切组件。Unity3D 内置了 Mono 的 Framework 开发环境，包括 C# 编译器和共通语言执行平台。与微软的 .NETFramework 不同，Mono 项目不仅可以运行于 Windows 系统上，还可以运行于 Linux、FreeBSD、Unix、Mac OSX 和 Solaris 系统上。Unity3D 比较大的缺点是内建工具不够完善，渲染差，光照系统渲染效果欠佳。

UE4 是全球顶级游戏公司 EPIC 虚幻引擎的最新版本，EPIC 中国的唯一授权机构是 GA 游戏教育基地。UE4 支持 DirectX 11、物理引擎 PhysX、APEX 和 NVIDIA 3D 技术，可以打造非常逼真的画面。UE4 是一个面向虚拟现实游戏开发、主机平台游戏开发和 DirectX 11 个人电脑游戏开发的完整开发平台，提供了游戏开发者需要的大量的核心技术、数据生成工具和技术支持。其登陆设备包括 PC、主机、手机和掌机。作为后起之秀，UE4 在虚拟现实游戏开发者界大出风头，其强大的开发能力和开源策略，瞬间吸引了大量 VR 游戏开发者的目光。目前，大量以 UE4 开发的 VR 游戏已经登陆各大平台，而 VR 爱好者的普遍评价都是虚幻 4 引擎游戏在游戏画面和沉浸式体验方面要明显优于 Unity3D 游戏。

那么面对 Unity3D 和 UE4 这两款软件该如何选择呢？可以说两者都有各自的优缺点，前者具有兼容性强、轻量化、VR 学习成本低、VR 插件丰富、安装调试发布方便等优点，最大的缺点是画面不够出彩；后者则具有出色的画面效果、丰富的光影以及强大的材质编辑器，其缺点是学习成本高、对硬件的配置要求较高等。在实际的开发过程中，应根据所开发的消防训练系统的特点和画质要求程度以及硬件资源的情况综合考虑后再选择合适的引擎。

本书的技术讲解将选择 Unity3D 作为开发平台进行介绍。

2. VRTK 开发工具介绍

VRTK 全称是 Virtual Reality Toolkit，其前身是 SteamVR Toolkit，由于后续版本开始支持其他 VR 平台的 SDK，如 Oculus、Daydream、GearVR 等，故改名为 VRTK，其是基于相同的接口进行开发，可以适配几乎所有的虚拟现实头戴显示设备，因此，它是使用 Unity3D 进行 VR 交互开发的利器。

VRTK 能实现虚拟现实开发中的大部分交互效果，开发者只需要挂载几个脚本，然后设置相关的属性，就能实现我们想要的功能，下面列出部分能实现的虚拟现实功能。

（1）支持 SteamVR、Oculus、Daydream 等 SDK。

（2）VR 模拟器不需要 VR 硬件即可调试。

（3）基于头盔和手柄的激光指针。

（4）基于头盔和手柄的曲线指针。

（5）游玩区域光标。

（6）指针交互。

（7）可以为物体设置拖放区域。

（8）多种移动方式：瞬移、Dash Movement、Touchpad Movement、Move in place/Run in place Movement。

（9）攀登。

（10）物体交互：Touching、Grabbing 、Using。

（11）双手联动操作物体：缩放、冲锋枪等需要双手持握的物体。

（12）物体高亮。

（13）手柄震动反馈。

（14）手柄效果：高亮、透明、隐藏。

（15）预设常见物体的交互方式：按钮、杠杆、门、抽屉、滑动条、把手。

（16）面板菜单、环形菜单。

（17）使用指针与 UGUI 进行交互。

（18）对 UI 元素进行拖拽。

（19）VRTK 通过事件驱动进行相应的交互开发，对于手柄发送的各种事件，可以使用 VRTK_Controller_Event 脚本，这是在配置过程中首先要挂载到手柄控制器上的脚本。另外，针对其他的交互事件，也会提供相应的 unity 事件处理，如 VRTK_BasicTeleport_UnityEvents（瞬移事件处理）、VRTK_InteractGrab_UnityEvents（抓取事件处理）、VRTK_InteractTouch_UnityEvents（触摸事件处理），各事件发生的不同阶段，都会有对应的处理接口，类似于 UGUI 中 Button 的 OnClick 事件处理形式。当然，也可以通过代码手动添加事件处理函数。

VRTK 是一款加速虚拟现实开发的免费开源插件，一方面，开发者可以深入到代码中查看它是如何与原生 SDK 进行交互的，是一个很好的学习工具；另一方面，开发者可以根据自己的项目需求，修改其中的代码，快速开发符合自己需要的功能。另外，VRTK 具有丰富的文档支持和几十个示例场景，几乎每一个不同的功能都有对应的示例场景来展示如何使用这项功能，以保证开发者在极短时间内上手使用这套工具集。VRTK 还具有活跃的社区，截至目前，VRTK 在 Github 上的 Star（类似于赞）数为 1 772 个，最近的更新是在两天前，保持了一个非常活跃的状态。同时还有 Slack 小组方便开发者进行交流，社交媒体的支持也是应有尽有。

总之，VRTK 为了让开发者快速顺利地上手使用这套工具集，在各个方面都做得非常友好，使用 VRTK 可以快速开发虚拟现实培训系统，同时它还支持跨平台使用，而且不用修改任何代码。

（三）场景三维建模工具介绍

虚拟环境中的建模是建立整个虚拟现实系统的基础。要营造一个具有真实感的虚拟世界，视觉是最重要的因素。所以虚拟现实场景的真实感最终取决于模型的真实感。在计算机中再现现实世界的真实三维场景，是计算机工作者长久以来的追求。近年来，三维可视化技术、虚拟现实、实时真实感图形学的发展，使计算机实时绘制各种复杂逼真的三维场景成为可能，在计算机中再现现实世界的真实三维场景这一理想已经越来越近了。

建设三维仿真系统的第一步就是用三维建模软件构建所需要的模型，即构建虚拟物体。具有代表性的三维建模软件有 MAYA、Zbrush、Rhino、Autodesk 3DMAX 等。

MAYA 是 Autodesk 旗下的著名三维建模和动画软件。Autodesk MAYA 可以大大提高电影、电视、游戏等领域开发、设计、创作的工作效率，同时可以改善多边形建模，通过新的运算法则提高性能，多线程支持可以充分利用多核心处理器的优势，新的 HLSL 着色工具和硬件着色 API 则可以大大改善新一代主机游戏的外观，另外在角色建立和动画方面也更具弹性。

Zbrush 是一款由公司开发的面向人物建模的软件，它运用了独特的二维和三维结合的方式。建模方式也极具革命性。

Rhino 完美支持建模方式。同时它也可以定义自己的命令集，这大大提高了美工的工作效率。

Autodesk 3D Max 是目前使用最广泛、最成熟的三维建模软件，它以上手容易、灵活性很强等优势受到人们的青睐，主要具有四大特点。第一，建模极其灵活、限制非常少，同样的任务可以用多种不同的建模方式实现。第二，所有模型可分为参数类和自由修改类两种形态，而自由修改类形态又可分为可编辑多边形、可编辑网格、可编辑面片三种形态。其中所有参数类型形态都可通过塌陷的方式变成自由修改类形态，而反向则不可实现。第三，修改器采用堆栈的模式，即对某个对象可以叠加多个修改器及更换它们的位置。第四，面向对象的操作方式。拥有子对象、父对象等概念。如对一个多边形物体对象来说，它的点、边、面等即是其子对象。

对于虚拟消防训练系统来说，大部分训练场景都是面积很大且具有大量建筑物的场景，为了保证虚拟消防训练系统运行的流畅性，场景里的模型面片数量不能过于庞大，因此，在三维建模软件里构建模型时应该尽量以最低的顶点数量去对现实中的模型进行几何构建，上述三维建模软件中，3D Max 尤其擅长以很少的面片表现出理想的效果，在建筑设计行业或城市规划行业，3D Max 也是被工程师选择最多的软件。

因此，针对基于虚拟现实技术的消防训练系统来说，推荐优先选择 3D Max 作为场景模型构建的工具。

五、虚拟消防训练系统沉浸感的构建方法

（一）获得沉浸感的途径

经过第三章的分析，在基于虚拟现实技术的消防训练系统中，沉浸感对提升训练人员的训练兴趣和最终的训练质量起到了非常关键的作用，那么训练人

员在进行训练的过程中是如何感受到沉浸感的呢？了解人们获得沉浸感的途径可以为后续如何提升训练人员的沉浸感提供思路。

1. 视觉沉浸感

视觉是人们获取信息的最主要途径，科学家研究发现，人们日常生活和工作中获取的信息，80%以上来自视觉途径。因此，对图像的研究是虚拟现实中如何产生沉浸感的首要课题。图像媒介可以采用对感知的介入以及通过组织和建构感知、认知的方式来进行描述，所以虚拟沉浸空间应当被列为图像媒体的极端异体。图像的意义主要集中于两点：呈现功能和构造存在。从目前的发展来看，我们不能仅仅要求出现图像，而且应该对图像有着更高的要求，如更加真实的细节处理；虚拟对象三维结构的显示应包括双目视差、运动视差提供的深度信息；图像显示要有足够大的视场；显示画面要符合观察者当前的视点，能跟随视线变化；对象图像能得到不同层次的细节审视等。

2. 交互沉浸感

交互存在于人们生活的各个方面，交互的易用性、引导性、实用性很大程度决定了主体在使用过程中的心理感受，而这种感受将直接影响沉浸感的产生。只有当交互的行为能够让用户在交互当中有主体感，觉得自己是在虚拟环境中参与对客体的控制时，用户才能在虚拟环境中得到与在实际环境中类似的心理体验，从而为进一步提升心理沉浸感做好准备。

3. 行为沉浸感

这里的行为，并不是指主体或者用户的行为，而是指虚拟环境中的客体，在用户发出指令或者做出交互行为之后，一定要有动态的表现，这样才能让用户在使用过程中的注意力得到一定的转移和集中，而不会从虚拟环境中跳脱出来。我们很容易在日常生活中得到类似的体验。比如，人们正在看一部非常吸引人的电影，突然图像暂停了，这个时候，观看者（对应虚拟环境中的用户）会马上从电影塑造的环境（更多的是一种心理环境）中脱离出来。因此，在虚拟设计的环境里，虚拟客体在活动时，其动态都要有一定的表现，这些表现或者服从于自然规律，或者遵循设计者想象的规律。虚拟客体对用户作用的不平凡反应往往能提高训练人员的信服感，缩小与现实的距离。

4. 心理沉浸感

在虚拟现实场景中可以实现一种"沉浸美"，来弥补"沉浸感"的缺失。这种虚拟现实中的"沉浸美"不是生理沉浸，而是一种发生在审美活动过程中、具有引导作用的心理沉浸。用通俗的语言来讲，就是给用户的信息是用户想要得到的信息或者用户喜欢收到的信息。从审美对象的审美属性要求、虚拟现实的审美特征、虚拟现实的审美障碍以及对"沉浸美"效果的需要应从四个方面出发。

（1）能够反映现实世界的典型特征

虚拟现实这个词，完美地揭示了虚拟技术的最终目的，就是要"现实"。因此，"沉浸美"的最基本要求就是写实，甚至是要比现实生活中有更多细节展示的写实。当人们在虚拟环境中看到的世界跟现实生活没有区别，甚至比现实生活的细节更加丰富的时候，他们会更容易进入心理沉浸的阶段。

（2）符合虚拟现实的审美特征

这一点也是很多虚拟现实作品忽视的问题，我们塑造的这个虚拟环境，是一个人造的环境，是一件设计作品，必须主动迎合人们的基本审美要求。用户的审美情趣决定了虚拟现实的审美特征，一切从用户的心理需求出发，细化用户的审美要求，就是虚拟现实的审美特征。

（3）符合视觉心理中的刺激物信息

在塑造整个虚拟环境时，必须有一个符合用户心理需求的刺激物，并以刺激物信息为中心搭建视觉信息平台，在用户与环境交互的过程中吸引用户注意力，并将创作者的思想和信息由刺激物引起的视觉交流传达给用户。

（4）增加其他感受的传播信息比重和传播方法

人接受信息的主要途径是视觉，但是听觉和触觉的重要性在近些年的研发中也慢慢处于越来越重要的地位。研究者发现，与视觉信息配套的听觉或者触觉感受，会让用户的沉浸感，尤其是心理沉浸感大大加强。如 Rain Room，就是一个非常好的利用听觉来增强虚拟现实感的案例。

（二）训练场景优化方法

为了最大限度地让训练人员在虚拟环境中进行训练时可以感受到强烈的视觉沉浸感，必须首先构建一个具有真实感的场景，但越是渲染真实的场景，对渲染主机的性能要求就越高，否则极易引起系统运行卡顿、画面不流畅等问题，反而会大大降低训练人员的视觉沉浸感受。因此，在画面质量和硬件性能之间必须取得平衡，在现有的硬件条件下通过场景优化和技巧来取得近乎真实的场景渲染效果。

1. 模型规范化

虚拟现实系统开发引擎本质上只是一个利用各种模型、素材、脚本等元素搭建的可互动虚拟世界的一个平台，一般而言，虚拟现实引擎只可以完成对场景元素的编辑、汇总和整合，但对于场景模型、贴图、动画等基础元素以及对应的细节却无能为力，必须借助于第三方的三维建模软件（如 3D Max）。这就导致可能存在三维模型的兼容问题，如模型不符合规范导致使用不方便、加载场景需要过多时间、场景变换迟缓、出现闪烁现象等。

当场景模型在三维软件中完成制作时，需要以中间格式文件（一般为.FBX 格式）进行存储才能导入虚拟现实开发引擎中，模型存储文件所包含的很多信息如尺寸、单位、命名、节点编辑、贴图、坐标、贴图格式、材质等都需要按照统一的规范进行提供，模型规范原则如下。

（1）模型面数控制

在虚拟现实引擎中一般都会对单个模型的面数进行限制，如果导入引擎的场景中的单个模型的面数超过内置的面数极限，引擎便不会显示该模型或出现导入错误，内置的模型限制参数在 Unity3D 中为 6 500 个三角面，即 32 500 个多边形 Polygon，模型的面数数量可以通过 Polygon Counter 查看控制。

（2）模型轴心设置

为了在虚拟现实引擎中更方便地进行场景编辑，场景模型尽量将轴心控制在基底平面中心，模型的重心与视图坐标系的原点对齐。

（3）坐标系单位设置

在虚拟现实引擎中，系统的坐标系单位通常是以"m"为单位的，因此，模型在从三维模型建模软件导出前应先确认单位的设置是否正确。

（4）塌陷合并模型

现实生活中大部分的塌陷合并模型都是由各个子对象结构组成的，为了保证场景模型结构的简洁性，同一个对象在导出中间模型格式前最好将所有的子结构元素先进行塌陷操作并构建为一个整体模型后再进行导出。

（5）检查面片法线反向问题

在 Unity3D 引擎中默认标准材质是不识别双面材质的，如果在三维建模软件中面片的法线方向朝向背面，有可能会出现在三维软件中能看到面片但在引擎中看不见该面片的情况，因此，在导出前，应仔细查看模型的面片法线是否指向了正确的方向。

（6）模型面面之间的间距控制

模型中任意两个面片之间不能重合或者距离太近，否则会出现面闪烁现象，推荐在室内场景中面面距离不要小于 2 mm，室外场景面面距离不要小于 20 cm。

（7）模型各组成要素命名规则

模型与贴图命名通常包括前缀、名称、后缀三部分。模型之间不能出现同名，贴图中不同后缀代表不同类型的贴图，通常 _D 代表贴图，_B 代表凹凸贴图，_N 代表法线贴图，_S 代表高光贴图，_AI 代表 Alpha 通道贴图。

（8）贴图格式和尺寸

在 3D Max 建模软件中，其材质系统支持标准材质与多维子材质，且多维子材质不允许超过 10 个，贴图文件格式支持 PSD、TIFF、JPG、TGA、PNG、GIF、BMP、IFF、PICT、DDS，尺寸建议不要超过 1 024×1 024。

2.模型构建技巧

在虚拟现实引擎中，并不是所有的对象都需要按照其原始几何结构去进行建模，其实很多模型都可以通过一定的技巧去简化构建过程但依然可以达到不错的视觉效果，场景模型的构建技巧，可以归为以下几种情况。

（1）基于模型软件生成技术

目前市场上有很多建模软件，如 3D Max、MAYA、C4D 等，在虚拟场景漫游中 3D Max 最为常用，该软件提供了多种建模技术与建模指令，可以展现复杂精细的模型。

（2）基于图像的构建技术

该技术核心是运用图像来代替几何模型。通过图像的图形绘制技术预置一些图像来生成不同视点处的场景画面。这些图像既可以是软件合成的画面，也可以是航拍等实际拍摄的画面。

（3）基于三维几何图形的技术

利用图形编程语言绘制函数，通过这些函数可以很方便地实现三维图形的绘制，包括图形建模与实时的图形渲染。

3.场景配置优化

除了以上建模规范以及相应模型构建技巧外，在虚拟现实场景中，可以进行适当优化，从而获得更好的场景效果，下面介绍几种方法：

（1）精简模型

精简模型包括两种办法，第一种是精简面片，基于三维软件创建的场景模型均由面片组成，实体表面一般都会存在视觉冗余现象。不可见的面片应该去除，从而提高场景加载速率，如建筑模型底部、内墙的面、模型之间的连接面等，删除不可见面片进行面片合并，是减少模型数据量的有效手段。

（2）精简分段数

在创建模型时，有时默认的分段数较高，需要对其优化，如创建一个几何体，其面数默认分段 32，如果在场景中不需要过多的细节则可以减半，甚至更多。一个椭圆如果不涉及近看，便可用六边形替代，依次类推，其他模型也可如此优化。

（3）高低精度模型配置优化

在虚拟场景中，逼真的造型模型、光影效果等，能够增加场景真实感、烘托场景氛围，但是一味追求高精度效果，会导致文件较大，大量加载会影响运行速度，反之如果追求运行速度，模型精度便较低。因此要合理剖析模型，让高低精度优化配置。以植被模型为例，我们可以将其分解成干、枝、叶，树干、树枝采用三维建模，而树叶部分可以使用面片模型采用纹理贴图。如图4-10所示。

图4-10 植被模型分割示意

（4）场景分割

通常情况下，一个场景大致有道路、建筑物、植被树木、草地绿化等，运行时看见和看不见的模型如果全部都进行加载，需要一段很长的加载时间。可以将场景划分成多个子场景，若子场景出现在体验者视线内才进行加载，否则就不进行加载，这样可以明显提高系统性能，同时有效地降低场景复杂度，从而大大提高加载、渲染速度。

（5）场景对象、面数分布相对均匀

在场景视角进行动态变化时，有时场景画面会出现卡顿现象，有的地方速度快，有的地方速度又非常慢，这种情况是由场景里的对象和面数空间分布不均匀导致的，场景里的模型面数分布推荐按照图4-11中（a）所示进行布局。

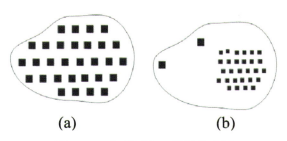

(a)   (b)

图4-11 场景对象、面数分布图

（三）火焰烟雾仿真

1. 火焰烟雾模型算法现状

在 2001—2002 年，福斯特（Foster）和拉莫莱特（Lamorlette）人为地设定了空间的曲面和曲线，以此来约束烟雾运动方向，使烟雾运动的方向沿着曲面的表面法线方向，但无法有效地局部控制其网格的边界条件，流体运动后将会呈现什么样的形状无法根据设计者的意愿随意控制。

2004 年，南加州大学的皮格因（Pighin）等人使烟雾粒子按照函数约束运动，通过此方法来约束四周烟雾粒子，使其随着指定的轨迹运动，但粒子数和设定的半径使运动方向受到严格的限制。

2006 年，俄亥俄州立大学的乌蒂金（YootaiKim）等人提出了制作逼真的烟雾动画的一种新的基于路径的控制方法，烟雾可沿用户指定路径运动，但是烟雾与指定路径之间需要每帧都进行匹配，整个实验过程需要不停地重复匹配，实验开销很大。

2007 年，阿里萨拉（Arisara）和比扎努（Pizzanu）等人不再使用基于欧拉网格的技术方法，而是提出了一种基于耦合的径向基函数和 Reeb 图的流体模拟技术，通过使用一组骨架颗粒控制基于粒子的流体模拟。流体的粒子可以明确地通过指定三维物体到系统中作为关键帧或脚本来控制。然而，由于平均流速与骨骼颗粒速度的存在，流体粒子施加局部控制的力量会造成视觉假像。这可能会导致所得流体动画的小规模的细节丢失，而且如果骨架颗粒的数量和目标可以自动地被选择会更有效。

2009 年，西江大学的张佑镇等人采用了一种新型烟雾路径控制方法。这种方法通过化学反应来驱动烟雾的路径模拟，通过设置反应方程中参数数值的大小可以改变烟雾效果，此方法可以轻松地创建以前的技术往往很难得到的各种有趣的烟雾效果。但局限性是算法复杂计算量大。

2013 年，杰米（Jamie）等人用拉格朗日涡粒子的方法控制烟雾的速度。控制颗粒给出运动轨迹，在网格内分配目标颗粒，使目标颗粒匹配控制粒子获得速度场，利用随机阴影映射机制呈现渲染粒子系统。

2014 年，萨拉哈布拉罕（Sarah Abraham）等人，采用烟雾笔刷系统，在数字画布上绘制烟雾动画使原图更加真实，或完全用烟雾绘制精美的图案。

仿真效果的真实性和实时性，是衡量模拟效果好坏的两个最重要的标准。模拟效果的目标是兼顾真实性和实时性，并且可以有效合理地控制烟雾的运动轨迹，实现虚实场景融合的烟雾实时交互模拟效果。

2000 年，东京大学的吉田（Yoshida），通过使用漩涡矢量来表示涡流，实现了烟雾的漩涡现象。同时，他还模拟出烟雾与周围交互的效果。同年，加利福尼亚大学的布莱恩·E·费尔德曼（Bryan E. Feldman）等人，也对烟雾与规则物体交互时的细节描述进行了研究。

2006年，加利福尼亚大学的布莱尔·M·克林纳（Bryan M. Klingner）等人提出了一种在每个时间更新其重要区域的烟雾模拟方法。实验表明，这一方法能够很好地改变所述域的视觉上重要的部分边界，并且计算聚焦网格可以迅速地生成且可靠地使用。这种方法既可以真实展现障碍物周围的流体运动细节，又能减少不必要的计算开销。然而此方法采用的不规则性的网格导致其不能在GPU上实现，所以限制了实时性的再次提高。

2008年，康奈尔大学的西奥多·金（Theodore Kim）等人提出小波湍流方法。此方法可以先计算低分辨率的细节，最后再加入高分辨率的细节。使用一种新的不可压缩的湍流函数合成这些缺少的湍流，保证了新的频率不会与现有的频率相互干扰，代替在高精度网格上求解N-S方程，可以快速建立一个低分辨率模拟，而不改变整体画面上的细节。

2011年4月，何盛烽等人提出了根据螺旋度在空间上的变化来改进涡限制的强度，而不是用任意的常数，采用三次B样条插值上采样速度场细化网格大小。避免了处理高分辨率网格的计算成本，但仍然实现了较低速的真实的流体流动。

2014年，张梦等人提出将漩涡线以及烟雾粒子嵌入到统一的网格，并利用网格作为一个运动载体将漩涡线的运动转变成为涡粒子的运动。通过将过度拉伸的涡旋线分割成涡粒子，使漩涡更加光滑，同时保持涡流的循环来保存能量和动量。将涡环演变成非结构化的复杂形状。

影响烟雾模拟的重要因素之一就是网格数，它关系到计算量的原始数据的多少，所以在增加烟雾交互细节的基础上减少网格数是增强烟雾模拟效果的重要手段之一。

2004年，斯坦福大学的弗兰克·洛萨索（Frank Losasso）等人提出了用八叉树的数据结构去划分实验过程中需要关注的区域网格，主要是通过八叉树法将网格细化，同时在非重点关注区域通过八叉树法的逆过程去粗化网格，达到在保证网格数不增加的基础上，增强细节表现的效果。

2008年，哥伦比亚大学的谢克特（Schechter）等人对子网格技术进行改进以模拟烟雾湍流现象。将断流过程中耗散的能力进行保存，来增加湍流效果的真实性。本文还提出运用多步预测器来减轻标准图形流体求解过程中角动量的非物理耗散。

2009 年，浙江万里学院的杨青等人提出了通过在 GPU 上求解 N–S 方程的方法进行实时烟雾模拟。三维纹理体素可以和网格单元直接进行匹配，这种方案的 GPU 计算量小，提高了烟雾模拟的实时性。此算法不仅在 GPU 上运行效率高，在求解器上同样效果很好。

2010 年，加利福尼亚大学的 A·麦克亚当斯（A.McAdams）等人，在 GPU 上实现了一个可并行的泊松解算器，可以在烟雾模拟过程中对压力项并行求解，大大缩短了计算时间，使烟雾模拟的实时性得到了极大的提高。

近年来随着计算机硬件的发展，GPU 计算在图形学中的应用变得越来越重要。烟雾模拟中，引入 GPU 计算，可以有效地增强实时性，允许人们模拟更大场景中的烟雾。

2013 年，上海交通大学将 GPU 计算引入了可交互的烟雾模拟中，使得烟雾模拟的可交互性和实时性得到了很大的提高。

2. 烟雾模拟的真实感增强

真实感是图形学工作者所追求的挑战性目标之一，尤其是对不规则的物体，如对烟雾、火焰等自然现象的模拟。在电影、游戏等前沿领域的推动下，用高性能计算机模拟出具有真实感的烟雾已经成为图形学领域的研究热点，但看似简单的烟雾却并不容易用计算机模拟出来。虽然烟雾是最常见的自然现象，但是却很难准确地描述其形状，不论是草原上中袅袅升起的炊烟，或是随风不断扩散的雾霾，其运动规律必定是复杂无序的。

真实的烟雾由于处在大自然这种大环境下，无时无刻不受到周围环境的影响，其真实感是由表面复杂的纹理、富有层次感的色彩和阴影、多变的外形以及受障碍物影响产生的形态变化表现出来的。因此，在烟雾的模拟中最为吸引人眼球的应该是小尺度的细节模拟，受火灾温度、建筑结构、通风环境等外在因素的影响，烟雾蔓延的走势、扩散的速度以及可视度等外观细节都会发生变化，这些才是影响烟雾模拟效果逼真度的关键因子。

为了真实再现现实中的烟雾，可以通过给烟雾模型加入烟雾热浮力和漩涡力，增加烟雾模拟的细节体现，增强烟雾模拟的真实感。

3. 基于 OpenGL 图形库渲染

在采用数值方法求解 N–S 方程的过程中，需要获得每一时刻烟雾运动的状态参数，由于烟雾模拟不停地渲染计算，这些数据量非常庞大。如果把这些数据可视化，需要利用图形绘制管线把这些数据显示出来。图形绘制管线的作用是在给定虚拟相机、三维物体、光源、照明模式以及纹理等条件下，生成或绘制一幅图像。物体在图像中的位置由形状、相机位置及其环境特性决定，而视觉外观受材料、属性、光源、纹理、光照模型决定。绘制管线包括应用程序阶段、几何阶段、光栅阶段。应用程序阶段包括数据准备，用户交互，动画，相机设置。几何阶段包括模型的观察空间，计算定点光照，投影变换到一个单位立方体，舍弃立方体之外的图元。光栅阶段包括着色。

OpenGL 是一个开放的 3D 应用程序接口，其渲染过程如图 4-12 所示。

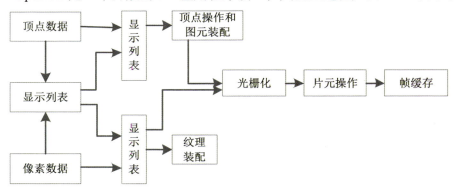

图 4-12　OpengGL 渲染流程示意图

（1）建模 OpenGL 图形库：绘制点、线、多边形、球、多面体、茶壶以及复杂曲线和曲面绘制函数。

（2）顶点处理

顶点坐标和法线坐标经过模式视图矩阵从物体坐标系转换为观察坐标系。

（3）图元装配

基本图元经过投影矩阵变换，再经过裁剪从观察坐标系转换为裁剪坐标系。之后，运用透视算法和视口变换，将 3D 场景投影到窗口坐标系。

（4）像素操作

像素从内存中解包出来之后，进行缩放、偏移、映射等像素转换操作。

（5）光栅化

把几何数据和像素数据转换为片段，每个片段方块对应帧缓冲区中的一个像素。

（6）片元操作

根据帧缓冲区中的深度值与输入值更新帧缓冲区，对输入的像素颜色进行各种融合操作，对像素值进行屏蔽操作及其他的逻辑操作。

通过输入一系列指定的顶点，经过渲染管线这一系列的过程后，得到一帧想要的图像。

4．外力项中添加热浮力

在自然界现实情况中，烟雾会受到温度的影响，刚冒出的烟雾因为温度很高而具有较大的浮力，随着高度的增加，温度逐渐降低，重力的效果体现出来，高浓度的烟雾因为重力的原因随着上升高度的增高会下沉。为了模拟这种效果，可以使用平流来更新速度场和温度场。

$$\frac{\partial T}{\partial t} = -(\vec{u} * \Delta)T \qquad\qquad （4-1）$$

$$\frac{\partial \rho}{\partial t} = -(\vec{u} * \Delta)\rho \qquad\qquad （4-2）$$

温度场的求解过程如图 4-13 所示。

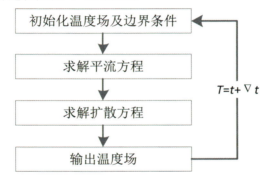

图 4-13　温度场的求解过程

首先定义如下的宏，使得计算方便。

#define IX（i，j，k）((i) + (M+2) × (j) + (M+2) × (N+2) × (k))

下面给出添加热浮力的算法。

```
void buoyancy（float×Fbuoy，int M，int N，int O，float×dens）
{      float Tamb=0；
       float a=0.000625f；
       float b=0.0025f；
       int i，j，k；
       ///// 将网格单元的温度综合
for（i=1；i<=M；i++）
  { for（j=1；j<=N；j++）
  {for（k=1；k<=O；k++）
{Tamb+=dens[IX（i，j，k）]；}
/// 计算温度
```

```
Tamb/=（M×N×O）;
/// 对每个网格单元计算热浮力
for（i=1；i<=M；i++）
{for（j=1；j<=N；j++）
  { for（k=1；k<=O；k++）{
Fbuoy[IX（i,j,k）]=-a×dens[IX（i,j,k）]+b×（dens[IX（i,j,k）]-Tamb）;
}}}}
```

如图 4-14 所示，实验生成的烟雾动画分别取自模拟烟雾生成的第 50 帧、100 帧和 150 帧。网格划分大小为 24×24×24，绘制窗口为 800×512，帧速率为 30 帧左右，既满足了实验的实时性，又较好地体现了烟雾的热浮力，使烟雾形态更加逼真。

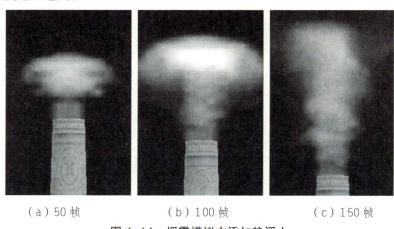

（a）50 帧　　　　（b）100 帧　　　　（c）150 帧

图 4-14　烟雾模拟中添加热浮力

5. 外力项中添加漩涡力

自然界中，漩涡可以说是无处不在，在流体中有差异的地方就有形成漩涡的可能。比如，河流、海洋、云朵等都存在漩涡现象。漩涡现象复杂多变，它是两股或者两股以上的方向、流速、温度等存在差异的能量相互接触时互相吸引而缠绕在一起形成的螺旋状气流。对于烟雾来说，把漩涡形式表现出来可以增强烟雾模拟的真实感。漩涡力的表现形式如式（4-3）。

$$\vec{f}_{vor} = \varepsilon h(N \times \omega) \qquad (4-3)$$

式中：参数 ε 代表漩涡约束力的强度；

参数 h 代表网格距离。

构造三维数组 u、v、ω 来存储烟雾速度场的分量。下面给出本实验添加漩涡力的一个时间步长。

步骤一：初始化烟雾密度。

步骤二：对 u、v、ω 加入风力。

步骤三：对 u、v、ω 加入漩涡约束力。

步骤四：对 u、v、ω 做一次扩散处理并做一次投影。

步骤五：对 u、v、ω 做一次对流处理并做一次投影。

步骤六：对密度场做一次扩散处理。

步骤七：根据密度场 dens 的数据，绘制三维烟雾。

如图 4-15 所示，本实验生成的烟雾动画分别取自烟雾模拟的第 50 帧、100 帧和 150 帧。网格划分大小为 $24 \times 24 \times 24$，绘制窗口为 800×512，帧速率为 30 帧左右，既满足了实验的实时性，又较好地体现了烟雾的漩涡力，使其烟雾形态更加逼真。

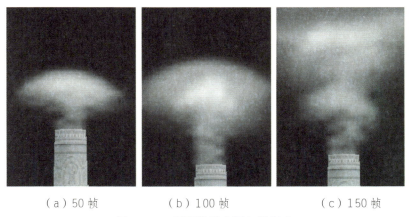

（a）50 帧　　　（b）100 帧　　　（c）150 帧

图 4-15　烟雾模拟中添加漩涡力

6. 烟雾模拟实时性改进

实时性是图形学工作者所追求的另一个挑战性目标。在工作中，为了计算的精确有可能放弃对时间的限制，但是在图形学领域这是不可取的，图形学既要求模拟的逼真，也要求对速度的追求。

在真实世界中，烟雾是以自然飘动的形式存在的，而图形工作者需要设计出简单有效的目标烟雾。真实感和实时性是互为矛盾的一对话题，真实感增强必然以计算量的增加为前提，而为了能够达到实时性的要求，烟雾模拟的细节则有可能失真。为提高实时性，可以采用逆向追踪的方式，通过计算出单位网格范围内包围的所有追踪目标粒子，利用逆向追踪算法计算最短长度的网格粒子路径，然后把目标网格中的所有粒子属性用此粒子表示。这种方法在减少计算量的同时，有效解决了因重复计算所引起的数值消耗问题。

（1）N-S方程对流求解

在流体模拟中，烟雾模拟的速度是主要的，其他一些物理量依附在速度上通过时间表现出来。对流即是这些物理量的传输过程。

大部分的工作者在计算流体对流的时候把速度的计算定义在当前的时刻，这种方法需要计算每一时刻每一网格的速度，需要耗费大量时间，不利于流体模拟的实时性。因此，这里介绍的方法是在计算网格当前时刻的物理量时用前一时刻的速度，改进了速度的追踪方法，使得计算量降低，从而有利于速度的提高。

计算对流的方法可以基于半拉格朗日框架，假设在 t 时刻流体的速度为 $u(t)$，$P(x_i;\tau)$ 表示网格粒子 τ 时间所经过的距离，其中 τ 指从时间 t_i 到 $t_{i+1}=t_i+\Delta t$。因此，假设在 i 时刻网格粒子的位置为 $x_i=P(x_i-1;t_i)$，定义下面的映射等式（4-4）。

$$f(x_i,t_i)=f(P(x_{i-1},t),t_i) \tag{4-4}$$

以前的研究学者大多通过前一时刻的位置 x_{i-1} 求解 x_i 时用当前时刻的速度 $u(x_i,t_i)$，这种方程的定义为（4-5）。

$$x_i=x_{i-1}+u(x_i,t_i)\times\Delta t \tag{4-5}$$

交换移位可以得到前一时刻的位置。

$$x_{i-1}=x_i-u(x_i,t_i)\times\Delta t \tag{4-6}$$

因此，（4-6）的映射等式可以表示为式（4-7）。

$$f(x_i,t_i)=f(x_{i-1}+u(x_i,t_i)\times\Delta t,t_i) \tag{4-7}$$

这种半拉格朗日方法能够快速、稳定地对流体进行仿真，方程也显示了相对快速的物理量量值。当网格粒子运动的时候，某一网格粒子的出发位置速度与当前位置速度存在极小的差别，本文的方法是在上式映射方程中用 x_{i-1} 时刻的速度来代替 x_i 时刻位置的速度，以此求解得到可靠的结果。

（2）逆向追踪网格单元

由于对粒子的描述是采用网格的表现形式，根据当前网格的模拟，逆向追踪到前一时刻的网格位置，而对前一时刻目标粒子所在的网格进行模拟。这样基本上可以对粒子的动态运动轨迹进行初步预估。图4-16给出了粒子运动的轨迹。

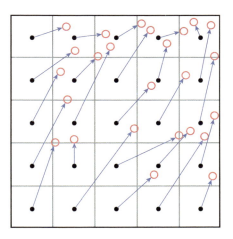

图4-16 网格中心（黑点）从t_{i-1}时刻移动到当前位置（红圈）t_i时刻

根据图4-16可以求出，烟雾粒子的网格中心点$P_k(t_{i-1})$移动到它的下一点$P_k(t_i)$时，得到方程（4-8）。

$$P_k(t_i) = P_k(t_{i-1} + \Delta t) \approx P_k(t_{i-1}) + u_k(t_{i-1}) \times \Delta t \qquad （4-8）$$

通过上述逆向追踪的方法，可以很方便地快速根据网格粒子当前的位置而得到其前一时刻位置的坐标。但是考虑到流体模拟实时性的问题，下一个问题即如何提高实时性。在欧拉框架中经常用到的是稀疏网格，每个网格可以被定向为一组对流源点，考虑到一个网格内如果有若干个粒子的行踪，可以利用网格中心点的运动来进行模拟。因此，如果可以了解到若干网格范围内采用某个网格中心点模拟网格粒子的速度，建立一组离散的、最佳位置的候选地点，那么在不影响真实性的前提下，可以减少网格粒子速度的计算量，从而提高模拟实时性。

（3）实验结果及分析

实验是在相同的硬软件环境下得出的。基于逆向追踪的方法，下面给出逆向追踪方法和以前基于半拉格朗日方法产生的结果的对比图（图4-17和图4-18），分别取自第100帧和200帧。

（a）100 帧　　　　　　　　　（b）200 帧

图 4-17　半拉格朗日方法

（a）100 帧　　　　　　　　　（b）200 帧

图 4-18　逆向追踪方法

通过计算渲染，利用逆向追踪的优化策略，在同样的硬件条件和网格大小（$36 \times 36 \times 36$）条件下，逆向追踪方法可以用更快的速度来模拟烟雾的场景。

六、虚拟现实消防训练系统的人机交互技术实现

（一）虚拟现实系统的交互分类

从上文对沉浸感获得途径的分析可知，用户与虚拟现实系统的交互方式对沉浸感的塑造起着非常重要的作用，在虚拟现实系统中的交互是指参与用户可以通过输入设备（如头盔、手柄、跑步机等）与虚拟现实场景中的人物进行互动，这些输入设备与传统的计算机输入设备相比有很大的进步，如第二章中提到的环境识别、语音识别、动作捕捉、情绪识别等人机交互技术，这些通过动作、声音或表情等身体自然行为来与虚拟环境进行非接触交互的技术被称为体感交互技术，国外学者普遍认为体感交互技术是虚拟现实的关键组成部分，在基于虚拟现实技术的培训系统中发挥着重要作用。

沉浸式虚拟现实技术是一场交互方式的新革命，人们正在实现由界面到空间的交互方式的变迁。多通道的交互方式将是未来 VR 时代的主流交互形态，但是，目前虚拟现实系统交互的输入方式尚未统一，市面上的各种交互设备仍存在各自的不足。

　　在目前的虚拟现实系统中，交互行为大致可以分为以下几类。

　　1.目标获取交互

　　在 3D 虚拟世界中的物体获取类似于在真实世界中捡起物体，比如，在消防训练系统中对灭火器使用的训练，第一步就是要用手拿起灭火器，这就是目标获取交互的一种应用场景。

　　2.目标定位交互

　　在真实世界中物体定位交互意味着平移物体到新的空间坐标，这在虚拟环境中也是一样的。另外，用户必须能够处理精度，在 3D 环境中用户所依赖的深度域的精确度是实现系统的难点，同样拿灭火器举例，在使用灭火器进行灭火前，需要拔掉保险销才能按下把手进行操作，拔掉保险销这个动作就是目标定位交互。

　　3.目标旋转交互

　　虚拟旋转类似于真实世界的计数器，主要关注物体绕固定旋转轴的旋转角度。精度是一个难点，因为用户要直接面对旋转方向和旋转程度等属性。灭火器操作中的按压把手环节，即是一个目标旋转交互。

　　4.目标指向交互

　　指向交互允许用户在真实或者虚拟空间通过指点与虚拟物体发生交互。结合指向和一些类型的命令信号，如声音、按钮等，可以使用户在远处即可触发事件。光线投射允许用户在 3D 虚拟世界发射一道发光的射线，使得用户可以和任何与射线发生交叉的物体进行交互。这种目标指向交互的应用非常广泛，甚至在一些虚拟现实系统中仅仅靠这一交互行为和动画就可以完成整个系统的开发。

　　5.操作物体

　　在虚拟空间中使用一个 3D 手模仿 2D 光标，通过它用户能够与 3D 虚拟物体进行交互。虚拟手的方向和位置直接映射真实世界中用户的手。微型世界（World in Miniature，WIM）提供了对扩展用户手臂可选的操作物体的方法，通过缩放整个虚拟空间到一个缩略图，使它位于用户可以接触的范围，用户可以直接操作任何 3D 虚拟物体。

6. 视线停留交互

用户的视线停留可以利用光标来与环境进行交互，这样可以帮助用户获得更多关于当前世界的信息，比如，可以显示辅助信息、可以改变某个对象的状态或者可以触发某个事件。视线停留交互可以看成指向交互的一种特例。

（二）虚拟现实系统人机交互的技术实现

1. 基于 HMD 配套手柄交互技术

在目前的沉浸式虚拟现实系统中，用手柄来与场景进行互动的方式是最常见的，由于各虚拟现实设备厂家生产的头显和手柄具有差异，因此，它们对用户交互层面的支持度也参差不齐，图 4-19 展示了各主流 HMD 在头显和手柄方面对交互的支持情况。

VR类型	headset	gamepad
Cardboard	3-DoF	无
Daydream Smartphone VR	3-DoF	3-DoF
Daydream Standalone VR	6-DoF	?-DoF
Gear VR	3-DoF	3-DoF
Oculus Rift	6-DoF	6-DoF
HTC Vive	6-DoF	6-DoF
Microsoft MR	6-DoF	6-DoF

图 4-19　各 HMD 设备和手柄的自由度支持情况

图 4-19 中的 DoF（Degree of Freedom）就是所谓的自由度，主要分为 Orientation 自由度和 Position 自由度两种。

Orientation 自由度支持方向追踪，一般由陀螺仪、加速计等传感器支持。Position 自由度支持位置追踪，一般由 Outside-In（外向追踪）的红外追踪技术和 Inside-Out（内向追踪）的 SLAM 技术支持。

通常来说，三自由度指的是 VR 硬件支持 Orientation，六自由度指的是 VR 硬件支持 Orientation + Position。

三自由度的手柄基本都是采用惯性传感器、震动马达等构件组成的，一般是使用传统的按钮、摇杆、触摸板来进行操作并通过震动感进行交互。

惯性传感器是由加速计（测加速度）、陀螺仪（测角速度）和地磁仪（测重力方向）组成。但是，目前的消费级惯性传感器难以追踪到六个自由度，只能追踪到三个自由度，即 X、Y、Z 三轴的旋转量，不能测量到这三轴的平移量，也就是说拿着惯性传感器打造的手柄在水平位置极其缓慢地匀速移动，手柄是难以感知当前处于什么位置的。

为了得到更好的互动体验，动作感应手柄一般会通过惯性传感系统加上光学追踪系统或者磁场感应来提供六自由度的动作跟踪。像 HTC Vive 和 Oculus Rift 都推出了自己的六自由度手柄识别方案。

三自由度手柄和六自由度手柄都有各自的应用场景，三自由度的手柄由于只支持方向追踪，可以用来做激光笔在场景中与各个对象进行交互；六自由度手柄可以进行方向和位置的追踪，可以更好地模拟手臂的动作。

相比头戴设备的传感器的输入交互，手柄还配备了各种输入元件，如按钮、触控板、摇杆以及触发键等。根据事件的不同，一般可以分为三类。

（1）传感器事件

由传感器对手柄进行物理追踪，如激光笔交互。

（2）按钮事件

通过点击按钮产生的交互行为。

（3）控制单元事件

由摇杆或触摸板输入产生，如在触摸板上进行滑动来翻页等。

2.视角射线检测交互技术

有时候，当没有手柄等其他输入设备或者因为特殊的训练需求不方便使用其他输入设备时，可以利用人的视角方向与场景中各元素进行互动，交互效果如图 4-20 所示，它的交互方式较为简单，利用了头戴设备的陀螺仪，采用注视行为来触发场景里的事件，比如，训练人员在训练过程中，视角注视着消防门的门把手，消防门便自动打开。

图 4-20　视角交互效果

用户可以通过头部运动改变视线朝向，当用户视线正对着物体时（一般会设置一个触发凝视时间），触发物体绑定的事件，具体分为三个基本事件，分别是 gazeEnter，gazeLeave，gazeTrigger。可以设置一个位于视角中心的准心作为标记来触发这三个基本事件。

gazeEnter：当准心进入物体时，即用户注视物体时，触发一次。

gazeLeave：当准心离开物体时，即用户停止注视该物体时，触发一次。

gazeTrigger：当准心处于物体时触发，不同于 gazeEnter，gazeTrigger 会在每一帧刷触发，直到准心离开物体。

图 4-21 为视角交互背后的实现逻辑图。

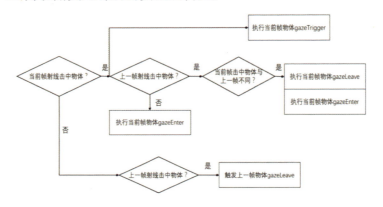

图 4-21　视角凝视交互实现逻辑

在视角交互的实现过程中主要依靠基于光线投射的碰撞检测技术，以 Unity3D 为例，其具体的实现方法如下。

首先，在 Unity3D 中创建场景中的一个空游戏对象，接着将渲染器组件添加到游戏物体发射激光的地方，然后创建一个指针控件类脚本，它将控制激光的显示，激光投射要有一个路径，因此，创建一个空游戏对象作为激光发射器的 3D 发射点，随后空物体就可以作为发射器的位置（图 4-22）。为了使光线看起来更具动感，设置线渲染器的纹理偏移量，为了使光线不至于太粗而遮挡视线，设置光线宽度参数为 0.5。再创建脚本类 PreFrameRaycast，该类的主要作用就是在每帧中发射射线（运行时不可见），以空游戏对象中心为起点，以正前方即 z 轴为发射方向。当检测到碰撞的时候返回射线的碰撞信息，碰撞信息包括碰撞到的物体、射线距离碰撞体的距离、碰撞点、碰撞法向量等。线渲染器通过获取 PreFrameRaycast 中的碰撞信息，来判断与激光交互的交互元素类型，射线的碰撞终点就是激光的截断点，碰撞点到射线起点的距离作为纹理渲染的尺寸，碰撞法向量和物体的向上方向形成了激光的旋转方向。

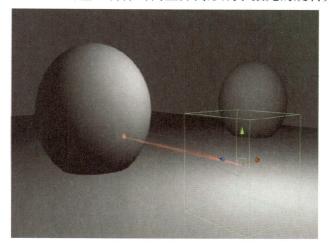

图 4-22　激光射线示意图

3.手势识别交互设计与实现

（1）手势识别涉及人手的跟踪到手势的表示、语义命令的转换等全过程。手势识别研究的目标是设计和开发可以分辨输入手势并对这些手势表达进行命令输出映射处理以控制设备的系统。创建和实现这种有效的和准确的手势识别系统的主要实现技术包括两种：基于接触的手势识别技术和基于视觉的手势识别技术。图 4-23 代表了这两种技术的应用实例。

(a) CyberGlove II

(b) SoftKinetic HD camera

图 4-23　数据手套和高清摄像头

①基于穿戴设备的手势识别

基于接触设备的手势识别系统是基于用户和设备的物理交互，用户需要适应这些设备，而不是设备适应用户。这些设备通常使用数据手套、加速计、多点触控屏幕等若干个探测器技术。这类设备分辨率低且精度差，但是适应环境的能力强，在缺乏光照和充满磁场或者噪声的场景下依然能够正常工作，因此，在特定场合依旧受到青睐。

②基于视觉的手势识别

由于基于视觉的设备已经应用于人机交互中捕捉输入手势，而基于接触的设备依赖有经验的用户，因此，基于接触的设备并没有被市场接纳。基于视觉的方法为了简化识别算法的复杂度也会使用手部标识辅助进行运动检测和识别。手部标识可以进一步分为反射标识和 LED 灯，前者是被动地受闪光灯反射，后者是主动的闪光序列。在这些系统中每个摄像机都能提供其视角的标识位置，位置信息是由闪光灯或者正常灯照射得到的 2D 帧图像通过执行预处理推测 3D 空间中的视角和位置得来的。

基于视觉的手势识别的主要挑战是应对各种各样的手势。识别手势要处理相当数量的自由度、大量的 2D 表观变化（即使是相同手势，摄像机视角不同表观也不相同）、不同的轮廓尺度（如空间分辨率）和时间维度尺度（如手势速度的变化）。此外还需要根据应用的类型对准确性、性能、有效性进行权衡，主要包括解决方案的成本、实时性、鲁棒性、可扩展性和用户独立性等标准。

基于接触的设备的主要缺点是健康风险，而基于视觉的设备仅在配置和实现上具有复杂性，具有更好的用户友好度，因此，长远来看，后者更具发展潜力和优势。

目前基于视觉的手势识别方法主要采用普通摄像头和深度传感器摄像头。使用普通摄像头的传统手势识别，其特征表示和分类算法对手势识别的效果有很大影响。传统的提取算法大多是基于表观特征的，如手势的几何形状或者颜色信息等作为特征描述，环境光照和尺度变化等对其干扰很大，造成识别方法鲁棒性低，泛化能力差，而采用深度传感器可以明显改善以上干扰因素带来的性能影响。但利用深度传感器进行手势识别也存在一些共性问题，比如，特征中的冗余信息过多导致效率低下，缺乏灵活性；识别的依据未考虑各个关节对手势区分度的贡献，致使计算量过大，降低了整体的识别效率；在执行某个手势的过程中可能经过其他手势，也就是嵌套手势，在实时系统环境中，这种情况很可能会造成误操作，由此导致系统缺乏鲁棒性。

不同的 3D 深度传感器技术已经在文献 [1] 中进行了评估，他们主要介绍了不同深度传感器的工作机制。目前用于手势识别的深度传感器主要有 3 种，即 Kinect、Leap Motion 和 Time of Flight。其中 Kinect 用于对全身深度信息的识别，Leap Motion 只关注精确的 3D 手部骨骼识别，其检测手部和手指的精度可以达到毫米级，由于 Leap Motion 控制器的精确性和稳定性较高，被广泛应用于虚拟现实系统的手势交互中。

（2）手势交互操作的主要目标是像真实生活中那样抓取、移动、释放物体，涉及手的碰撞检测和抓取算法。在对各个虚拟物体进行互动手势操作前，必须先对每个手势进行定义，所定义的手势的多少，与具体的虚拟操作任务有关，定义得不够，就不能有效地完成操作任务，定义得过多，则又增加了手势识别的困难。这里对常用的几种手势进行定义，如表 4-5 所示。

表 4-5　手势定义表

序号	手势名称	手势定义	举例
1	抓取	呈抓取状	抓取物体，如灭火器
2	释放	五指张开	释放物体
3	按 / 点击	食指伸直，其余四指握紧	点击按钮、开关
4	拧	呈半握状，食指和拇指并拢	拧开水龙头等
5	握	五指紧握，呈握状	握住物体

以下是基于特征向量的手势识别算法。

设空间坐标为 XOZ，则 θ_{Yi} 表示关节向量 v 与 Y 轴的夹角，若计 Y 轴向量为 y，则计算公式为：

$$\theta_{Yi} = \arccos \frac{v \cdot y}{|v| \cdot |y|} \qquad (4\text{-}9)$$

设 XOZ 的平面法向量为 n，X 轴单位向量为 x，关节向量在 XOZ 平面上的单位投影投影向量为 w，则 w 与 X 轴的夹角为：

---

[1]　DAVIS J, SHAH　M. Visual gesture recognition[J]. IEEE Vision Image and Signal Processing, 1994, 141(2):101-106.

$$\theta_{XZ} = \sin\left(\arccos\frac{\boldsymbol{v}\cdot\boldsymbol{n}}{|\boldsymbol{v}|\cdot|\boldsymbol{n}|}\right)\boldsymbol{x}\cdot\boldsymbol{v}^{-1} \qquad (4\text{-}10)$$

若取第 i 帧的关节向量角度信息为 θ_{Yi}，θ_{XZi}前一帧的角度信息为 θ_{Yj},θ_{XZj}，运动阈值为 $\varPhi$，则运动参数由式（4-9）（4-10）计算得到：

$$p_m = \begin{cases} 0, & \left|\theta_{pi}-\theta_{pj}\right| < \varPhi \\ 1, & \left|\theta_{pi}-\theta_{pj}\right| \geqslant \varPhi \end{cases} \qquad (4\text{-}11)$$

$$\theta_{pi} = \sum_{i=1}^{4}\left(\left|\theta_{Yi}\right|+\left|\theta_{XZi}\right|\right) \qquad (4\text{-}12)$$

$$\theta_{pj} = \sum_{i=1}^{4}\left(\left|\theta_{Yj}\right|+\left|\theta_{XZj}\right|\right) \qquad (4\text{-}13)$$

式中：θ_{pi}计算的是当前帧的角度线性和；

θ_{pj}表示的是前一帧的角度线性和；

P_m表示运动布尔值。

将计算出的每一帧中的姿态参数和运动参数组合成一个特征向量带入下一步计算。由于最终是运行在沉浸式虚拟现实系统中，所以要求手势识别的准确性和实时性，朴素贝叶斯分类器可以将最可能的类赋予所给样例，且具有鲁棒性、计算效率高和易于实现的优点，由于各个关节对区分手势的贡献度不同，为了提高分类的准确度，可以给各关节向量添加一个权值，假设已经得到模型的基本概率，根据全概率公式展开贝叶斯公式可以得到式（4-14）：

$$p\left(y=c_k\mid X\right) = \frac{\prod_{i=1}^{m}w^i p\left(X^i\mid y=c_k\right)\mathrm{p}\left(y=c_k\right)}{\sum_k p\left(y=c_k\right)\prod_{i=1}^{m}w^i p\left(X^i\mid y=c_k\right)} \qquad (4\text{-}14)$$

式中：X表示未分类的实例，$\{X_1，\cdots，Xm\}$表示 X 的一个划分，X^i是 X 的一个特征属性；

类别集合 $C=\{c_1，c_1，\cdots，c_k\}$，$y_i \in C$ 为 k 类中的一个类。

W^i，$i=1,\ldots,m$ 为经验权值，表示不同关节向量的贡献度。

详细的计算过程如图 4-24 所示。

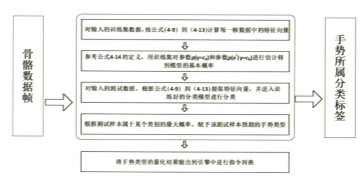

图 4-24　基于特征向量的手势识别算法

整个程序的计算流程如图 4-25 所示。

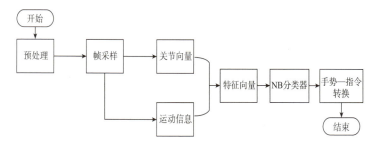

图 4-25　手势识别算法流程图

初始化传感器设备，捕捉数据帧，以传感器的频率采样骨骼数据，按照公式（4-9）~（4-13）计算特征向量，对采集的样本集进行分类器训练，在预测阶段，用于对新的数据帧进行实时分类。

（3）基于虚实联动的人机交互设计和实现。在虚拟消防训练系统中，经常会遇到使用消防设备或工具进行作业的任务，图 4-26 为常用的汽车破拆工具，在现实的实地训练中，训练人员一般都是用真实的消防设备进行训练，而在虚拟场景中进行训练时，因为无法拥有真实设备的使用触觉反馈，从而会让训练沉浸感大大降低，采用上面提到的手柄输入、视角输入和手势识别等输入方式都无法做到让消防训练人员拥有触觉反馈，那么，是否有一种办法可以让训练人员在虚拟场景中使用真实的设备进行训练呢？答案是肯定的，基本的思想是训练人员使用真实的设备或者对真实设备 1∶1 仿制的模型进行操作，同时，在虚拟场景中也存在该设备对应的虚拟模型，其实时状态和训练人员手中真实设备的状态保持一致，虚拟设备在训练人员对真实设备操作的驱动下与场景中其他对象进行互动，同时产生对应的场景反馈给训练人员（图 4-27）。对训练人员来说，就像使用真实的设备在虚拟场景中进行互动一样，大大提高了训练沉浸感。

图 4-26　用于汽车破拆训练的工具

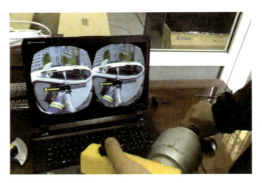

图 4-27　利用虚实联动技术的车门破拆训练

　　虚实联动交互模块架构如图 4-28 所示，主要分为实体设备运行层、交互数据处理层和虚拟设备运行层。

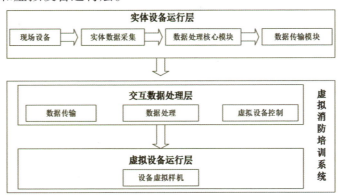

图 4-28　虚实联动交互模块架构图

　　实体设备运行层主要获取现场消防设备的相关运行数据，通过数据采集模块采集数据并经过数据中心处理后传输到交互数据处理层；交互数据处理层将获取的数据和信息进行分类、处理，然后提取关键信息，从而控制虚拟设备的动作；虚拟设备运行层主要是通过显示终端显示设备的运行状态，并提供接口供训练人员实现交互动作。

（三）常见消防设施的互动设计及实现

1. 灭火器训练的互动设计

灭火器是生活中最常见的消防基础设施之一，本书以灭火器为例讲解在虚拟消防训练系统中如何与消防设施进行互动。

（1）手柄拿取灭火器交互设计

图4-29为拿取灭火器的交互逻辑，拿取其他物体的交互方法与此类似，这里拿取灭火器的交互逻辑是基于六自由度手柄的交互来设计的。

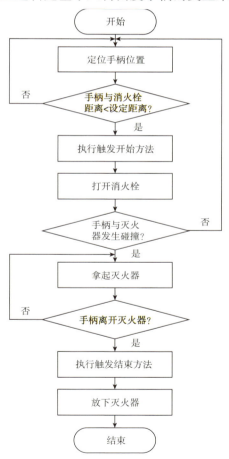

图4-29　拿取灭火器交互逻辑

拿取功能需要进行碰撞检测以及实时获取手柄的位置信息来设定手柄与消

防栓发生碰撞的距离，如果手柄与消火栓发生碰撞的距离小于设定的值，则表示处于可操作的状态，此时按下手柄对应的键就会触发灭火器对应的行为。

（2）手柄按键定义

如表4-6所示，左手按侧键为拿起灭火器的触发键，右手食指按扳机键为拔掉安全销触发键，左手按扳机键为喷射触发键。

表4-6　手柄按键定义表

手　柄	扳机键	侧　键
左手手柄	喷射	获取灭火器
右手手柄	拔掉安全销	暂无

（3）灭火器交互流程设计

图4-30为灭火器交互流程设计。

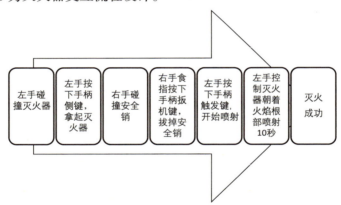

图4-30　灭火器交互流程设计

2.灭火器互动技术实现

（1）灭火器模型碰撞设置

在灭火器的交互过程中，需要用碰撞检测技术实时检测手柄与灭火器的碰撞状态，因此，需要为灭火器模型的构造轴对齐包围盒进行粗略碰撞检测，由于发生碰撞的灭火器为不规则模型，因此，也可以添加网格碰撞体（在 Unity3D 中添加 Mesh Collider 组件）进行细致检测。由于不需要与灭火器产生碰撞效果，只检测与其是否接触，需要将 Mesh Collider 组件的 Is Trigger 的值设为 true，另外还需要为灭火器模型添加刚体（在 Unity3D 中添

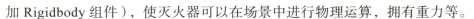

加 Rigidbody 组件），使灭火器可以在场景中进行物理运算，拥有重力等。

（2）模拟灭火算法

通过测算体验者拿取的灭火器与火源的距离、角度是否在设定的范围内等条件来判断灭火是否成功，只有当条件都满足时，才能成功灭火。判断灭火是否成功的具体算法步骤是先找到所有的火焰预设体，再找到所有火焰预设体中距离体验者最近的火焰预设体。判断的具体方法是把体验者与每个火焰预设体的距离存到一个数组里面，对数组里所有的元素进行比较，找到数组里最小的距离对应的索引，标记为离体验者距离最近的火焰预设体。

图 4–31 为使用灭火器对火焰进行灭火的算法流程图，首先是获取火焰粒子系统的总粒子数量，再找到距离训练人员最近的火焰，实时获取训练人员距离火源的角度及距离，判断其是否达到有效灭火范围角度和有效距离内，如果小于设定界限且手柄按键为设定喷射灭火物质键，就开始计时，如果火焰粒子不为 0，需要更新粒子数量，判断是否在规定时间及火焰数量上限内火焰粒子数量变为 0，如果中间角度和距离不满足有效范围，则火焰粒子数量开始慢慢变多，即火焰复燃，火焰粒子数量为 0 时为 true，超出界限且火焰粒子数量不为 0 时标记为 false。

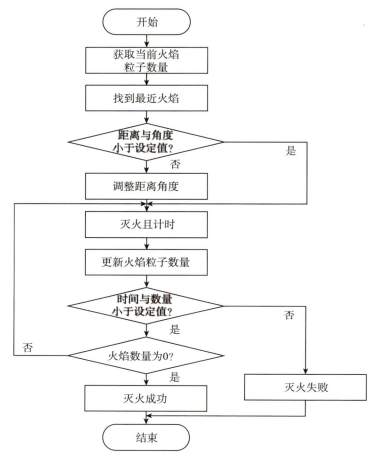

图 4-31　灭火算法流程图

七、虚拟消防训练系统教学模式设计

（一）"教—练—考"教学模式设计

由第三章的需求分析来看，虚拟消防训练系统主要对训练人员进行三方面能力的训练，第一种是消防人员自身的救援能力训练，第二种是消防人员与其他消防人员的协同作战能力训练，第三种是消防人员自身的理论知识基础能力训练。

为了提高训练人员的沉浸性，加深训练人员的直观感性认识，提高训练人员的实际动手能力，训练系统的操作方式应配备与真实岗位操作设备相同的硬件设施，通过各种传感器感知用户与硬件的交互行为，同时模拟训练时的视觉、听觉和场景环境，虚拟训练场景要求能带给用户较强的沉浸体验，同时通过局域网实现多个训练人员的同时在线训练，各个训练终端之间能进行相互通信，同时各个训练终端又受到服务端的统一指挥。为了提高培训效率，本着"教—练—考"的循序渐进的教学方式，系统将培训分成如下三种模式：演示模式、训练模式和考核模式。训练人员可以根据自身的学习阶段选择不同模式进行相应内容的培训，最终通过考核才能执行实地救援任务。

1.演示模式

由系统演示整个训练任务的训练流程、目标、注意点等，并配以视频、文字、声音等常用多媒体信息，训练人员除了打开基本的播放控制功能外，无须与虚拟场景进行交互。

2.训练模式

在该模式下，训练人员一般会以两种方式进行训练：一是协同训练，二是单机训练。协同训练要求用户在联网模式下进行，每个训练终端在统一的虚拟场景和网络环境下进行协同演练，而在单机训练下，用户可以只关注自己的操作环节，培训个人的业务能力。在流程式训练模式下，训练人员都是在系统的指导下完成各个操作和协同步骤，不能自由进行操作，只有正确完成当前步骤的操作，才能进行下一环节的学习。而在沙盒式训练模式下，没有系统的指导，训练人员也不能进行自由训练。

3.考核模式

在该模式下，系统不再对训练人员的操作进行指导和提示，训练人员可以在有限的时间内进行自由操作，如果操作发生错误，系统会显示错误提示，同时进行相应操作的分数评定，以此检验训练人员的学习水平。

（二）训练结果统计分析

为了更好地评估训练人员的学习情况和培训质量，系统需要提供统计分析的功能，对训练人员的训练时间、训练成绩等信息进行统计分析，然后根据分析结果采取调整培训方案等一系列相关措施。教员用户和训练人员用户都有相应的统计分析功能，但两者又有不同之处。训练人员用户只能对自身的学习情况进行统计、分析、查看，并无权限查看其他训练人员用户的学习情况；教员用户则可以对所有训练人员的学习成绩进行查看，也可以对单个训练人员的学习情况进行查看。统计分析具体的功能如图4-32所示。

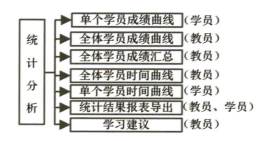

图 4-32 统计分析详细功能图

图 4-32 中，成绩曲线表示每个训练人员的成绩随着培训时间变化的曲线，该曲线表示训练人员考核成绩的变化趋势，教员可据此针对不同训练人员给出学习建议，每个训练人员登录之后都能看到教员给出的学习建议。全体训练人员成绩曲线，即所有训练人员成绩的平均值的变化曲线，由此可以了解全部训练人员整体的学习情况。学习时间曲线表示训练人员每次登录后学习的持续时间，教员可以根据此曲线判断训练人员的学习效率。

所有的分析结果，包括汇总表格、变化曲线，都可以以 Word 文档、Excel 表格的形式导出。

（三）综合评判量化方法

所谓综合评判，即评判用户的综合操作能力，其中包括设备操作熟练度、准确度以及与他人的协同程度，系统会从这三个方面对用户的操作行为进行评判，并在界面上加以提示。

1. 操作熟练度

当前步骤与上一步的时间差，与标准时间进行比较。大于标准时间，说明训练人员操作熟练度低；小于标准时间，则说明训练人员操作熟练度高。

2. 操作准确度

即当前步骤的操作与标准操作流程是否符合。

3. 协同程度

本地训练人员从其他训练人员完成操作后到完成自身的一次操作的响应时间。同样，该时间与标准响应时间进行比较，如果大于标准时间，说明训练人员协同程度差；小于标准时间，则说明训练人员协同程度好。

综合评判量化方法就是从设备操作熟练度、准确度以及与他人的协同程度三个方面对用户的操作行为进行相应的评分。当前步骤的得分可以用公式（4-15）计算。

$$Score = \frac{TS_1 + TS_2}{T_1 + T_2} \times A \times \frac{1}{\delta} \quad （其中：T_1 + T_2 \geqslant TS_1 + TS_2） \qquad （4-15）$$

式中：T_1 代表完成当前步骤与上一步的时间差；

T_2 代表本地训练人员从其他训练人员完成操作后到完成自身的一次操作的响应时间；

TS_1 代表完成当前步骤与上一步的标准时间差；

TS_2 代表本地训练人员从其他训练人员完成操作后到完成自身的一次操作的响应标准时间；

A 代表当前步骤的满分分值；δ 代表训练人员在操作成功前尝试操作的次数；

当 $T_1 + T_2 \leqslant TS_1 + TS_2$ 时，且训练人员一次性操作成功，那么，训练人员的当前步骤得分为满分 A。

对于减分算法，每让电脑进行一次操作，只需从总分中减去一定分数即可。

八、多人协同训练的设计与实现

（一）多人协同系统架构

如图 4-33 所示，整个系统架构可分为服务层、交互控制层和数据层三个部分，交互控制层通过训练终端系统程序对培训模块、操作控制模块和虚拟场景模块进行整合和处理，并将操作界面、仿真场景以及操作反馈输出到显示终端，用户可在视觉、听觉、触觉上进行感知学习。虚拟场景模块同时需要保证各个训练终端的虚拟场景的变化一致性，还要具有很高的实时响应性，包括事件一致性和属性一致性，即当一个训练终端中虚拟场景的模型属性发生变化或某种事件发生时，应及时保证其他训练终端的虚拟场景发生相同的属性变化和事件，从而保证所有训练终端的协调一致，也就保证了协同的准确性。数据层为交互控制层的计算、处理和输出提供所有数据，数据层包含了基础数据库、用户数据库、属性数据库和理论题库，其中属性数据库设计的目的是保证每次系统中断重启后，虚拟场景中的模型属性能恢复到上次使用时的属性值。服务层主要的功能是对整个系统的数据管理和维护、集中指挥调度服务和分布式场景同步服务，其中，分布式场景同步服务采用了"产生属性值—上传服务器—广播—属性值变化"模式来保证场景的一致性。

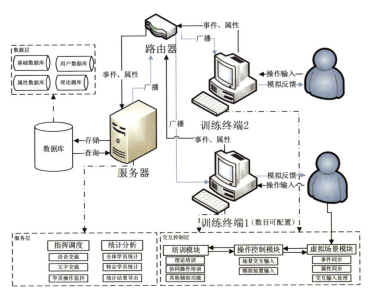

图 4-33　多人协同训练系统架构

（二）多用户协同功能架构设计

图 4-34 列出了一般协同训练系统中服务端和训练终端场景同步需要包含的功能架构。

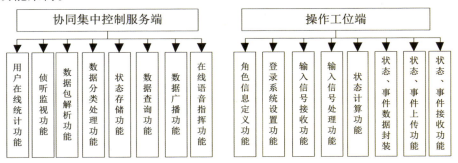

图 4-34　场景同步实现功能架构图

教员用户为了更好地了解训练人员的训练情况，需要在服务端开设用户在线统计功能，用于统计此次训练过程中所有在线的训练人员数量。

为了实时获取训练人员用户的操作数据，需要建立服务端和训练终端的网络连接，即服务端需要实时侦听训练终端传来的所有数据，并及时传入其他单元进行后期处理。

当服务端接收到由各个训练终端传来的数据包后，服务端需要对这些数据包进行解析，提取有效信息，供其他单元模块使用。

当数据包被解析后，服务端根据其中的有效信息进行判断分类，分出信息属于事件型数据还是属性型数据，从而做出相应的后续处理。

如果该数据为属性型数据，则由服务端的状态存储功能将这些属性根据数据包中的相关参数存入相应的模型状态库中。这些状态库中的数据主要用于协同中断恢复后，系统能还原到中断前的状态，这个还原过程由数据查询功能完成。属性型数据处理流程的最后一步，就是将这些数据按照之前接收到的数据包格式分发到各个训练终端。对于事件型的数据而言，当其被分类识别以后，就直接通过数据广播功能分发到各个训练终端。

为了更好地协调各个训练人员能够顺利地完成协同作业任务，还需要在服务端设置集中指挥调度功能，该功能是通过语音的方式实现指挥调度的，教员通过语音实时在线与训练人员交流，指挥训练人员有序操作。

在训练终端，角色信息定义功能用于用户自定义各自的个人信息，如登录密码、年龄等信息。

登录系统设置功能为训练人员提供输入服务器 IP 地址、通信端口以及通信协议等信息，用于与服务端建立通信连接。

训练人员通过鼠标、键盘以及模拟操作装置与训练终端虚拟场景进行交互，这些输入装置通过传感器将各种交互信号传入训练终端的操作信号接收模块，该模块实时感知用户的任意操作指令，并将其转换为计算机能识别的数字信号。

训练终端接收到操作指令后，需要对其进行处理，识别其属于开关量信号还是模拟量信号，并做相应的数据转换，将转换后的数据传入虚拟场景，由虚拟场景对这些信号进行相应的处理。

对于传入虚拟场景的信号，该信号如果是属性型的信号就执行该信号对应的脚本任务程序，该脚本对场景中相应模型进行状态更新，这些状态并不直接作用于模型节点，而是由训练终端应用程序接收。如果为事件型信号，就直接由训练终端应用程序接收。

训练终端应用程序将接收到的数据，不论是属性型的还是事件型的，都按照一定的格式封装并上传到服务器，由服务端的数据接收模块接收并处理。

待服务端将数据处理完以后，所有训练终端都会接收到这些广播来的数据，这个过程便由"状态、事件接收模块"完成。

（三）多用户协同功能技术实现

1. 事件—属性混合式协同方案介绍

为了更好地利用各个训练终端的计算性能和服务端较强的计算能力，这里介绍一种"事件—属性混合式"协同架构，该架构结合了典型的复制式和集中式协同构架，即获取了它们各自的优点：针对复制式架构的实时响应性，该架构保留了训练终端各自一部分的计算能力，使一些简单命令通过事件的方式发送到各个训练终端，通过解析事件，这些操作能在训练终端得到及时的执行；针对集中式的场景一致性高的优点，该架构采用了"状态计算—上传—广播"的模式，服务端主要实现对各个训练终端传过来的属性状态进行调度广播的功能，而不再处理所有训练终端的操作信号。训练终端先在本地计算用户操作信号的执行逻辑，得出场景中每个模型的属性状态值，这个值不直接作用于本地场景中的目标模型，而是先上传到服务端，由服务端的调度广播模块进行处理、整合然后广播到每一个训练终端，再由训练终端将从服务端获取的状态值作用于本地场景中的目标模型，这样除了网络传输上的延迟之外，每个训练终端场景中的模型基本都是在同一时间发生变化，使训练人员能够在同一时刻感知其他训练终端所进行的操作，最终实现了系统在具有较好的实时响应性能的同时，也能提高各个训练终端场景的同步一致性。表4-7列出了三种协同架构的优劣。

表4-7 三种协同架构模式的优劣对比

对比内容	优 势	劣 势	实现特点
复制式	实时响应性好	场景同步性差	命令打包并广播、独立解析、独立执行
集中式	训练终端数量较少时场景同步性好	实时响应性差，且训练终端数量大时，场景一致性较差	服务端集中运算、场景集中控制
混合式	实时响应性好	场景同步性好	本地运算、集中分发

2. 事件—属性混合式协同架构的设计

事件—属性混合式协同体系架构如图4-35所示，训练终端除了输入单元、输出单元外，还有任务分析单元、本地模型计算单元以及场景修改单元。其中，输入单元用于处理来自外部硬件设备（鼠标、键盘、模拟操纵装置等）的输入信号。输入信号一般分为两类：一是按钮触发类（即开关量）；二是模拟量类。系统将这些输入信号进行综合理解并解析成为系统能识别的工作任务。任务分析单元就是完成对所有输入信号的解析，同时对用户的不同操作进行分类，主要包括两类操作任务：一是事件类；二是属性类。其中，事件类的消息将会被按照一定消息格式进行封装复制然后分发到各个训练终端，同时在本地运行，而属性类消息需要在本地进行处理计算，其计算过程是在本地模型计算单元中完成的，计算的结果将由系统按照一定的消息格式进行封装然后发送到服务端。

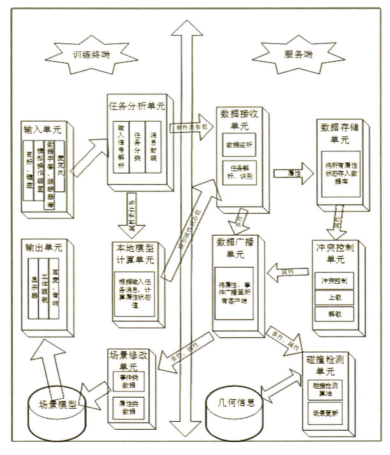

图 4-35　事件—属性混合式协同架构的设计

当事件类消息和模型属性类消息发送到服务端后，这两种消息数据的接收都由服务端的数据接收单元来完成。数据接收单元从训练终端登陆后就立即为该训练终端开启一个数据监听线程，一旦接收到数据，该单元立即对接收到的数据进行解析和识别，判断该消息属于属性类消息还是事件类消息，从而根据消息类别进行相应的操作。如果该消息为属性类消息，就将其传送至数据存储单元模块进行处理，数据存储单元根据从属性类消息中解析出来的"模型、属性类别、参数值"将这些属性信息存储到相应的模型状态数据库中。当数据存储单元存储完属性类消息后，服务端将属性类消息传入冲突控制单元中，冲突控制单元根据模型是否存在加锁来决定该属性值是否有效。如果冲突控制单元检测到该模型已被加锁，说明该模型正被其他用户操作，此时数据无效，将不进行任何操作；如果检测到该模型未被加锁，说明该模型正处于闲置状态，用户可以进行操作，此时该单元将属性类消息传入服务端的数据广播单元，并将其分别发送到每个训练终端的场景修改单元以及服务端的碰撞检测单元。场景修改单元将接收到的属性消息解析为"模型、属性类别、参数值"，同时将参数值通过场景浏览器的接口函数修改为符合消息内容中"属性类别"的属性状态值，因此，场景中的模型的属性发生变化，变化效果在输出单元中呈现，从而完成一次属性类消息的协同过程。如果该消息为事件类消息，服务端不将该消息传至数据存储单元，而是直接传至服务端的数据广播单元，数据广播单元再将事件类消息发送到训练终端的场景修改单元和服务端的碰撞检测单元，各个训练终端根据此消息内容执行响应的事件处理过程，该过程直接作用于场景中的模型，修改对应模型的属性状态，这样便完成了一次事件类消息的协同过程。

3. 协同任务中的加锁/解锁机制

模型的加锁/解锁机制的产生主要是为了解决多个用户同时操作某一个对象时产生的冲突问题，当其中一个用户在操作某个对象时，其他训练终端的用户一般没有权限再操作这个对象，而只有当这个用户释放对对象的控制时，其他训练终端才有机会对这个对象进行操作（如移动、旋转等），但在特殊情况下，协同任务又要求多人能对同一个对象进行操作。为了解决多人共同协作问题，模型采用系统加锁和用户解锁结合使用的方法，即系统自动对被操作的对象加锁时，又能允许个别用户对其进行解锁。

假设训练终端 A 正在对对象 p 进行移动操作，此时训练终端 B 也想参与到对对象 p 的移动操作过程中来，由于训练终端 A 正在对对象 p 进行操作，系统会自动对对象 p 进行加锁。在常规情况下，此时训练终端 B 如果尝试对对象 p 进行操作，服务端将会认为训练终端 B 的交互数据无效，训练终端 B 的任何操作对对象 p 无任何影响。解决这一问题的具体算法是：

（1）训练终端 B 通过触发训练终端 A 的一个特殊解锁按钮，从而向服务端发送一个对对象 p 的强制解锁消息，这个强制解锁在服务端的冲突控制单元模块完成。

（2）服务端收到训练终端 B 的强制解锁消息后，对训练终端 B 进行解锁，即将训练终端 B 的属性状态数据从冲突控制单元传入数据广播单元，从而实现训练终端 B 对对象 p 的操作。同时，对数据库中表示对象 p 的操作训练终端数目的 ControlNum 字段的值加 1。

（3）当有训练终端释放对对象 p 的操作时，ControlNum 字段的值减 1，但并不代表没有用户在操作对象 p，直到 ControlNum 等于 0 时才代表没有用户在操作对象 p，即对象 p 被完全释放，其他任何训练终端都能对对象 p 进行操作。

这样，一个对象既能在某个时刻只被一个用户进行操作，又能在某个时刻被多个用户同时操作，但在多人同时操作的过程中，仍会遇到一些操作意图上的冲突。比如，训练终端 A 想让对象 p 往左移动，但训练终端 B 却想让对象 p 向右移动，如果训练终端 A 先把对象 p 移动的命令传至服务器，那么此时对象 p 的动作为先向左移动然后再向右移动，而这样的方式有可能与实际工程任务流程是相悖的。但对这一类的冲突问题，各个用户之间可以通过在线交流沟通解决。

4. 任务分解与执行

在多用户协同训练过程中，实现各训练终端实时感知其他训练终端的操作以及整个协同环境的一致性时，模型数据传输量往往是最主要的瓶颈。一般模型的属性类别繁杂且数量庞大，常见的属性类别包括空间位置、空间朝向、漫反射、镜面反射、透明度等，这些数据需要占用大量的网络资源。虽然目前已经有了关于数据压缩算法以及增量传输方面的研究，但有时仍然不能满足实时性的要求。因此，为了减少数据的传输、提高网络传输效率，必须将用户的操作任务进行分类，对不影响用户协同过程的某些操作采取"事件类消息"的传输方式，即在各个训练终端只是保证同步传输一个操作过程的触发消息，各个训练终端接收到这个消息后，分别在各自运行环境下进行模型处理和运算。这样可以有效减少需要同步的数据量。

对于事件类消息的传输，采用 T/C/P（目标 / 命令 / 参数）消息的传输方式，传输数据由 T+C+P 组成，其中，T，C，P 各自代表的意义为：

T，即 Target，代表目标对象节点名称，场景中每个模型都有自己唯一的节点对象名称，系统将通过此名称来决定将对哪一个模型进行操作。例如，对于一个箱子模型，可命名为"Box"。

C，即 Command，代表训练终端对目标对象所要进行的操作，系统根据用户输入的操作信号解析具体的操作指令，如训练终端想要将一个箱子向左移动，系统将根据操作任务将其解析为"左移"指令。

P，即 Parameter，代表某个操作的相关参数，如训练终端想要将一个箱子向左移动 50 cm，则系统将会把这个操作任务解析为"Box+ 左移 +50"这种指令形式。

参数是对命令的补充，T+C+P 能唯一确定一个操作任务，两者是一对一的关系。值得注意的是，并不是所有的操作任务都要写成 T+C+P 的形式，因为某些操作任务可能并不需要参数，如虚拟场景中某个虚拟设备的一次固定动作的同步。

除了事件类消息外，就是属性类消息，这一类数据来自各个训练终端本地根据用户的交互操作计算出的模型处理结果，采用 T/A/P（目标 / 属性 / 参数）消息格式进行同步传输，其中 T，P 与 T/C/P 中的含义相同，A 则代表模型节点的某个属性类别，如用户将一个箱子移动到坐标为"0 0 10"的位置，则同步数据格式为"Box+translation+0 0 10"。

为了让服务端判断接收到的消息的类别，需要在消息报文前加上一个类型识别码。

另外，还有一部分操作任务是不需要在各个训练终端进行同步的，包括视点变换类，如视点变化、场景缩放、平移等操作；沟通交流类，如在线文字交流、在线语音交流等；操作辅助类，如对象选择等操作。

由于每个训练终端在进行不同的操作时，肯定是在不同的视点之下完成任务的，所以视点变换类信息没有必要进行同步；沟通交流类信息只需要直接转发即可；操作辅助类只是帮助用户更好地进行交互操作；其他训练终端没有必要了解，因此也不必进行同步。

操作信号的分析以及上述的操作任务分类、同步数据封装等任务将由训练终端的任务分析单元完成。

第五章　技术创新

一、智能化人群疏散系统研究

（一）智能化疏散算法研究

1.公共场所网格模型拓扑结构及其路径模型的建立方法

路径模型即将现场所有关键区域信息及其布局信息抽象为一张拓扑图，也就是全局路径规划中的自由空间模型。路径模型实质上是由可以通过的路径所组成的图。本课题中，路径图是图论在计算机建模中的数据模型，路径图由边和节点组成，为了表达某个公共场所布局的动态信息，边上被赋以权值来记录环境的实时变化。将现场中的房间、楼梯、电梯、安全出口等抽象为结点，而将楼道、走廊等可以通行的区域通过边表达出来。可以手动或使用图像处理技术（见图像细化和图像特征点检测等），根据现场平面图纸自动地生成与疏散现场相关的路径拓扑图，把楼道路径、房间、楼梯结点加入到路径图当中。现场具有纵向多层的情况下，可以通过连接楼梯、电梯等楼层连接点从而完成各层间的连通图，这样便可以建立一个完整的三维建筑路径模型，为接下来的路径规划及表达提供了基础。

2.疏散模型的智能路径规划算法研究

路径规划算法主要研究在疏散现场环境不断变化的情况下的动态路径规划问题，即当路径图中的路径的权值随着现场传感器采集数据的变化而不断变化时，如当建筑物内发生火灾的时候，某一路径此段路径空间内的烟雾浓度、温度和火势等都是影响路径权值的因素。此外，该路径此时的疏散人员密度等会使路径的权值更加符合真实的室内场景。为了使研究结果更具普适性，本课题采用一种基于分布估计算法（EDA）的求解策略主要研究多出口情况下的动态路径规划。首先，综合考虑路径最短和威胁数目最少的通道建立多出口选择模型，通过罚函数方法处理约束建立适应度函数。其次，采用分布估计算法在离散空间进行优化求解。分布估计算法基于概率模型进行学习和采样，即通过一个概率模型描述候选解在空间的分布，采用统计学习手段从群体宏观的角度建立一个描述解分布的概率模型，然后对概率模型随机采样产生新的种群，如此反复进行，推动种群的进化。基于离散空间的优化，EDA算法通过统计优秀个体出现的频率确定新样本的产生概率。在多出口选择过程中，最需要解决的问题是人员与出口之间的对应，即为每个人员选择一个逃离出口。出口选择包含两个子目标：路径最短、威胁最少；两个限制条件：出口人数限制和人员疏散限制。本课题将采用加权法将多目标问题转换为单目标问题进行求解。

（二）人群疏散模型建立

1.群体行为模型分析

不同于对物理现象的建模，个体的运动具有高度的智能性和自组织性，运动状态非常容易受到周围的环境、事物、人员和自身心理的影响。各种现实案例和观察结果表明，由于群体与群体、个体与个体的亲疏关系，人员之间的行为互动会明显影响到实际的疏散效率。人群中的单位不仅是个体，还存在两三个人甚至数十个人组成的小组。就现实意义而言，组与个体、组与组之间的碰撞产生的群体变化现象更加具有普遍性。因此，在虚拟仿真中，对个体和群体之间的关系进行建模是一个十分重要的环节。

根据群众出行的特点，人具有社交属性，在社会活动中往往会因为血缘关系或者社会关系选择结伴而行。在一些公共场所内，如体育场、超市等，往往会出现大量的小型群体。在紧急状况发生的时候，通常也会共同寻找疏散策略，从而聚集在一起再进行集体疏散。小型群体是否能够疏散成功，对疏散结果会产生重要的影响。

目前，针对群体形式的人群行为特点，国外研究者通过考虑人群与人群之间的影响因素，建立了一个描绘拥挤行为的模型。虚拟仿真的结果表明，群体和群体规模的内部结构对拥挤现象有重要的影响，不同规模的群体之间也存在差异。一些研究者详细阐述了在紧急情况下，一些群体对其他群体存在跟随行为的现象。von Kruchten等人通过进行不同人群规模和不同影响因素的疏散实验，分析了社会团体对疏散情景的影响。除了上述研究，还存在其他的影响因素，如恐惧程度、相互作用力、游戏场景以及视觉感受。

2.疏散人群动态模拟

（1）突发情况下的疏散策略

在实际疏散过程中，一部分群体成员可能会齐心协力，通过相互协商的方式，共同向一个出口进行疏散。而在同一场景存在的单独的个体或者小群体，可能会选择跟随其他群体一起疏散，也有可能会因为觉得太过拥挤而放弃选择好的出口，转而选择其他出口。研究者根据大量的观察得出结论：在疏散人群中，个人可能会采取三种疏散策略，在此对这三种策略进行大致的描述。

第一种是随机行为疏散策略。如果疏散场景处于一个烟雾弥漫的环境下，同时没有任何的指示标志或者引领者，那么容易导致一种完全随机的疏散行为。每个疏散者的初始移动方向是完全随机的，也没有一个向出口方向移动的路径规划。可能会出现所有的疏散者一开始都不会往正确的疏散方向移动的情况，每位人员到达出口完成疏散的成功率都是随机的。

第二种是协助行为疏散策略。当群体开始疏散的时候，所有疏散人员在疏散过程中能够选择的移动方向依然是完全随机的，在周围的二十多个可选的方向中随机选择，没有向出口方向移动的路径规划。但是，只要有一名疏散者找到了出口，那么他就会将出口的信息传达给其他所有疏散者，使他们按照向出口方向的最短路径进行移动。

第三种是领导行为疏散策略。在疏散开始时，每个群组中所有人统一指定了一个领导者，并跟随着领导者的疏散路线来进行移动，使群体的疏散过程更有整体感和层次性。

根据个体与个体之间的亲疏程度，本课题采用领导行为的疏散策略模式，并对此加以改进和完善。将场馆内的疏散人员分成个体（x）和群体（$group$）。而在群体成员中，会存在一个领导者（$leader$）的角色，他比较熟悉场馆的结构和出口位置，并且在他的群体中有一定的威信。领导者之外的角色则是跟随者，他们相信领导者所做的决定，跟随着领导者一起疏散。然而，如果领导者失去了跟随者对他的信任，他就会失去这个权力，此后，他便再也不能成为领导者了。

①群组属性定义

首先，本书构造了一个五元组来定义疏散模型中的个体 x：

$$x = \{id, t, position, gid, leader\} \qquad (5-1)$$

式中：id 表示疏散区域中的每一个个体；

t 表示该个体从疏散开始到现在所持续的时间；

$position$ 用于标记个体所在的位置信息；

gid 则表明该个体是否隶属于某个群体；

$leader$ 表示个体是否是他所在群体的领导者（Leader）。

本书设定在一个群体中，只存在唯一一个领导者。除此之外，如果一个群体在疏散的过程中因为意见相左而解散了，那么本书设置该群体中的领导者属性 $leader = -1$，这一步说明，该个体由于失去了他人对自己的信任，不能够再担任领导者角色。领导者的定义如下所示：

$$leader = \begin{cases} 1, & \text{领导者} \\ 0, & \text{不是领导者} \\ -1, & \text{失去领导者身份} \end{cases} \quad （5-2）$$

然后，用一个六元组来定义疏散模型中的群体 $Group$：

$$group = \{gid, lid, gt, ROUTE[], size, MID[]\} \quad （5-3）$$

式中：gid 唯一地标记疏散区域中的每一个群体；

lid 表示该群体的领导者 id；

gt 表示这个群体从组成开始到现在所持续的时间；

ROUTE[] 是一个数组，它记录了当前领导者在疏散过程中所经过的路径；

$size$ 表示当前群体 $group$ 的规模大小（个体数量），在实际中往往由于实验条件限制，可以将一个群组人数的最大值设置为 $SIZE^*$；

MID[] 也是一个数组，它存储了群体中包含的所有个体成员的 id。

②群组疏散过程

由于场馆内是一个充满烟雾的环境，在可见度较低的情况下，领导者的疏散路线有可能对寻找路口完全没有帮助，也有可能由于重复路线过多，从而导致延长了其所带领群组的疏散时间，降低了跟随者对领导者的信任度。为了模拟这一现象，算法定义疏散群组可能会在两种情况下解散：当群组疏散的时间到达一定的值 T^*；当群组的疏散路线经过相同的地点达到一定的次数 N^*。

为了能够随时判断解散的条件是否能够达成，当每一个个体开始当前的疏散作业时，就会记录下当前的疏散时间、所在小组的疏散时间以及所经过的疏散路线。综上所述，群体的解散过程如图 5-1 所示。

从流程图中，我们可以看出：

a. 每进行一次元胞转移过程，就要把该群组当前的疏散总时间 gt 与时间的阈值 T^* 进行比较。

b. 每当群组到达一个新的位置（$position$），就会在群组记录的路径（ROUTE[]）中统计该位置的出现次数，并与 N^* 进行比较。

如果统计结果超出了时间（次数）的阈值，那么就执行群组的解散过程。一旦群组解散，那么群组的领导者 $leader=-1$。

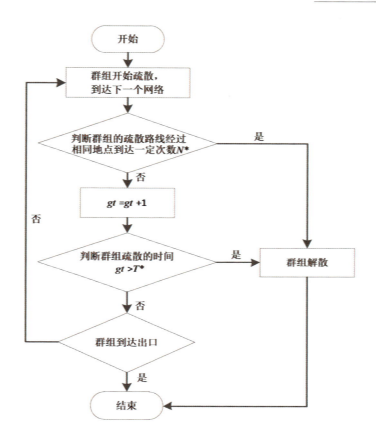

图 5–1 群体的解散过程图

③群组重组过程

在现实的疏散过程中，如果跟随者失去了对领导者的信任感导致群组解散的话，大概率会发生两种情况。

情况一：这个群组与其他群组进行重组，并重新开始疏散作业。

首先搜索这个群组 group 所在位置的一定范围内是否存在其他的群组，并将搜索结果存储在 Group[] 内。然后将 group 中的所有成员随机分配到 Group[] 存储的任一群组中。

情况二：没有找到任何符合要求的群组的情况。

如果 GROUP[] 中所有群组的人数都已经超过了群组规定人数的最大值 SIZE*，而且 group 中还有成员待分配或在该群组所在位置的搜索范围内没有找到任何符合要求的群组。

那么将群组分成两个群组。根据组内成员彼此的亲疏关系，将群组分成两个小组，这两个群组分别进行疏散作业。

两个群组的领导者由随机算法产生。如果将个体看作结点，个体与个体间的亲疏关系看作带权的路径的话，那么每一个群组就可以视作一个带有 N 个结点、$N*（N-1）/2$ 条边的无向图。由于在分组的时候，希望能够使组内的个体之间关系较好，所以问题就转化为求解该图的最小割，本书采用了 Stoer-Wagner 算法，在求解最小割值的基础上将人群分成两组，时间复杂度约为 O（n3）。具体算法描述如下：

a. 设群组 $group$ 的最小割 min_cut 为正无穷。

b. 定义一个集合 A[] 为空集，随机选一个个体 x，将 x 加入集合 A[]。定义 $W（A，p）$ 为集合 A 中所有个体到集合 A 之外的某一个个体 p 的亲疏度之和。

c. 对于第二步选中的个体 x，更新 $W（A，p）$，取出 $W（A，p）$ 最大的个体 p，将它作为 x 加入集合 A。

d. 如果集合 A 不等于群体集合 $group$，转到第三步。

e. 把最后进入集合 A 的两个个体记作 s 和 t，用 $W（A，t）$ 更新 min_cut。

f. 将 t 到 $group$ 的亲疏值合并到 s 中，从 $group$ 中删除个体 t。

g. 如果 $group$ 集合只剩下一个个体，那么算法结束，否则转到第一步。

在算法的运行过程中，在最后一步更新最小割的数值之时，$group$ 集合中剩余的个体组合成一个群组，已经从 $group$ 中删除的个体组合成另一个群组。综上所述，群组分组完成。

（2）人群疏散受环境因素分析

通过实验发现随着群组人数数量的增加，疏散的时间有明显上升的趋势。这一结果表明，聚在一起逃生的人越多，对疏散效率的影响就越大。当群组的人数非常少的时候，距离影响因子 k_d 越大，疏散时间越短；而群组人数较多、规模较大的时候，距离影响因子 k_d 越大，疏散时间越长。从这一结果我们可以分析出，由于距离影响因子 k_d 的作用，当人在单独行动或者两两结伴的时候，距离影响比较大的时候，他们会更趋向于选择最短路线而忽略别的因素；而很多人一起行动的时候，他们似乎更理智一些，在疏散的过程中，更倾向于选择远离火灾源头、比较安全的路线。个人单独逃生的时候，选择最短路线可以提升疏散效率，而群体一起行动时，选择远离火灾源头的安全路线可以加快疏散速度。

另外，实验中发现疏散时间 T 和人群密度 ρ 呈正相关关系，并且在密度相同的时候，亲疏关系的影响因子 k_r 越大，疏散时间越长。实验表明，人群密度越大，疏散时间会变得越长。因此，当场景内的人非常多的时候，疏散工作

会相当艰难，场馆内的人群受伤甚至无法逃生的概率会大大增加。

二、体感仿真技术研究

（一）体感仿真硬件系统

纯粹基于视觉维度的 VR 消防训练系统虽然已经在相当大的程度上避免了传统消防训练的费时、费力、费财的弊病，在可复制性、安全性等方面也有着传统训练无可比拟的优势，但在真实性上还无法完全替代现实的训练现场。在消防训练的所有目标中，对工作人员的心态训练尤其是在极端危险环境下的心态训练占很大的比重，只是基于视觉感受的 VR 训练无法模拟训练者在实际救援过程中的真实体感和极端场景带来的紧张压迫感，体验者无法完全代入到救援场景，训练心态也较为平和，显而易见，最终的训练结果肯定也会不尽如人意。为了进一步提高基于虚拟现实技术的消防系统训练的效率，除了在视觉效果上要尽量模拟现场环境之外，还应该在体验者其他生理感受上进行模拟，争取做到视觉和体感上能够贴近真实现场的感知状态，避免由于视觉和体感不一致产生的不协调性使体验者难以完全投入训练的情况发生。

在实际火灾场景中，被困人员的恐慌心理和紧张情绪主要来自环境高温和浓烟刺激以及各种不确定性。因此，为了逼真地还原真实的火灾现场，除了要对现场环境进行超真实地建模和对火焰烟雾进行逼真地特效模拟外，更要对现场的温度和烟雾环境进行仿真，提供从视觉、听觉到体感全方位还原现场的真实感官体验，大大提高沉浸式训练的训练质量，提高训练人员面对恶劣环境的适应能力和应变能力。

本章节只以热体感系统为例，介绍其常规设计方法和实现逻辑。

（二）热体感模拟系统

1. 系统架构

传统的虚拟现实训练系统难以对训练现场的温度场进行模拟，训练人员感觉不到火焰以及高温高气的热辐射，这在一定程度上削弱了训练的沉浸感。为了进一步提高训练的代入感，合理地模拟温度场的变化显得尤为重要。

一套完整的热体感系统应包括发热模块、变频模块、热反馈模块、控制模块、通信模块五部分。

（1）发热模块

此模块为产生热量的执行装置，常见的是使用热风机作为发热设备。

（2）变频模块

此模块用于控制发热模块的发热强度。

（3）热反馈模块

此模块用于采集发热模块的温度数据，并返回到控制模块。

（4）控制模块

此模块用于收集热反馈模块的数据以及通信模块收到的数据，然后进行算法处理，最终通过变频模块控制发热模块的强度。

（5）通信模块

此模块用于接收上位机的指令以及反馈热体感系统的相关数据。

2.任意方向的温度场模拟

为了逼真地模拟火场的实际环境，我们还应考虑虚拟火场中火焰的位置与训练人员的距离和角度问题，体验人员真实感受到的温度的方向应该与 VR 场景中视觉上的火焰方向一致，因此，在训练人员四周必须至少提供四个位置的发热装置，才能模拟围绕训练人员 360° 的温度场，这四个位置分别为以训练人员所在位置为中心呈 90° 间隔排列的位置，至于其他角度方向上的温度可以通过这四个标准位置的温度值和方向进行矢量求和来近似模拟（图 5-2）。

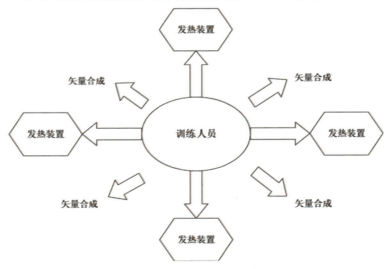

图 5-2　发热装置布局图

如图 5-3 所示，F_u 代表训练人员前方的发热装置产生的热辐射值，F_r 代表其右方的辐射值，F_d 代表其后方的辐射值，F_l 代表其左方的辐射值。$F_θ$ 代表任意角度的方向上的辐射值，其中 $θ$ 为火源位置与体验者正前方的夹角。

$F_θ$ 在不同的角度下应满足公式（5-4）：

$$f_\theta = f_u + f_r \ 0 \leqslant \theta < 90^\circ$$
$$f_\theta = f_r + f_d \ 90^\circ \leqslant \theta < 180^\circ$$
$$f_\theta = f_d + f_l \ 180^\circ \leqslant \theta < 270^\circ$$
$$f_\theta = f_l + f_u \ 270^\circ \leqslant \theta < 360^\circ$$

（5-4）

由此可得四个标准位置的辐射强度公式为（5-5）：

$$|f_u| = |F_\theta| * \mathrm{Max}(\cos\theta, 0)$$
$$|f_r| = |F_\theta| * \mathrm{Max}(\sin\theta, 0)$$
$$|f_d| = |f_\theta| * \mathrm{Abs}(\mathrm{Min}(\cos\theta, 0))$$
$$|f_l| = |f_\theta| * \mathrm{Abs}(\mathrm{Min}(\sin\theta, 0))$$

（5-5）

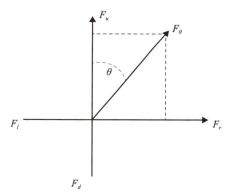

图 5-3 温度合成矢量图

三、场景自定义配置及生成系统

为了对训练场景进行模块化构建，必须对消防训练场景内容进行分割，同时要注意把握分割尺度。如果分割得太细，对于训练场景配置人员来说，场景配置的复杂度和配置时间都会大大延长，且最终的训练效果也不会因为配置更自由带来明显的提升；如果分割得太粗，又不能满足场景多样化的需求。因此，模块化构建应该以"基础场景＋动态配置"的模式进行分类，在典型训练场景分类之上，辅以动态化的通用模型、消防设施模型、火场布局以及环境配置的方式，对训练场景进行个性化、多样化的配置。

（一）典型场景分类

结合近年来虚拟现实技术在消防训练系统的应用场景，典型的训练场景大致包括以下几种公共场所。

1. 学校

学校是人群最为集中的区域，而且是消防意识比较薄弱的人群的聚集地，一旦发生火灾，后果不堪设想。因此，近年来，消防训练系统中以学校作为训练场景的训练占了很大的比重，选择学校作为典型基础场景可以满足大部分训练场景的需要。

2. 地铁

地铁作为人流量相当大的区域，是城市交通最为集中的地方，且由于地铁特殊的地理位置，出现任何火灾事故，想要顺利逃生都可谓困难重重。因此，把地铁这种典型的场所作为消防训练系统的基础训练场景有着非凡的意义。

3. 办公场所

随着经济的发展，大量的办公楼如雨后春笋般涌现，城市化进程加快，又使大量人员涌入城市，导致这类办公楼成为人员密度最高的地方，而且这类办公楼大都为高层建筑，更是为消防救援带来了极大的困难。因此，将办公楼作为消防训练的主要训练场景显得尤为重要。

当然还有其他场景可以作为基础场景，如商场、工厂等，因此，作为训练系统的基础场景库应该有扩充功能，为后续典型训练的基础场景的增加提供接口。

（二）通用模型库

所谓通用模型库，是指这类模型可以在任意训练场景中出现，基础场景往往代表建筑类型的区别，各个训练场景有着大量重复的通用模型，如办公桌、餐桌、电脑等日常通用物品，在场景配置过程中，可以在通用模型库中选择各个模型在场景中进行放置，形成不同的火场布局。

通用模型库内的模型一般来讲不会参与到训练人员的交互过程中，或者只是与训练人员有一些基础的互动，如碰撞、拾取、放下等基本操作。通用模型除了用来配置场景之外，还可以用来改变火场逃生路线，如通道的障碍物设置。

（三）消防设施模型库

消防设施模型库是指训练人员在进行消防救援任务时可以与之进行和任务相关的交互的模型库，如消火栓系统、火灾报警系统、气体灭火系统、干粉灭火器、泡沫灭火器等，系统配置人员可以根据火灾训练需求布置消防设施，生成各种不同的救援场景，这样消防训练人员就可以在不同的场景中进行反复训练，这种方式能够大大提高训练人员对救援场景的适应能力。

1.虚拟消防交互场景参数设定

在安全疏散的过程中，个体个性、社会背景、生长环境的文化底蕴等因素都会对疏散的风险程度产生影响。通过分析问卷以及结合个体的疏散行为特点，可以把突发情况下能影响人的恐慌行为的因素划分成以下几点：疏散人群个体差异特征、紧急情况下的客观因子特征、建筑物环境的变化因子以及群众对个体行为的影响因子。

火灾情况下的人员疏散过程极其复杂，受到个体特质、人群行为、火灾环境、建筑设计、应急管理五方面的相互影响，如图5-4所示。图中的人群行为是指火灾聚集的人群，他们因共同的求生目的而群聚起来；个体特质为人员的生理、心理、社会背景等，包括性别、年龄、身高、体质、性格、经历以及教育文化、民族等社会属性；建筑设计是指建筑布局、建筑功能与用途、消防设备配置、疏散设施及标志、火灾报警系统等；应急管理为建筑内人员的消防安全培训、消防制度建设、应急方案制定、疏散引导等；火灾环境包括对人员疏散产生负面影响的火灾产物，如高温、烟气以及有毒性、刺激性气体等。

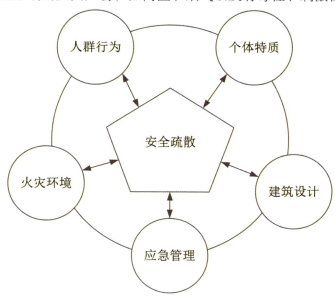

图 5-4　火场疏散影响因素

在建筑疏散模型设计中，需要将建筑的二维平面图转化为疏散模型，疏散模型需要真实地反映出建筑的空间布局，包括房间尺寸、位置和与走廊的连接等问题。这里的建筑疏散模型没有单元网格的模数限制，建筑疏散模型在房间尺寸、安全出口位置和宽度设计上更精确，其各个参数的修改余地也更宽泛。

仿真设计中需要考虑到的人员行为，可以结合前文中的烟雾模型参数对其加以完善，在整个系统内能够对行人进行个性化设计，包括行人疏散行为特性和行人生理特征。在疏散模型中，行人的行为对疏散效果的影响是非常直观的，所以在疏散过程中，需要在模拟过程中体现行人的行为特征差异和心理影响因素。在疏散开始前，系统不仅可以自定义行人疏散位置特性，还能够自定义行人疏散生理特征，如行人肩宽决定其占据空间大小，行人年龄、身高等特性决定了行人平均步速（表5-1）。行人疏散行为特征的设计对疏散开始以后也有相当大的影响，突发事件下，行人心理活动对行为决策起着决定性作用。

表5-1 疏散人员模型影响因素

类　　别	主要因素
个人能力	身体特征、性别、年龄、身体健康状态、体重、 行为能力、对环境熟悉程度
建筑场景	建筑类型和用途、建筑物结构和设施、建筑物尺寸、 出口和楼梯位置、火灾自动报警系统
现场灾情	火、光、烟气、视觉线索、火灾蔓延情况、刺激性烟气、 烟气产生速度、毒气、热气、警报声、爆炸声
人群行为	从众心理、领导者、追随者、求助者、施救者
应急管理	自动灭火系统、疏散引导系统、预案实施

结合初步研究，在既定场景中火灾交互环境设置的参数包括：

（1）火场蔓延路径（烟、火运动路径）。

（2）受灾人行为模块（生命属性、随机目的、逃避路线导引）。

（3）动态仿真效果（爆炸物、可燃物延时点燃）。

2. 空气流通路径设定

在真实的火灾现场，火焰及其产生的烟雾受到各种因素的综合影响而呈现不同的蔓延趋势，为了模拟火灾现场这种复杂的火势变化，本系统采用预设空气流通路径的方式来近似模拟现场烟火运动走势。

本系统把空气流通路径分解成一个一个分离的矢量点来表达，每一个点都包括位置和方向的属性，每一个点对火焰或烟雾的粒子都会产生作用力（下文称为气流场力），则烟火粒子受到的驱动力为第四章中所描述的热浮力、漩涡力、重力和上述气流场力的合力。气流场力 F_{air} 的计算公式可简单表述为式（5-6）：

$$F_{air} = \sum_{i=1}^{n=m} \alpha / d_i^2 * p_i$$

（5-6）

式中：m 为空气流通路径的矢量点的个数，α 为全局系数，d_i 为每一个粒子与该矢量点的距离，p_i 为该矢量点的方向矢量。

从公式中可以看出，离该粒子越近的空气流通矢量点的权重越大，距离远的矢量点的权重会随着距离的延长而快速衰减。

3. 受灾人行为模块

在本系统中，每一个角色都受到行为模块和生命模块的管理，其中行为模块的管理包括（图5-5）：

（1）动作行为管理

包括行走、奔跑、低头奔跑、倒地、原地等待动作。

（2）目标点管理

给角色指定一个目标点，角色将以最短路径行走至该目标点，并在运动过程中，智能地避开障碍物和燃烧区域。

（3）生命属性管理

包括生命值长短、生命值下降速度、生命损害下降速度。

基于上述行为模块的各个功能，我们可以实现角色的随机目的跟随、正确逃生路径指引等逃生行为。

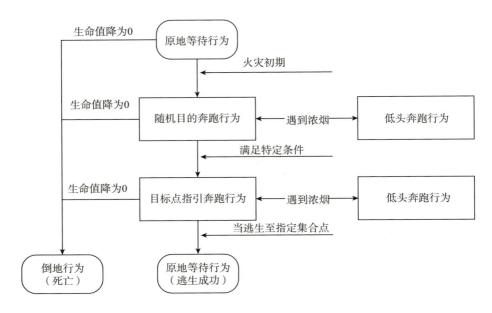

图 5-5　角色生命周期和行为关系图

4. 火源的燃烧传递

为了在场景中模拟现场真实火灾的蔓延情况，我们需要提前在场景中预设可能发生燃烧或爆燃的区域，运用放置燃烧点和爆炸点的方式来定义场景中的燃烧布局情况。当一个燃烧点开始燃烧后，随着火势的增大，会传递到下一个燃烧点或爆炸点，传递的方向受到现场空气流通路径的影响。

每一个燃烧点都有一个预设的感知范围，可以用一个半径为 R 的球形区域来表达，当一个燃烧点开始燃烧，其火焰粒子会随着预设的空气流通路径进行扩散。当进入某个燃烧点的感知范围内（可通过计算该模拟粒子与该燃烧点的距离是否小于 R 来判断）的粒子数量达到一定阈值时，该燃烧点则被激活，其火焰开始从小变大，进而随着空气流通方向点燃下一个燃烧点。

第六章　应用与实践

一、消防虚拟展厅游览系统（沉浸式导览）

（一）概述

移动互联网的飞速发展彻底打破了传统媒介的格局，推动了展览馆在信息化、数字化方面的探索与实践。

虚拟展馆就是利用计算机图形学技术构建的数字化展览馆，是一种三维互动体验方式，以传统展馆为基础，利用虚拟技术将展馆及其陈列品移植到互联网上进行展示、宣传与教育活动，突破了传统意义上的时间与空间的局限。

虚拟展馆的出现，使更为广泛的观众群体能够在网络平台上真实感受展馆及展品，虚拟展馆采用的在线互动方式使观众体验到了"身临其境，畅游无限"的精彩世界。虚拟展馆是新时代的产物。虚拟展馆不但影响广泛，可以让分散在世界各地的使用者进行场馆漫游与仿真互动，而且传播迅速，可在很短的时间内传播到地球的每个角落。

网上虚拟展馆不只是现实世界中实体展馆的简单复制，而是实体展馆的另一扇门，是实体展馆社会价值的补充和扩展。没有到过实体展馆的人可以借助虚拟展馆了解展品信息，增强去实体展馆的兴趣，同时，实体展馆所无法实现的一些展品互动可以借助虚拟展馆得到有益的补充。虚拟展馆倡导"环保节能、低碳生活"，从多方面节约资源，并为广大用户提供了极大的自主性与便利性。虚拟展馆可以以 360° 自由浏览的方式展现给用户，并可以根据个人喜好进行展品陈列和环境控制，同时，虚拟展馆突破了实体展馆的土地、建设、周期、安全性、运营费用等方面的限制，能够迅速地完成搭建并以极低的成本运营。

消防安全科普教育展馆是为了加强社会大众对消防安全知识的掌握，推进社会大众对防火、灭火知识技能的学习，以提高公众的消防安全意识和遇火应对能力，减少消防事故对人们生命财产的损害而设立的。消防虚拟展馆游览系统是融合 VR 技术和安全科普知识的安全互动演练的安全学习方式。

（二）消防虚拟展馆游览系统架构

如图 6-1 所示，该系统拥有六大功能，智能 AI 控制功能、指定路径行走功能、交互功能，速度控制功能，全局参数配置与云端服务功能。各功能的具体作用和操作方式如下。

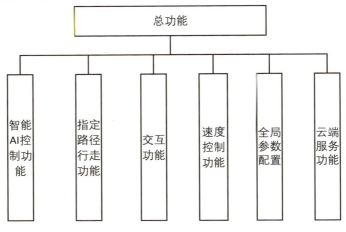

图 6-1　系统架构

1. 智能 AI 控制功能

智能 AI 控制功能是控制角色行走的功能，角色可以根据指定路径来走完全程。在行走过程中有部分可以交互的设施，并可以通过控制速度来更快或更慢地游览，还可以通过全局参数配置其他可配置数据的数值。用户可以通过键盘上的 W、A、S、D 键来控制行走，通过鼠标则可以 360° 控制角色的视角。

2. 指定路径行走功能

该功能是在场景当中为用户设计的一条无需用户控制的行走路径，只需要按住 W 键即可向前行走，并可以在途中停下观看展览，与设施互动。

3. 交互功能

该功能在用户行走的路上放置了可与用户互动的消防设施，当用户走向设施或点击设施时，即可将相应的动画或互动展现给用户，与现场体验相差无几。

4. 速度控制模块

本系统可以通过左上方的速度控制条来控制行走的速度，这是为了避免部分用户在体验时产生眩晕感，用户可以将速度控制条调节至使自己舒适的速度前进。

5.全局参数配置

该配置用于定义体验场景中的一些系统运行参数，包括待机时间、旋转速度、边界、重置进度等。

6.云端服务功能

该功能是控制版本更新或资源更新的功能，它在开启系统后则开始启动，通过向云端比较资源差异或版本号来查看是否有资源或版本需要更新，检测到需要更新时，则自动更新资源或版本。

（三）消防虚拟展馆游览系统操作流程

1.开始界面

如图6-2所示，当前界面是系统开始界面。界面顶部设计有操作提示，用于提示用户如何操作。

图6-2 开始界面

2.调整速度界面

如图6-3所示，当前界面是调整速度快慢的界面，向左为减速，向右为加速。

图6-3 调整速度界面

3. 用户行走界面

如图 6-4 所示，当前界面是用户行走界面，用户可以自由地在该场景移动，浏览各种消防设备。

图 6-4　用户行走界面

4. 指定路径界面

如图 6-5 所示，当前界面中的蓝色线条即是系统自带的指定路径，用于向用户提供最佳浏览路径。

图 6-5　指定路径界面

5. 互动界面

互动界面为用户提供场景设施交互功能，用户通过鼠标点击界面可以实现与部分设施的互动。如图 6-6、6-7 所示。

图 6-6　消防绳结体验　　　　　图 6-7　试验台互动

6.云端检测更新界面

如图 6-8、6-9 所示，该界面是云端检测更新界面与更新资源界面。

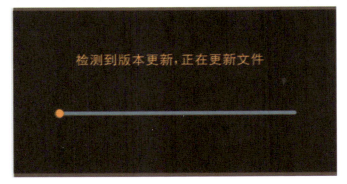

图 6-8　检测更新界面

图 6-9　更新资源界面

二、消防高楼救援训练系统（背负式VR）

（一）概述

随着社会经济的高速发展，建筑规模日益扩大，建筑形式日益多样，建筑高度日益增长，火灾危险性逐渐增大，高楼火灾已经成为当今社会频发的灾害之一，一旦发生高楼火灾，将会造成大量的人员伤亡和财产损失。同时，由于高楼火灾救援的难度高、危险性大，对消防指挥员灭火救援能力的要求也在不断提高。为了契合现代火灾和灭火救援的发展趋势，降低火灾危害，提高消防指挥员的灭火救援能力，需要不断探索新的方式来加强消防部队的专业化训练，以提高灭火救援训练的针对性和有效性。

传统的灭火单兵训练由于缺乏必要的技术手段，训练方法单一，内容单薄，使消防人员在训练过程中缺乏积极性，导致训练进程有一定的危险性。计算机技术的迅速发展，使灭火救援培训在虚拟场景中进行成为了可能，为抢险救援训练提供了新的思路。利用视景仿真技术可以模拟典型灾害的现场情况，结合动态捕捉技术可以与虚拟场景进行互动，必要时还可以联合声光电等机电装置来模拟各种环境下的虚拟场景。将虚拟现实技术有效地应用到消防领域是一种崭新的训练模式，具有重要的现实意义和广泛的应用价值。首先是训练成本低，可反复操作，而且危险性小。其次是真实感强，有些在现实中难以再现的灾害场景，可以通过模拟给予训练人员直观的体验。再次是通过网络可以突破场地的限制，消防人员可以随时随地加入训练。最后是可以提高训练人员的心理适应能力，增加其救援熟练度，同时模拟的高楼、漆黑、浓烟等极端环境，降低了训练过程中的安全风险。

背负式灭火模拟训练模块，通过动态实时听觉生成技术、方向传感模拟高楼火场救援场景，利用计算机对人员、灭火器材的各种姿态的采集数据进行合成处理，并将数据处理结果作用于模拟火场场景，以实现人—灭火工具—模拟火场的交互动作，从而达到训练目的。

（二）总体架构设计

消防高楼救援训练系统（背负式VR）的整体架构为B/S架构，其中背负式服务端由虚拟场景管理系统、虚拟训练场景系统、主数据管理系统组成，便携式客户端由设计组装的背负式三防云计算主机、高分辨率双目立体虚拟场景防护头盔、手持式虚拟仿真设备及灯塔式激光定位系统组成。系统组成结构如图6-10所示。

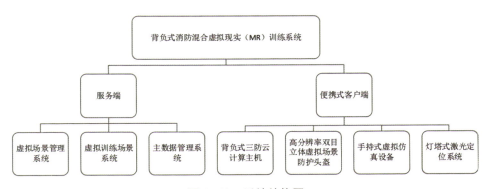

图 6-10　系统结构图

　　该平台由前台界面和后台系统组成，主数据管理系统提供系统的运行及数据支持，是整个平台的业务核心及数据基础，网络环境及数据库为平台架构载体，由虚拟场景管理系统管理的虚拟训练场景系统保存了完整的虚拟训练场景，包括各类设置参数和各种设备模型。用户通过 Windows 触控终端的操作界面可以实现人机交互，获得场景的信息和相关设备数据，并选择所要进入的训练场景、虚拟形象和所携带的装备，通过高分辨率双目立体虚拟场景生成装置进入训练场景进行交互式训练。该系统拓扑图如图 6-11 所示。

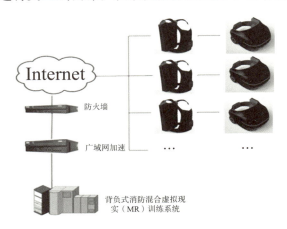

图 6-11　系统拓扑图

　　系统平台中的各个系统是相互关联、相互作用的。系统各模块间的关系如图 6-12 所示。

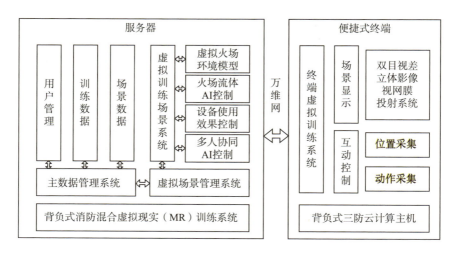

图 6-12　模块关系图

通过各模块的联合作用，利用高速网络将相较而言带宽极少的数据发送到终端设备上完成终端设备无法完成的精细渲染，可以极大地提高虚拟场景环境的真实度。同时通过实时管理的多终端即时通讯，采集同场景中多个用户的交互动作，将其统一在服务器端形成交互运算结果，再将此计算结果产生的模型变化，经过渲染后实时体现在虚拟训练场景中，由各个终端读取并在本身的虚拟显示设备中表现出来，实现协同体验。

背负式消防混合虚拟现实训练系统由软硬件系统及配套虚拟场景构成，通过虚拟现实方式，用户可以在虚拟的火灾或者抢险救援场景里进行仿真训练，获得较为真实的体验。

受训者可以在典型的火灾场景中进行演练，身处任何地点的人员，只要通过相关设备即可进入相同的演练场所进行实时的集中化演练。同时，该系统可扩充为多人合作体系的背负式单兵训练设备。在硬件上使用最新的低功耗高能设备，最终标的为 10 kg 左右的战术背包式渲染系统，加上具有头部保护作用的双目视差混合虚拟现实头盔组成个人使用的训练系统，既可以进行单兵训练，也可以通过 WiFi 与主服务器连接，进行团队训练。

（三）系统使用流程

1.进入用户界面

进入系统后，用户以第一视角处于云梯之中，画面中心开始逐字显示指挥员的通讯信息和其布置的相关任务，如图 6-13 所示。

图 6-13　进入系统后的第一视角

　　完成指挥员布置的任务后，用户开始呼叫云梯，准备进入现场，如图 6-14 所示。

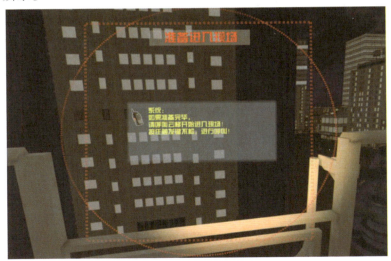

图 6-14　用户呼叫云梯

　　当用户按下手柄的触发键不松时，通讯区域开始逐一显示"报告，我已准备完毕，请求进入现场！"的信息，如果松开触发键，则停止显示。如图 6-15 所示。

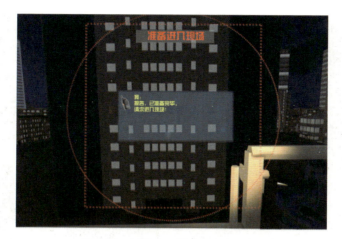

图 6-15　呼叫云梯准备进入现场

呼叫完毕后，云梯开始靠近着火楼层，用户视角也跟随云梯前进，到达着火楼层窗口后，云梯停止，如图 6-16 所示。

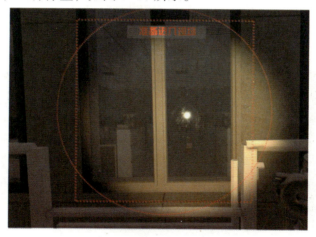

图 6-16　到达着火楼层窗口

2. 工具选择

当左手手柄的圆形触摸板被手指触摸时，手柄上方会弹出环形工具菜单，手指滑动时，相应区域的工具图标高亮，同时，对应的工具模型会出现在手柄上方，如图 6-17 所示。

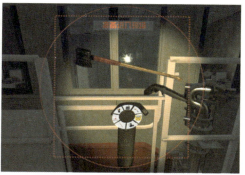

（a）环形工具菜单图　　　　　（b）对应工具模型

图 6-17　手柄上方的工具模型

当左手手指在触摸板对应工具图标区域按下时，右手手柄变为对应的工具模型，如图 6-18 所示。

图 6-18　选择斧头工具

工具菜单一共包括七项：消防斧、撬棒、急救包、定位通讯器、手持红外成像仪、头戴式照明灯、有毒气体检测仪，其中除了急救包和头戴式照明灯之外，都需要替换到右手手柄才能使用。按下右手手柄握持键，右手柄恢复原状。

3.打破窗户玻璃

通过上述方法选取消防斧，然后向窗户玻璃挥舞，玻璃破碎，如图 6-19 所示。

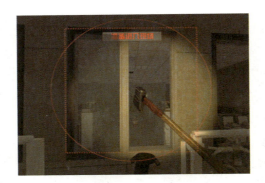

图 6-19　窗户玻璃破碎

按下右手手柄的握持键，右手手柄从工具恢复为手柄模型。

4.瞬移进入楼层

本系统是通过瞬移进行场景漫游的，按下右手手柄的触摸板，从右手手柄发出圆弧形射线，该射线的终点即为射线与模型的相交点，同时也为角色需要到达的目标位置，如图 6-20 所示。

图 6-20　瞬时移动

当松开触摸板后，视角变换到目标位置，如图 6-21 所示。

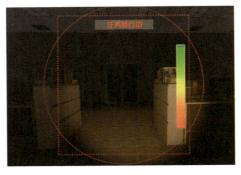

图 6-21　进入火灾楼层内部

当体验者进入房间后，视角右侧开始出现氧气瓶氧气量指标窗口，并开始计时（按照20min计时百分比氧气存量）。此时房间内空无一人，体验者可以随意走动，出门后为走廊，如图6-21所示。

5. 开门进走廊

将手柄接触玻璃门，玻璃门高亮被激活，代表可以进行交互，此时按下手柄的握持键不松，然后移动手柄，门即随着手柄打开，如图6-22所示。

（a）接触门　　　　　　　　　（b）拉开门

（c）进入走廊

图6-22　开门进走廊分解步骤图

6. 救援5个未受伤被困人员

当体验者到达61407房间附近时，从61407房间内发出求救的声音，体验者开始走向61407房间门口，如图6-23所示。

图 6-23　61407 房间门口

用工具菜单拿出撬棒工具，并将撬棒放入门缝区域，门缝区域高亮，如图 6-24（a）所示，然后门被打开一小部分，如图 6-24（b）所示，此后可以按照上述开门的方法将门完全打开。

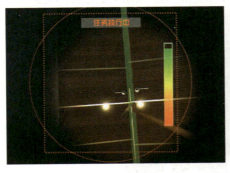

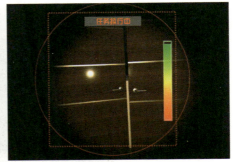

（a）撬棒开始撬门　　　　　　　　（b）门被撬开

图 6-24　撬棒工具开门图

打开门后，进入房间内部，出现 5 个被困人员，同时出现提示："请寻找就近安全通道，引导人员撤离。"，如图 6-25 所示，体验者开始行至安全通道（注：如何找到安全通道，请参照下文的地图使用方法），5 个被困人员将跟随体验者走向安全通道，如图 6-26 所示。

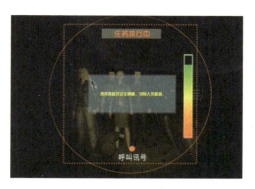

图 6-25　出现 5 个被困人员

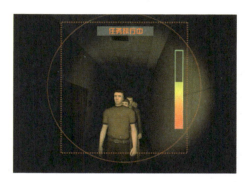

图 6-26　被困人员跟随体验者

当走到安全通道区域时，5 个被困人员沿安全通道离开，同时通讯区域出现提示，说明已救援多少人，如图 6-27 所示。

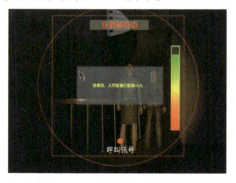

图 6-27　被困人员沿安全通道离开

7. 控制火源

当体验者走到 61406 房间附近走廊时，天花板由于燃烧出现断裂，走廊天花板坠落并碎裂，同时露出夹层管道和蓝紫色火焰，如图 6-28 所示。

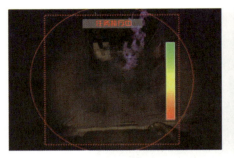
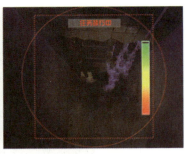

（a）天花板坠落碎裂图　　　　　（b）管道暴露和蓝紫色火焰

6-28　天花板坠落时的火情

此时通讯区域出现"请使用气体检测仪进行检测！"的提示，如图6-29所示。

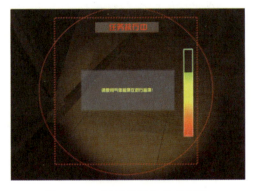

图6-29　提示使用气体检测仪

使用左手手柄从环形菜单中选取气体检测仪，右手手柄替换为气体检测仪，气体检测仪面板上出现"可燃性甲烷"字样，如图6-30所示。

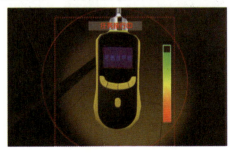

图6-30　检测出可燃性甲烷

检测出气体后，提示寻找设备间，关闭管道阀门，如图6-31所示。

图 6-31 提示寻找设备间

按下左手手柄的菜单按键，调出楼层房间布局地图，再次按下，地图缩回，地图上对每个房间的编号都进行了标注，从地图中可以得知设备间的位置，如图 6-32 所示。此时如果通过左手手柄的环形菜单选取通讯定位器，地图中还会出现体验者当前所在的位置和方向，体验者移动时，该地图的位置图标会随着体验者的空间和方位的变化进行变化，如图 6-33 所示。

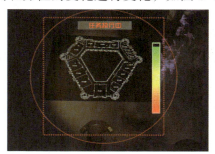

图 6-32 调出地图

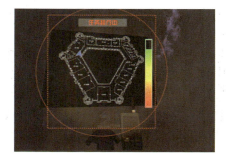

图 6-33 跟踪体验者位置和方位

体验者根据地图的标注，走到设备间，看到一个红色的阀门，阀门带有开关方向标识，如图 6-34 所示。

图 6-34　管道阀门

　　将手柄接触阀门，阀门高亮，如图 6-35 所示，同时按下握持键，并移动手柄，阀门开始旋转，当阀门完全关闭时，漏气处的蓝紫色火焰渐渐消失，并出现相应的操作成功提示，如图 6-36 所示。

图 6-35　关闭阀门

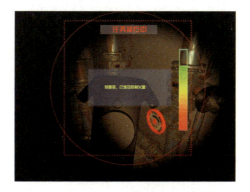

图 6-36　成功关闭阀门

　　8.红外热像仪检测

　　当体验者进入健身房时，通讯区域出现使用红外热像仪的提示，用户通过环形菜单选取红外热像仪，右手手柄开始变为对应的设备，随意移动红外热像仪，可以找到一个高亮的人形轮廓，如图 6-37 所示。

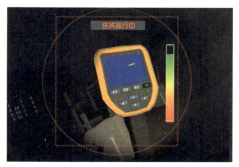

图 6-37　检测到人形轮廓

沿人形轮廓方向走去，可以进一步确认是否为被困人员，如图 6-38 所示。

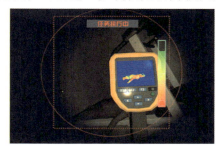

图 6-38　清晰的人形轮廓

到窗口呼叫云梯，成功救出该人员。

9. 任务结束

待任务结束或者任务失败以后，出现任务完成度面板，显示本次的训练结果，如图 6-39 所示。

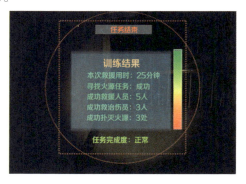

图 6-39　任务完成度面板

三、车辆破拆救援训练系统

（一）概述

消防部队的每一次训练演习，都要投入大量的人力、物力，这使得训练演习不能频繁进行。虚拟现实技术的产生为应急演练提供了一种全新的开展模式，它可以将事故现场在虚拟场景中进行模拟，在虚拟场景中人为地制造各种事故情况，组织参演人员进行正确响应。这样的推演大大降低了投入成本，延长了推演实训时间，使传统推演方式所带来的诸如高污染、重大火情、大规模人员等无法完成的难题在虚拟现实环境里可以被充分解决，提高了救援指挥人员的技能，从而保证了救援指挥人员在面对真正的事故灾难时能够正确应对，并且打破了空间的限制，可以方便地组织各地人员进行推演。

构建一套消防员多人协同体验仿真系统用于模拟演练公路车辆破拆工作环境，既可以不消耗演练中的真实的消防设备，不污染环境，又可以满足消防指挥人员日常的消防演练频次需求，使其救援技能更加熟练，随时随地都可以为突发事件做好充分的准备。

基层消防部队在各种不同环境中出现的实战训练经验问题，协同作战训练问题，现场心理耐受能力训练问题，新型设备协同使用问题，等等，在虚拟仿真协同训练平台上都能够找到适当的解决方案。

便携式的终端虚拟环境设备，能够让消防指挥员随时随地地利用各种环境投入训练，大大提高了训练效率。

（二）设计原则

随着公路交通的迅速发展，车流量不断增加，车辆事故越来越多，研究和掌握车辆事故救援处置措施对提高处置效率和成功率，达到快速恢复交通的目的，减少人员伤亡和财产损失都有着极其重要的意义。然而，要完成一次顺利的抢险救援任务，需要考虑到多方面的问题。

1. 车辆事故救援的目的

（1）保证伤员不受到第二次伤害。

（2）破拆汽车的目的是确保将伤者安全地救出。

2. 救援处置程序和措施

（1）报警受理要情况明了

接出警人员首先要对报警人所处的位置能够准确定位，其次要问清报警人所处的路段、事故发生的时间、周围特征、有无人员被困及人员伤亡情况。

（2）任务分工

①现场警戒组。

②抢险救助组。

③医疗救助组。

（3）合理调派出警人员及车辆，做到精干得力

抢险救援力量调集要坚持快速精干的原则，尽可能地调集行驶速度快、性能好、载水多的车辆赶赴火场，车辆事故救援处置编队通常为抢险救援车1辆、水罐车1辆。这种车辆编队基本上能从容应对车辆事故救援过程出现的一些复杂的情况。

（4）车辆停放

救援车、水罐车应根据实施救援时所处的道路类型停在适当的地点。救援车、水罐车必须带有明显的标志，应设有带荧光标的标带，以便白天夜晚都能被看见。

（5）确定警戒范围

消防队到场后，应先安排警戒人员，根据不同类型的道路交通事故，确定警戒范围，设立事故标志，并遵守交通规则，在离出事点一定距离的地方设置指示标牌，确保公路上的人员在250 m外就能看见，以防有人闯入事故区。弯道应该根据实际路况规划车辆安全距离。

（6）现场救生排险

①支撑固定车辆，平摆车辆要在支撑稳固后，放掉轮胎气；侧翻或整个翻倒的车辆，要通过各种支撑固定车辆，防止车辆移动和抖动。

②进行车辆破拆前，首先要切断车内电瓶电源，防止电路起火。然后准备好灭火器和水枪，防止起火。

③检查是否有尚未启动的安全气囊，若有安全气囊未启动，要采取预防措施（用保护套把方向盘锁紧），避免人员二次受伤。

④使用液压切割、扩张等破拆工具破拆变形的车厢外壳，积极抢救车厢被困人员。破拆车体时，应使用水枪掩护，防止金属碰撞产生火花，引起油蒸气爆炸，引发火灾。

⑤制定破拆方案。对人员受伤被困的车辆，要根据不同情况制定具体方案，根据需要进行破拆。要最大限度地为受伤人员提供移出空间，受伤人员的要害部位要在被固定的情况下外移，创造最好条件把伤员解救出来，防止伤员受到二次伤害。

由以上内容可见，现场破拆是需要一定专业知识的。

（三）消防多人协同虚拟破拆训练系统使用流程

1. 场景选择部分

图6-40为进入场景的选择画面，可以选择天气（雪天、晴天、雨天）、时间（白天、黑夜）、环境（隧道、商业区、工厂）。

图6-40　场景选择画面

图6-41为选择白天与黑夜的比较，所有的选择都会实时在背景上显示出预览。

图6-41　场景选择画面比较

2. 进入场景

进入场景后，根据提示音进行操作。在图6-42中可以看到，画面左上为当前人物状态栏，右上为队友的状态栏。

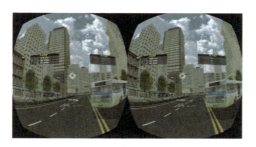

图 6-42　场景体验画面

3. 现场环境勘测

根据要求，第一步需要对现场环境进行勘察，走到标记的最佳观测位置进行操作，图 6-43 为观察点标记图。

图 6-43　观察点标记图

当处在标记点时可以对周边的环境进行勘测，如图 6-44 所示，被观测到的位置会给予一定的提示，如前门已被堵住。

图 6-44　环境观测示意图

当所有点都观察完毕后（图 6-45），系统会提醒操作人员进行下一步操作——车辆固定。

图 6-45　观察完毕提示图

4. 车辆固定

首先需要到装备区选取工具，如图 6-46 所示，当光标指到工具时会出现提示（名字及用途）。选取工具后，在工具正确的摆放位置会有相应的提示（图 6-47）。

图 6-46　物资堆放区选择画面

图 6-47　正确摆放位置提示

当固定工作完成后系统会给予提示（图 6-48），可以进行下一步破拆工作。

图6-48　固定工作完成提示

5.破拆工作

第一步是到物资堆放区选择破拆工具。选择时系统会提示名称与用途，如图6-49所示。

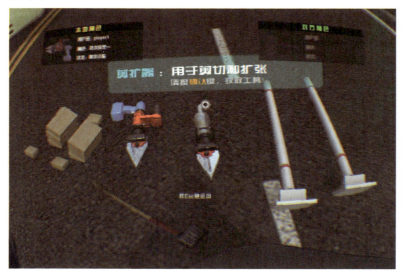

图6-49　破拆工具选择区

第二步是到达正确的破拆点，在场景中会有光标提示正确的位置，如图6-50所示。

图 6-50　破拆正确位置提示

　　第三步是找到正确位置操作破拆工具，如图 6-51 所示，系统在关键部位给予了提示。

图 6-51　破拆正确部位提示

操作过程完成后会提示进行下一步操作。图 6-52 为操作完成提示图。

图 6-52　当前操作完成提示

跟随提示即可顺利完成一次破拆流程演练。

四、基于虚拟现实的消防车辆培训及考核系统研究

（一）概述

随着"全灾种，大应急"救援力量体系的构建和消防救援队伍职能的拓展，能够满足多样化、复杂化、专业化实战需求的消防车不断涌现，作为消防救援工作中的主力装备，它将"机械""电子""液压"等技术集成于特种车辆底盘上，是一类高技术含量的特种车辆，根据功能和用途，可将其分为水罐、泡沫、干粉、联用、抢险救援、举高、照明、通信指挥、侦检、洗消等多种类型。

正确操作和合理使用消防车及各种车载消防专用装备和器材，是充分发挥消防车功能、迅速完成灭火战斗和抢险救援任务的重要环节。消防车操作培训一直是消防队伍训练的一项重要内容，消防车操作培训通常邀请车辆工程师运用现场理论教学、视频教学和现场车辆教学的方式向装备技师进行授课，而后由装备技师传帮带给消防操作人员。由于消防车的特殊性，这种操作培训存在一些弊端。

（1）常规的传帮带方式通过装备技师将专业知识传授给消防操作人员，但是由于存在记忆盲区，授课内容无法全部被传递。

（2）车辆的培训时间较短，对车辆的熟悉程度还需要进一步加强。常规培训一般是 2 ～ 3 天，消防员仅能熟悉消防车辆的一般构造、关键部件工作原理、常见故障及排除办法，无法涉及更深层次的操作学习。

（3）进口消防车价值较高且操作复杂，说明文字以英语为主，面对稍特殊情况时，消防员存在不会用、不敢用的问题，导致难以驾驭这种现代化高科技装备。

近年来，虚拟现实训练系统被越来越多地运用在了消防部门，在消防战略指挥、火灾救援决策、心理能力训练等方面取得了一定的成就。北京消防局与清华大学合作，基于人群疏散模型、GIS、火灾蔓延模型等技术研发出奥运场所数字化消防灭火救援预案与交互式仿真训练系统，以完成消防员技能和消防战略训练，是奥运会史上首次以火灾疏散模型为基础的数字消防灭火救援预案与交互式演练系统。清华大学土木工程系将虚拟现实用于建筑火灾的模拟训练。山西太原理工大学以 Java 和 VRML 的接口为基础进行软件开发，研究针对煤矿事故的救援模拟训练。中国科学技术大学和中国矿业大学以 OpenGL 为三维显示基础，针对大空间建筑火灾，联合研制了大空间建筑火灾虚拟现实系统。

由此可见，通过虚拟现实技术，可以逼真地呈现消防车辆的操作面板、外形特征及车体状态等，真实地模拟出消防车的复杂动作，使消防队员在培训过程中，身处虚拟的消防车操作环境中时便如同面对真实消防车操作现场一样，融消防车操作的技能训练、训练结果检验于一体，这将有效提高消防部队的训练效率与技能水平。

（二）设计原则

研究消防车模型的构建方法、外部模型导入及重建方法、消防车单一部件动画驱动技术、消防车复合部件动画驱动技术以及如何控制消防车模型在室外场景中沿指定的路径移动模拟消防车操作工作界面技术，主要采用真机仿真的方式设计制作。

用虚拟现实显示系统替代实际操作台，通过"交互系统"可以看到操作引起的其他部件的操作情况，可以帮助训练人员掌握车辆的运行情况。

（三）系统使用流程

如图 6-53 所示，系统使用流程分为三个步骤：

1. 车练讲解
2. 任务清单
3. 模拟操作

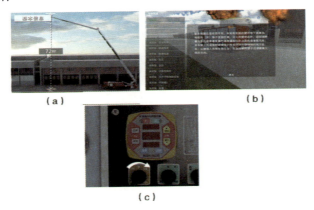

（a）　　　　　　　　　　　（b）

（c）

图 6-53　系统使用流程

五、火灾隐患交互移屏训练系统

（一）概述

针对家庭住宅消防隐患意识薄弱，家庭空间日用品的随意放置导致火灾发生以及日常生活消防救灾教育形式单一乏味等问题，可以利用新型交互多媒体装置，将消防科普教育设置其中，使得消防教育不再是枯燥乏味的教育演习，而是成为一种寓教于乐的积极训练模式。在传统的消防演习中，体验者只是配合消防演习，缺乏交互性，但是在体验新型交互多媒体装置时，体验者会产生探索心理，这有利于体验者对消防知识点的学习与记忆。

新型交互多媒体装置便携小巧，可以在短时间内提高消防科普的效率和普及度，而且新型的教育方式更能够被大众接受。

构建交互式科普系统，开发公安消防"身边火"系统能够改进传统教学方式的不足，该系统主要有以下特征。

1. 便携性

设备整体体积小，便于携带和放置，受空间限制小。在体验时，也不需要大面积的操作空间。

2. 趣味性

相比传统的消防演习，带有交互行为的消防体验行为更有操作感，消防队员在学习消防知识点时，犹如体验一个游戏。

3. 交互性

利用虚拟影像内容与现实物品呼应交互，多种感官效果有利于学习记忆，使用户在体验过程中，参与感更强。

4. 经济性

集体性的消防演习需要多方配合和经费支持，但是本装置由于便于携带且可反复运用，可节约成本。

（二）系统架构

如图 6-54 所示，Arduino 嵌入式移屏跟踪模块属于下位机程序，其主要包括 4 个模块：行程脉冲数统计模块、实时脉冲数归一化模块、数据编码发送模块、移屏指令监听模块；上位机程序则包括移屏数据接收解析模块、火灾隐患画面同步移动模块、热点视频播放管理模块、移屏控制指令发送模块等 4 大模块。下位机程序和上位机程序中的数据进行双向传递，上位机通过下位机的数据对火灾隐患场景进行渲染，同时上位机程序通过无线通讯协议控制下位机轨道移屏的运动。

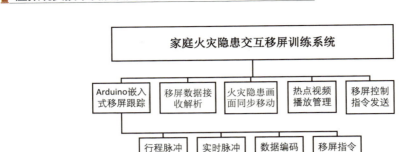

图 6-54　系统架构

（三）家庭火灾隐患交互移屏训练系统

1.系统总体介绍

图 6-55 是一幅手绘的居家环境图，包括阳台、厨房、客厅和卧室。每一个环境都有容易引发消防隐患的因素。

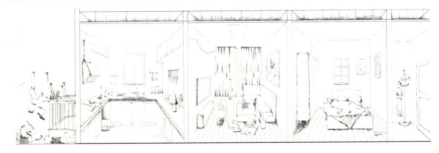

图 6-55　手绘背景图案

在体验时，画面效果是由背景画面和屏幕影像共同组成的（图 6-56）。背景在后面固定，而前面是一个可移动且可电容触控交互的画面。在运动过程中，移动交互触控屏中的画面（图 6-57）利用 AR 技术使素描画面动态化、色彩化，并用闪烁的热点突出需要重点关注的消防知识点，吸引交互体验学习人员去触碰。在体验者触碰了 AR 画面中的知识热点后，运动中的轨道交互屏即停止运动，针对相应的知识热点，AR 画面中会出现相应的动态火灾现象，以便让体验人员直观地体验到相应的消防安全知识。

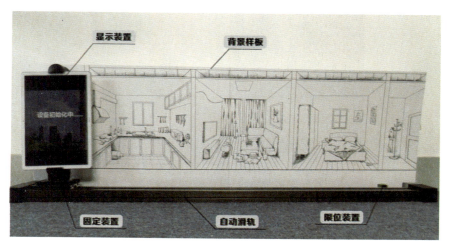

图 6-56 交互式移屏展示系统组成

图 6-57 屏显长幅画面

2. 软件操作流程

（1）启动画面

软件启动后，进入待机状态，将等待下位机进行初始化，统计一个行程的脉冲数，待下位机完成初始化后，向上位机发送当前移动屏的归一化位置数据，上位机收到数据后，即初始化完毕，然后待机遮罩画面消失（图 6-58）。

图 6-58　启动画面

（2）房间导航操作

初始化完毕后，移动屏开始左右反复移动，家庭火灾隐患画面开始跟随屏幕移动，屏幕中将轮流显示每个房间的画面，当移动屏触碰到右限位时，则开始反向向左移动，待碰到左限位时，则开始反向向右移动，如此反复运行。

用户也可以根据自己的兴趣对画面进行如下操作：

①暂停移动：点击屏幕任意位置，移动屏即停止移动，此时用户可以选择任意热点进行知识学习，如果用户在移动屏停止后没有进行任何操作，则一段时间后，移动屏将自动恢复移动。

②向左移动：在软件画面的左边有个闪烁的按钮，用户点击该按钮后，移动屏将开始向左移动。

③向右移动：在软件画面的右边有个闪烁的按钮，用户点击该按钮后，移动屏将开始向右移动（图 6-59）。

图 6-59　左右移动按钮

（3）知识点学习操作

本系统包括阳台、厨房、客厅和卧室等 4 个房间共计 12 个热点（花盆、平底锅、抹布、杀虫剂、酒瓶、煤气罐、电源插座、拖线板、书籍、废纸篓、电吹风、电热毯）的对应知识点学习内容。当热点（如图 6-60 中所示的蓝色闪烁区域）出现在屏幕显示区域时，用户可以通过点击屏幕使移动屏暂停移动，然后随意点击感兴趣的热点。各个热点没有先后关系，点击后，对应知识点的内容将以视频播放的形式展示出来。

图 6-60　房间热点分布示例

视频内容会在热点即火灾隐患处，增加火焰特效（图 6-61），以动画效果展示火灾的形成，并将对应知识点展示给用户，这种有趣的互动形式可以让用户加深对消防知识的记忆，大大增强学习效果。

图 6-61　房间热点放大图

3.实际使用效果图

系统的实际使用效果如图 6-62 所示。

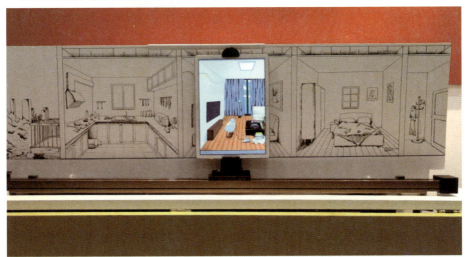

图 6-62　实际使用效果图

六、电子墨水展示系统

（一）简介

针对厨房是火灾重发地，群众消防意识薄弱、对厨房消防隐患点不了解等问题，可以利用新的交互式电子墨水墙科普厨房的火灾隐患知识。电子墨水展示系统可以直观地将厨房的空间环境描绘出来。当体验者触碰到隐患处时，会出现相呼应的视频，并提示问题产生的原因是什么。

　　体验者在体验时需要观察和判断哪些物体的摆放会形成消防隐患。让体验者带有思考地去发现消防隐患比直接教他们消防科普知识更加有效率。新颖的呈现方式本身也是有趣的，是可以吸引群众来体验的。

（二）系统组成

　　电子墨水屏展示系统的组成如图 6-63 所示。

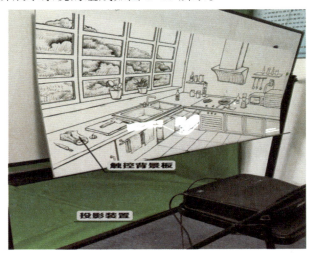

图 6-63　电子墨水展示系统组成

1. 系统操作说明

　　整个画面是一个简笔的厨房空间（图 6-64），其中包括了厨房空间的各种隐患，图片中没有明显的提示点，因此，需要体验者自己去探索与发现。

图 6-64　厨房背景图

　　画面的背面有感应点，当体验者触碰后，相关的视频才会显示出来。视频的内容是纯白色的色块，而色块的轮廓与物体的轮廓是一致的，如图 6-65 所示。

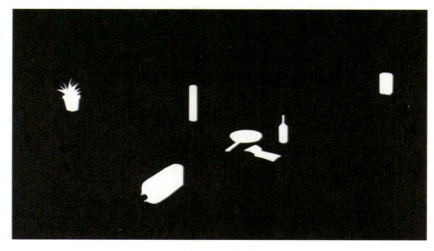

图 6-65　触碰图

　　当体验者判断出对的知识点后，影像会出现且会跳出内容框说明错误点在哪里，每个视频内容的长度是 10 s，如图 6-66 所示。

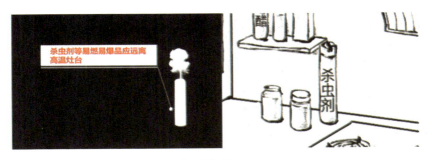

（a）知识点1

（b）知识点2

（c）知识点3

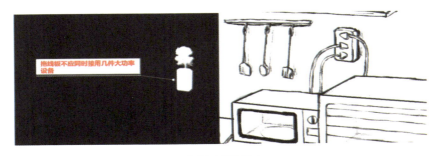

（d）知识点4

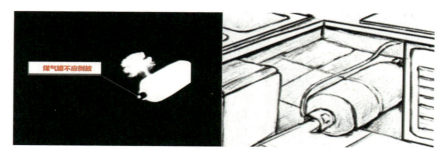

（e）知识点 5

（f）知识点 6

（g）知识点 7

图 6-66　厨房空间火灾隐患点

厨房火灾隐患科普交互电子墨水系统的操作过程，如图 6-67 所示。

厨房火灾隐患科普交互电子墨水系统					
触摸花盆	触摸杀虫剂	触摸煤气罐	触摸抹布	触摸酒瓶	触摸电源插座
显示窗台放置花盆的危害	杀虫剂等高压罐装不能放在热源附近	煤气罐不能横倒放置	易燃品不能放置在煤气灶边	易燃物不能防止在近火源处	厨房电源插座需要有开关保护

图 6-67　厨房火灾隐患科普交互电子墨水系统

2.实际使用效果图

系统实际使用效果如图6-68所示。

（a）实际效果图

（b）实际效果图

图6-68 厨房火灾隐患墨水系统实际使用效果

七、消防装备全息显示系统

（一）概述

在培训消防员时，一些大型高端装备由于体积庞大等原因，给培训带来了较多的阻碍。如大型器械一般不方便移动，因此，培训人员无法在常规的培训场合进行观看学习，不能做到通过实物观看设备内部具体的结构组成与运行原理。

公安消防装备全息显示系统主要由全息成像装置、程序控制系统、实时人体感应装置和支撑系统四部分内容组成。

（二）系统构造和工作原理

1. 全息成像装置

该装置的外观是四个梯形显示面，按环形拼接成倒立的四棱柱形式，从四个方向全方位展示高端装备的三维模型，观看者的视线可以从任何一面透过。该装置的 4 台显示器与控制计算机采用 VGA 视频线连接。

全息成像装置将物体的三维模型置入装置场景中，使得物体可以通过四棱柱的四个侧面多方位呈现器械的结构组成与运行原理，形成了一个多维的视角，达到动静结合的效果，从而使得观察效果具有较强的立体感与画面感，如图 6-69 所示。

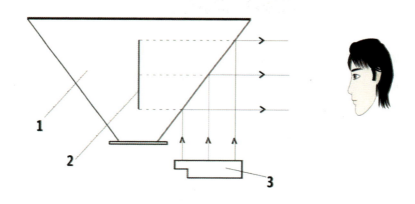

图 6-69　成像原理示意图

2. 程序控制系统

在三维建模软件中建立目标零件和对象并生成装配体文件，完成自动装配演示和设备结构展示。

3. 实时人体感应装置

体感控制器的探头拥有三维立体空间感知能力，并且将精确度提升到毫米级别。在软件配合下，能够将用户的手指全部侦测到，通过人体感应技术，体感控制器把识别的手部动作传到控制计算机，计算机分析动作后，进而引起机器中存储的设备完成运动过程和与手部动作对应的装备安装过程。

通过实时人体感应装置，体验者可以手部悬空对它进行实时操控（图 6-70），既可以观看装置中展示的器械设备的结构组成，也可以亲身体验器械设备中各部件的虚拟装配过程，操作简单，安装过程清晰，运行速度快捷，同时避免了常规培训中实物操作所带来的不安全因素。

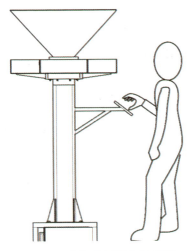

图 6-70　成像装置操作示意图

4.支撑系统

该部分由支撑架、立柱、底座、定位框组成。

（三）操作流程

1.消防装备全息显示系统界面结构

消防装备全息显示系统由四个三角形渲染区域两两相对拼合而成的矩形画面构成，画面如图6-71所示。四个画面分别由前、后、左、右四个相机渲染，作为全息反射特制玻璃的图像源。

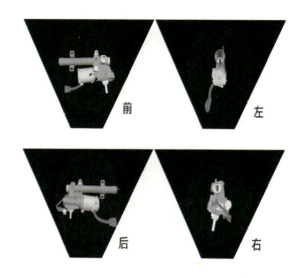

图 6-71   消防装备全息显示系统

2. 旋转模型操作

该系统可以通过手势识别功能识别用户的特定手势动作来旋转模型，让用户可以 360° 观察设备的组成结构。

具体的操作方法为：将双手伸入手势识别设备的有效感知范围内，同时伸开五指，在水平面内，双手沿着视线方向做交错运动，模型便绕竖直方向旋转；在竖直平面内，双手沿着竖直方向做交错运动，模型便绕视线方向旋转。如图 6-72 所示。

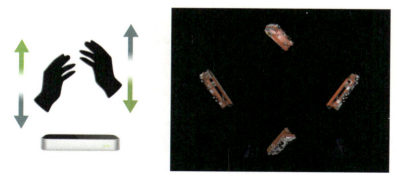

图 6-72   旋转模型

3. 缩放模型操作

该系统可以通过手势识别功能识别用户的特定手势动作来实现模型的放大与缩小，用户可以通过缩放模型来观察模型的细节。

具体的操作方法为：将双手伸入手势识别设备的有效感知范围内，四指弯曲，单独伸出食指，食指之间相互靠拢或远离以实现模型的缩小或放大操作。如图 6-73 所示。

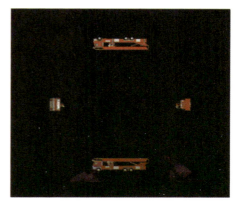

图 6-73 缩放模型

4. 模型复位操作

当用户对模型进行旋转缩放操作后，可以通过特定手势进行模型复位操作。

具体的操作方法为：单手伸入手势识别设备的有效感知范围内，四指弯曲，单独伸出食指，然后进行画圈动作。如图 6-74 所示。

图 6-74 模型复位

5. 模型旋转保持操作

用户可以通过手势触发模型一直以某种速度进行旋转，旋转轴为竖直方向。

具体的操作方法为：单手握拳伸入手势识别设备的有效感知范围内，左右移动拳头，模型随着拳头旋转，当拳头移到手势识别设备有效感知范围外时，模型将以拳头移出感知边界时的速度一直保持旋转。如图 6-75 所示。

图 6-75　模型旋转保持

6. 整机爆炸操作

用户可以通过手势对整机进行爆炸图展开操作，从而可以详细了解整机的各个组成部件，进入到部件查看状态。本系统采用的消防车主要包括围栏结构、支撑架、传动轴、管路系统、机身动力系统、云梯组件等六大部分，如图 6-76 所示。

（a）围栏结构

（b）支撑架

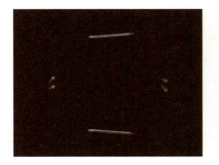

（c）传动轴

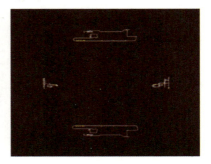

（d）管路系统

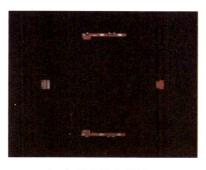 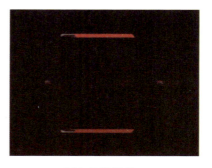

（e）机身动力系统 （f）云梯组件

图 6-76 消防车的主要组成机构

具体的操作方法为：双手握拳伸入手势识别设备的有效感知范围内，并将两手握拳合拢，然后两手分别朝向两边移动，直到移动到手势感知范围外，整车则立即爆炸，呈现系统默认的第一个组成部件。如图 6-77 所示。

图 6-77 整机爆炸手势

进入到局部部件查看状态后，用户可以通过上述介绍的手势对模型进行旋转、缩放、复位、旋转保持操作。

7.整机爆炸恢复操作

用户可以通过手势从局部部件查看状态切换到整机查看状态。

具体的操作方法为：双手握拳从两边伸入手势识别设备的有效感知范围内，然后慢慢并拢，各个部件则重新组合成整机。如图 6-78 所示。

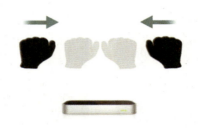

图 6-78 整机爆炸恢复手势

8. 部件切换操作

用户可以通过手势在各个组成部件之间相互进行前后切换。

具体的操作方法为：单手伸入手势识别设备的有效感知范围内，向左或向右进行挥手，即进行下一个或上一个部件的切换。如图 6-79 所示。

图 6-79 部件切换手势

9. 实际效果图

消防装备全息互动平台实际效果如图 6-80 所示。

图 6-80 实际效果图

八、常见灭火器 MR 模拟训练系统

（一）概述

MR 混合现实技术将虚拟、现实、用户三个方面进行融合形成相互联结交互的优势，在可以用肉眼看到的可视化环境中让物理与数字并存，这就是 MR 混合现实技术的独特之处。对于灭火器的使用，可以设置真实环境中的目标点作为火源，用户眼中看到的是真实环境与虚拟火焰的叠加。同时，使用仿真灭火器进行操作。用户可以拿着灭火器，喷出虚拟的灭火剂进行灭火操作。

VR 与 AR 两种技术都需要使用专门的操作设备才能够实现场景应用，而MR 可以嵌入各种透明设备作为应用载体，做到实中有虚。基于此原理，我们可以自由地在训练场地上布置自己想要的着火点，设置不同的火灾类型。通过定制的灭火器进行灭火操作，既可以看到想要的训练场景，又加入了混合的虚拟火焰，其形式更加符合训练需要。

（二）灭火器 MR 模拟训练系统方案

1. 系统架构

灭火器 MR 模拟训练系统架构如图 6-81 所示。

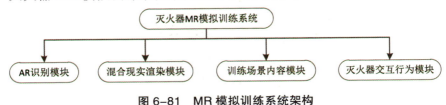

图 6-81　MR 模拟训练系统架构

（1）AR 识别模块

该模块主要完成对各种火焰识别物的识别与定位，系统根据不同的识别物显示不同的训练场景，切换不同的交互训练逻辑。

（2）混合现实渲染模块

该模块主要完成训练场景与现实世界的叠加渲染，同时完成双目立体的渲染并呈现用户双眼中呈现的全息渲染效果。

（3）训练场景内容模块

该模块主要完成针对不同的训练课题建立各自的必要训练要素，包括三维模型、文字、语音、声效、火焰特效等内容。

（4）灭火器交互行为模块

该模块主要完成为各个模型建立动态交互行为，包括灭火器的拔掉保险销行为、粉末（水基）喷射行为、火焰熄灭行为、声效联动火焰行为等。

2. AR 识别模块

本系统采用 Vuforia 的 AR 技术来进行识别图的识别和模型显示的坐标定位。模型显示的坐标和方向与识别图在现实世界中的摆放角度有很大关系，在一般的训练系统中，场景中的各个虚拟内容一般都垂直于地面显示，因此，在进行场景布局时，必须提前知道识别图在训练时的摆放角度，将模型与识别图的角度按照实际摆放角度放置，才能正确渲染场景，如图 6-82 所示。

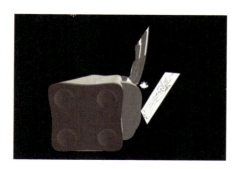

图 6-82　模型与识别图的相对摆放角度

在识别图被成功识别之前，所有的场景内容均不会显示，此时提示用户寻找并对准识别图，待成功识别后，系统根据识别图的种类选择对应的火焰和燃烧物模型开始渲染识别图所在的坐标位置，并覆盖识别图，同时灭火器出现在火焰附近，供用户进行交互操作。

3. MR 混合现实装置的选择

（1）近年来，越来越多虚拟现实技术产品出现在大众视野。由于需求的不断升级，灭火器 MR 模拟训练系统选用的虚拟现实装备必须满足以下几个特点：

①不受线缆限制，佩戴方便，便于使用。

②延迟低，降低眩晕感。

③多种交互方式。

HoloLens 是一款不受线缆限制的装备，佩戴自由，它是一种特殊的眼镜，使用者可以根据实际情况将其调整到适宜的位置，即使自身戴着眼镜，也不会受到任何干扰，对观看体验没有影响。

设备的人性化设计考虑了使用者的感受，采用非封闭式结构，不会给使用者带来沉闷的厚重感，长时间使用也不会因为出汗带来任何影响。由于视野中呈现的是现实生活中的场景，佩戴舒适感强，使用者可以自由行动，在移动过程中不必担心受到障碍物的阻碍，体验更加自然，与周围环境的沟通也更加流畅。

HoloLens 首先通过扫描检测所处环境，并在此基础上构建将要展示的虚拟世界。在实际应用过程中，延迟效果被控制在实时帧率内，图像跟随头部运动而转动且具有稳定性，以避免卡顿和晃动的现象。

HoloLens 的优势之一在于可以对环境进行实时渲染，令其生成的全息图像和所处环境协调地融合在一起。

HoloLens 主要通过手势、声音与凝视三种方式实现训练者与虚拟物体的交互（图 6-83）。手势的交互符合训练者使用习惯，训练者只需将手抬到相应位置，根据眼前的提示进行操作即可。此交互方式方便易行，没有额外的学习负担，识别率高。目前可识别的手势有抓取、旋转、移动等，因其贴近人们的生活习惯，使用范围最广，并成为主要的操作方式。HoloLens 中有捕捉语音的设备，目前支持英文发音，由于发音个体的差异，有些许延迟，但总体而言，其效果能满足训练者的语音交互需求。训练者通过语音可以导航、控制应用等，设备可以根据训练者的语音指示完成任务。HoloLens 的内置传感器，支持头部凝视功能，即光标可以跟随转动的头部，去选择某个按钮或画面。训练者在实际的应用过程中可以根据个人喜好选择不同的交互方式进行学习。

视线
通过使用内置传感器，你可以使用视线移动光标，以便你可以选择全息影像。移动你的头，光标将会跟随。

手势
使用简单的手势打开应用，选择项目和调整项目的大小，并在你的世界中拖放全息影像。

语音
使用语音命令来导航、打开、命令和控制你的应用。直接对Cor tana讲话，她可以帮助你完成任务。

图 6-83　HoloLens 三种交互方式

（2）MR 混合现实系统具有以下特点：

①实时的三维场景建模

三维场景建模是混合现实设备的核心技术，其作用是让设备了解用户所处的整个环境，以便叠加数字影像。三维场景建模使用四台摄像头，左右两边各两台，可覆盖的水平视角和垂直视角达到120°。通过对这四台摄像头的实时画面进行分析，结合立体视觉技术，就可以计算出场景深度图。多张场景深度图经过 GPU 的渲染处理之后，就能构建出用户所处的实时三维场景。

②精准的姿态确定和位置确定

作为一款穿戴设备，用户在使用 HoloLens 的同时，很可能是处于移动的状态，这就需要通过传感器获取环境信息，如视觉信息、深度信息，还有用户的加速度、角速度等来确定用户的相对或者绝对位置，并完成对地图的实时构建。微软采用了基于深度识别的 SLAM（实时定位与地图构建）技术来解决这一问题，在运动过程中通过重复观测到的地图特征来定位用户的位置和姿态，再根据用户位置增量构建地图，同时达到定位和地图构建的目的。

③多变人机交互方式

不依赖手机电脑等外部终端，也没有传统的触摸屏用于控制，这就使得用户交互变得格外困难。但微软基于之前对图像识别和交互技术的积累，为用户提供了一种全新的交互方式，使用户能够很随意地使用手势、视线和语音对全息场景进行操作和切换。

（三）常见灭火器MR模拟训练系统案例

1. AR识别

用户带上HoloLens眼镜后运行程序。程序启动后，用户看到的只是现实世界，并没有叠加的场景出现，只出现提示"请对准识别图！"，提示跟随视角处于画面中心，如图6-84所示。

图6-84 启动画面

用户注视着识别图，大概1～2 s后，识别成功，全息图像出现，其中火焰和打印机出现在识别图位置处，并覆盖识别图，用户看不到识别图。粉末型灭火器和水基型灭火器、重启按钮出现在识别物左边的一定距离处。如图6-85所示。

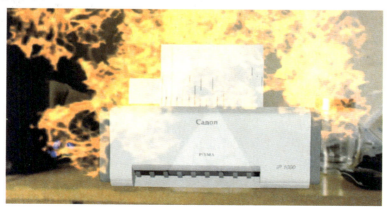

图6-85 识别成功后的场景

2.选择灭火器

用户注视其中一个灭火器，即视觉中心的蓝色圆环停留在灭火器模型之上，该灭火器底座就开始高亮，代表被选中，如图6-86所示，此时用户做点击手势，灭火器则自动从底座上运动到用户面前，等待用户对灭火器进行接下来的操作，如图6-87所示。

图6-86　灭火器被选中

图6-87　灭火器运动

3.拔掉保险销

用户选中某个灭火器后，此时场景中提示"请拔掉保险销"，如果用户在注视着灭火器的同时做点击手势，灭火器的保险销开始闪烁，提示用户保险销的位置，如图6-88所示。然后用户注视着保险销，并做点击手势，保险销开始从插孔中慢慢移出并掉落在地上，如图6-89所示。

图 6-88　保险销高亮

图 6-89　保险销缓缓移出

4.喷射操作

待保险销成功移出后，灭火器开始跟随用户的位置和视角移动，处于用户视觉中心偏下的位置，此时用户可以在现实世界中自由行走，可以通过视角调整灭火器的喷射方向，如图 6-90 所示。

图 6-90　灭火器跟随视角移动

此时如果用户做按下手势并保持，灭火器喷嘴处便开始喷射粉末特效，如果是水基型灭火器，则喷射高压水流，如图 6-91 所示。如果手指抬起或手消失在 HoloLens 的检测范围，则喷射慢慢消失，即代表灭火器停止喷射。

图 6-91　灭火器喷射

5. 熄灭火焰

用户走到某个喷射位置，开始喷射，如果灭火器对着火焰中上部喷射，系统则出现提示："请对准火焰根部喷射！"，如图 6-92 所示，此时灭火无效。

图 6-92　用灭火器对准火焰灭火

如果灭火器对着火焰根部喷射，则火势渐渐变弱，并逐渐完全消失。如图 6-93 所示。

图 6-93　火势减弱

待火焰完全消失后，如果该燃烧物（打印机）所对应的灭火器不是当前正在喷射的灭火器，则开始显示发生爆炸特效，并提示用户"水基型灭火器会引起电气设备爆炸或触电事故"，如图 6-94 所示，然后火焰开始复燃。

图6-94 电气设备错误使用灭火器灭火

如果该燃烧物（打印机）所对应的灭火器是当前正在喷射的灭火器，则提示用户"灭火成功"，此时训练结束，如图6-95所示。等待用户重启程序，进行下一次训练。

图6-95 灭火成功

6.更换灭火器

在步骤5中，错误选择灭火器系统将会提示用户"请更换灭火器！"，如图6-96所示。更换灭火器共需要两步，第一步是将当前使用的灭火器放回原位，用户注视着当前灭火器的底座，并做点击手势，则当前灭火器脱离用户视角的控制，开始运动到未被选择时的位置处，如图6-97所示，复原后，第二步是按照之前的步骤选择正确的灭火器即可。

图 6-96 提示更换灭火器

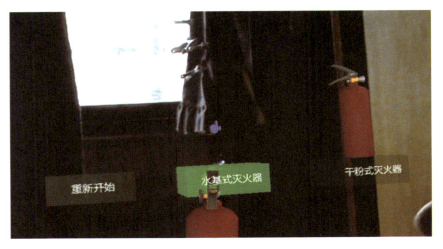

图 6-97 复原当前灭火器

7. 程序重启

待成功灭火后，如果用户想要进行下一次训练，可以注视"重新开始"按钮并做点击手势，如图 6-98 所示，程序开始重启，待步骤中的 AR 识别画面出现，即可开始第二次训练。

图 6-98 开始重启程序

九、家庭消防急救包实物展示系统（见图形识别 MARK）

（一）概述

家庭消防急救包实物展示系统通过视频、图文的方式展示给不了解如何使用消防应急装置的人，利用模块的智能识别技术将模块注册好并放置到指定目标点上即可触发介绍与视频菜单栏。从展示屏介绍中可以学习在发生灾害时应如何正确地使用装备向外界发出信号或自救。该系统可以通过云端实时更新，当需要添加更多的应急装备时，在下一次打开软件时系统将自动更新。

（二）系统设计思路

1. 系统架构

如图 6-99 所示，该系统通过模块操纵屏与展示屏显示信息，通过注册好的模块来打开总菜单栏，点击菜单展开的功能触发所对应的功能展示，例如，注意事项界面、待机界面、设备演示界面、设备简介界面。旋转互动模块则可以通过旋转使大屏上的全景图片随之旋转。

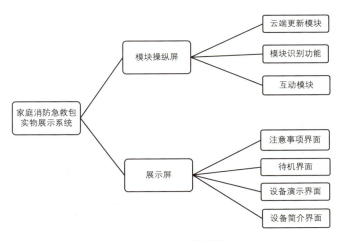

图 6-99 系统架构

2.模块操纵屏

（1）云端更新模块

当系统有可以更新的版本或资源时，系统开启时会在云端检测是否需要更新，当系统检查到需要更新时，系统则会向云端下载需要更新的资源。

（2）模块识别功能

在系统第一次开启前，用户要先注册需要使用的模块，之后则不需要再重新注册。注册完成后即可开启系统，将模块放置到指定目标点上即可触发总菜单，在模块放置期间不可将屏幕放大或缩小。

（3）互动功能

模块放置好后，点击图文介绍或视频，即可弹出相应模型的视频或注意事项介绍，而将模块旋转起来时，大屏上的消防模型会随之旋转。

3.展示屏

（1）注意事项界面

当点击注意事项按钮时，展示屏上会弹出注意事项的图文介绍。

（2）待机界面

待机界面在无人操纵后的 5 min 后会在展示屏上显示出来。

（3）设备演示界面

在模块操纵屏上点击设备演示界面即可在展示屏上展示设备演示界面。

（4）设备简介界面

点击设备简介界面，即可在展示屏上弹出设备简介界面。

（三）软件操作流程

1.总界面

待机界面如图 6-100 和图 6-101 所示。当前页面是显示屏与模块操纵屏，放上已注册的模块时即可弹出菜单与子菜单。

图 6-100　显示屏

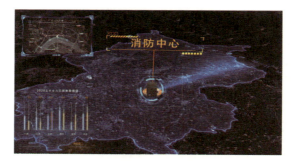

图 6-101　模块操纵屏

2.注册模块界面

如图 6-102 所示，该界面是注册模块信息界面，可以通过调整菜单大小，中心 X、Y 轴等参数，来调整模块与显示菜单的距离。

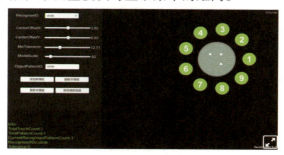

图 6-102　注册模块界面

3.模块放置弹出菜单界面

如图6-103所示，将模块放置到目标点后即可弹出菜单栏，再将另一个模块放置到子菜单即可触发显示，点击菜单弹出的按钮即可触发对应的视频等。

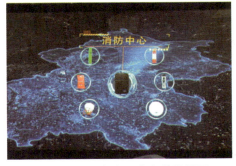 

（b） 模块放置弹出菜单界面　　　　（b） 模块放置弹出菜单界面

图6-103　模块放置弹出菜单界面

4.点击注意事项按钮界面

如图6-104和图6-105所示，点击注意事项按钮后会在展示屏上弹出灭火器的注意事项介绍。

图6-104　点击使用说明按钮界面

图6-105　介绍图文界面

5.点击设备视频按钮界面

如图 6-106 和 6-107 所示，当前界面是设备演示界面与点击设备演示按钮界面。

图 6-106　设备演示界面

图 6-107　点击设备演示按钮界面

6.展示屏待机界面

如图 6-108 所示，当前页面为展示屏待机页面，当 5 min 内无操作时即可触发该页面。

图 6-108　展示屏待机界面

十、船舶消防灭火训练系统

（一）概述

船舶火灾具有特殊性，在航行中船舶一旦发生火灾，只能够通过船员对火情进行处理，这就需要船员能够熟练操作消防设备并能默契地进行协同配合。目前我国船舶消防水平不高，船舶消防演练主要还是借助船舶建筑，通过人为布置燃烧物、释放烟雾等方法模拟船舶火情，让受训人员进行训练，这种方式存在物资消耗大、安全隐患大、真实性低及可重复性差等问题。对于小型造船厂以及一些高校而言，搭建专业的训练场地以及耗费大量的物资进行重复训练是根本不可能的，但是为了检验船员对船舶各部位可能发生的火灾的应急能力、对应变任务的熟悉度以及整个应急过程中船员之间的相互支援和协调程度，消防演习又是十分必要的。

通过计算机营造具有沉浸感（immersion）、交互性（interaction）和想象性（imagination）3I 特点的虚拟船舶环境和火灾现场来构建一个船舶虚拟现实消防系统，并基于具体环境模型，加之适当的火灾模型可以营造逼真的火灾的虚拟环境，借助 VR 技术可以实现受训人员与虚拟火场之间的交互。通过研究典型船舶火灾处置流程，可以设计符合实际训练需求的系统训练内容，并搭建网络通信服务器，实现多个客户端之间交互数据的通信，进而使受训人员在符合现场实际情况的虚拟火场中进行协同模拟作战，从而提高受训人员面对复杂船舶结构环境以及火场火情时的决策能力和协作能力，并对受训人员在实际训练中出现的问题及错误进行评估。

（二）系统介绍

VR 技术可以使受训者在视觉和听觉上真实体验火灾环境，熟悉火灾区域的环境特征。受训者通过显示设备、立体观察装置、人机操纵装置等与虚拟环境中的对象进行交互且相互影响，产生沉浸于真实火灾现场的感受和体验。根据不同角色和任务，完成虚拟现实交互。同时，通过搭建局域网服务器，实现多台客户端设备之间的通信，使多个客户端之间能够交互，实现 VR 消防的多人协同功能，对受训者消防组织、战术和指挥方面的能力进行训练。通过实训。受训者能够快速组织决策，正确果断地指挥，积极协调配合，不断提高受训者的整体灭火能力。

　　船舶消防灭火训练系统的训练功能主要包括消防设备的使用、针对典型火灾的协同处置以及救援受困人员等。该系统选取散货轮为训练对象，训练场景包括机舱起火、厨房起火以及甲板起火 3 种典型火灾场景。如图 6-109 所示，其系统架构主要包括以下内容。

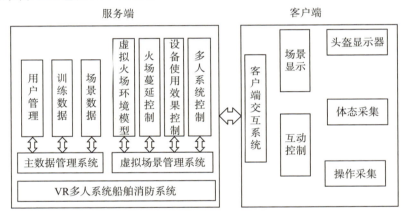

图 6-109　系统架构图

　　1.用户信息管理

　　通过对受训人员个人信息的管理，记录受训人员的历史成绩以及在训练中出现的失误操作，为提升受训人员的作战能力提供参考数据。

　　2.消防装备操作技能的训练

　　根据船上消防设备的操作流程，结合 VR 设备的使用特点开发消防装备操作仿真流程，使受训人员在体感操作中熟悉设备的原理和使用方法，提升受训人员的操作熟练度。

　　3.船舶火灾场景的动态模拟

　　对机舱火灾、厨房火灾和甲板火灾等典型火灾事故进行模拟，通过总结火情蔓延的数据材料进行仿真计算，得到不同环境因素作用下火势蔓延的趋势，实现对火情发展的动态模拟，使受训人员的训练尽可能地贴合实际情况。

4.多人在线协同训练

通过搭建局域网服务器，构建基于 C/S 架构的服务端与客户端之间的通信网络，实现支持多个工位同时参与训练的功能，并通过扮演探火组、隔离组、技术组、救援组和现场指挥 5 个角色，高效地对船舶火灾进行处理，在训练中提高受训员在面对船舶火灾时的集体作战能力和指挥决策能力。

（三）客户端操作流程

1.基本操作

客户端操作是通过 VR 设备进行交互，登陆界面的功能与教师端基本一致，只是鼠标操作被手柄扳机键射出的射线代替。

（1）任务场景交互操作

通过按下手柄扳机射出射线，当射线碰触到 UI 按钮时，在射线与 UI 接触的地方会出现黄色的球（图 6-110），且按钮颜色会发生改变，此时松开手柄扳机就完成了按下按钮的操作。需要注意的是，在实际任务场景中，射线长度较短，需要操作者移动到靠近 UI 的地方进行操作（图 6-111）。

图 6-110 登录界面 UI 交互示意图

图 6-111 任务场景 UI 交互示意图

（2）设备交互操作

通过按下手柄扳机射出射线，当射线碰触到能够交互的设备，如按钮、开关、可拿起的物体时，设备的外轮廓会出现高亮，此时松开手柄扳机，设备功能就会启动，如图 6-112 所示。

图 6-112　开门交互示意图

（3）释放操作

当需要释放手中的设备时，按下手柄侧键。

（4）位移操作

按下手柄上的圆盘按键，手柄上会射出抛物线，抛物线与地面接触处会出现一个锥形标志，当标志为黄色时，如图 6-113 所示，此时松开圆盘按键，人物便会移动至锥形标志处。当标志为红色时，如图 6-114 所示，表示当前位置不可到达，此时松开圆盘按键系统不会执行任何操作。

图 6-113　可位移示意图

图 6-114　不可位移示意图

（5）个人菜单面板操作

系统为参训人员提供了个人菜单。个人菜单提供了任务提示、系统操作、通讯信息发送、通讯信息接收四个功能，如图 6-115 所示。此面板通过手柄菜单键打开和关闭。

图 6-115　个人菜单面板示意图

任务提示功能：任务提示面板中会显示当前角色的任务列表，每个任务栏目都是一个按钮，通过点击这些按钮，会使任务对应的操作设备外轮廓高亮，从而激活该选项，如图 6-116 所示。

图 6-116　任务提示面板示意图

系统操作功能：此面板具有两个功能，点击"退出到大厅"可退出到大厅，点击"关闭程序"可直接关闭整个程序，如图 6-117 所示。

图 6-117　系统操作示意图

通讯信息发送功能：通过手柄选择发送信息和发送目标，最后点击"发送"按钮，就可以将信息发送出去，如图 6-118 所示。

图 6-118　通讯面板示意图

通讯信息接收功能：当别的角色发送信息过来时，信息接收面板会自动弹出，并且显示从任务开始到现在的消息，如图 6-119 所示。

图 6-119　信息接收面板示意图

2. 机舱任务操作

机舱灭火总体任务流程如图 6-120 所示。

图 6-120　机舱灭火示意图

261

3.厨房任务操作

厨房灭火总体任务流程如图 6-121 所示。

图 6-121 厨房灭火示意图

4.甲板任务操作

甲板灭火总体任务流程如图 6-122 所示。

图 6-122 甲板灭火示意图

十一、案例总结

虚拟现实系统中的场景均是虚构的，换句话说，就是将真实世界的场景重现，但又属于完全虚构的环境。使用虚拟现实技术，能够解决传统消防工作中无法解决的问题。

（1）虚拟现实技术能够将体能、技能的训练方式转变为体能、智能、技能相结合的训练方式，将亲身体会和实践相结合，创新出仿真训练法，使消防作战人员能够在贴近实际火灾现场的虚拟环境中进行训练。通过现场情景模拟技术、动态实时生成立体感知技术，结合三维定位、方向、触觉等反馈技术，再利用计算机将所有参数合成处理，在灭火的准则上进行计算机程序指挥，将任务转变为数字形式反映到人的大脑，消防工作人员就能够各自分工，开展灭火工作。应用虚拟现实技术最显著的效果就是能够同时完成对消防作战人员体能、智能、技能、心理素质的综合训练，同时提升训练质量，为消防工作人员积累丰富的火灾经验，特别是针对一些含有剧毒、爆炸火灾现场的训练，虚拟现实技术可以在保障人员安全的前提下，全面提升消防工作人员的救火技能和水平。

（2）在灭火工作中制定灭火作战预案，能够使得消防人员了解建筑的位置、火灾现场的内部结构、建筑的使用性质、安全出口等情况，协助消防工作人员能够在较短的时间内制定最佳的作战方案，提升消防人员在火灾现场的灭火效率和灭火水平，提高其操作熟练度。传统的消防预案是通过文字和二维平面图描述建筑内部结构和相关信息的，这类技术无法直观地将建筑内部的结构特点描述出来，对建筑的内部结构以及消防设备的分布情况缺乏具体的分析，导致无法对火灾现场的人员疏散、火势蔓延以及烟气流动等关键数据进行预测和评估。

（3）开展消防作战实战练习主要是为了帮助消防人员熟悉灭火作战方案、消防设备的操作，确保火灾方案能够得到顺利的执行。但是，在火灾现场的疏散过程中，通常会遇到很多问题，如建筑内部结构太过复杂、安全出口标志不明显等，导致火灾救援遇到阻碍。用传统方式对消防工作人员进行灭火作战演习会加大训练成本，增加消防部门的压力，且在演习的过程中为了增加火焰和烟雾的效果，在一定程度上可能会引发安全事故，具有较大的危险性。通过使用虚拟现实技术能够有效地解决这类问题，构建突发状况场景，提升消防员的临场应急处理能力。

从技术层面来讲，虚拟现实技术能够很好地辅助消防战训工作，解决很多实际训练中难以解决的问题，但是不可忽视的是，构建高沉浸感虚拟环境的成本较高，并不是所有的消防部门均能够使用，对技术推广造成了较大的限制。虚拟现实技术本身是一项系统性的工程，涉及的数据量比较庞大，在技术应用上人员配备无法满足应用需求，即便是一些消防部门的人员配备比较完善，但是技术人员也缺乏专业水平，导致在运行中出现较多的问题。我国的虚拟现实技术还处于起步阶段，存在较大的潜力和发展空间，需要相关专家学者结合我国的基本国情和虚拟现实技术的实际运用现状，不断地探究、创新技术，构建更加逼真、丰富的消防训练场景。

参考资料

[1] 黄海.虚拟现实技术 [M].北京：北京邮电大学出版社，2014.

[2] 张鹏.基于 Java 3D 的虚拟现实技术研究与实践 [M].苏州：苏州大学出版社，2017.

[3] 韩伟.虚拟现实技术 VR 全景实拍基础教程 [M].北京：中国传媒大学出版社，2019.

[4] 李丽红.虚拟现实技术在教育领域中的应用及其效果评价研究 以旅游教学为例 [M].北京：旅游教育出版社，2015.

[5] 李建.虚拟现实（VR）技术与应用 [M].开封：河南大学出版社，2018.

[6] 潘晓霞.虚拟现实与人工智能技术的综合应用 [M].北京：中国原子能出版社，2018.

[7] 王文利，杨顺清.智慧消防实践 [M].北京：人民邮电出版社，2020.

[8] 陈雅茜，雷开彬.虚拟现实技术及应用 [M].北京：科学出版社，2015.

[9] 骆驼在线课堂.3ds Max 2020 实用教程 中文版 [M].北京：中国水利水电出版社，2020.

[10] 贺雪景，杨平，高幼年.多媒体技术毕业设计指导与案例分析 [M].北京：清华大学出版社，2005.

[11] 公安部消防局.消防安全技术实务 [M].北京：机械工业出版社，2014.

[12] 黄铁军，柳健.VRML 国际标准与应用指南 [M].北京：电子工业出版社，1999.

[13] 美缔软件（上海）有限公司.Unity 5.X 从入门到精通 [M].北京：中国铁道出版社，2016.

[14] 张超钦，谭献海.一个复杂的 VRML 场景的设计 [J].陕西工学院学报，2000（04）：31-36.

[15] 魏星，李燕.蚁群算法中参数优化及其仿真研究 [J].制造业自动化，2015，37（10）：33-35.

[16] 韩睿.数字交通中的"虚拟现实"技术应用分析 [J].科技风，2020（35）：99-101.

[17] 崔华峰.虚拟现实技术在消防战训工作中的应用探讨 [J].科学技术创新，2020
（31）：84–85.

[18] 席竞.虚拟现实技术在消防战训工作中的运用策略 [J].今日消防，2020，5（08）：
12–13.

[19] 朱萍.基于虚拟现实技术的消防安全系统开发分析 [J].科技创新与应用，2020
（21）：93–94.

[20] 曾文辉.基于虚拟现实技术（VR）的校园安全消防实训系统 [J].电脑知识与技术，
2020，16（15）：246–248.

[21] 祁巍.虚拟现实技术在矿山救护队消防训练中的应用 [J].山西建筑，2020，46
（08）：187–188.

[22] 陈伯超.虚拟现实技术在消防战训工作中的运用策略浅谈 [J].今日消防，2020，
5（02）：5–6.

[23] 高凡.虚拟现实技术融入安全教育研究 [J].中国公共安全（学术版），2019（04）：
9–12.

[24] 李康杰.探析虚拟现实技术及其在消防工作中的应用 [J].数字技术与应用，
2019，37（11）：71，73.

[25] 陈池浩，张余晨.虚拟现实技术在消防战训工作中的应用 [J].消防界（电子版），
2019，5（14）：32，34.

[26] 毛勇忠，张继新，黄玮.三维仿真及虚拟现实技术在消防训练中的应用 [J].中国
管理信息化，2019，22（03）：149–152.

[27] 孙秀明，安丽娜，彭碧波.虚拟现实技术在灾害救援演练中的应用价值 [J].中华
灾害救援医学，2017，5（10）：584–586.

[28] 罗昊.虚拟现实技术在消防工作中的应用 [J].电子技术与软件工程，2016（23）：
153.

[29] 王宇，王凯.灭火救援训练中虚拟现实技术的应用 [J].中外企业家，2016（33）：
133.

[30] 吴学政.VR（虚拟现实）技术在大学生安全教育中的应用研究 [J].中国新通信，
2016，18（20）：134–135.

[31] 刘林，黄玮.浅谈虚拟现实技术在构建"数字消防"中的应用 [J].数字石油和化
工，2009（07）：118–120.

[32] 张敬宗.基于虚拟现实技术的高层建筑火灾应急系统的研究 [J].测绘与空间地理
信息，2009，32（01）：88–90.

[33] 张志华.分布式虚拟现实技术在消防训练中的应用 [J].消防技术与产品信息，

2007（07）：50–51.

[34] 张敬宗 . 虚拟现实技术在高层建筑火灾应急中的应用 [J]. 北方工业大学学报，2007（01）：16–19.

[35] 曾颖，汪青节 . 虚拟现实技术在消防中的应用 [J]. 消防科学与技术，2006（S1）：66–67.

[36] 王庆娇，方正，张铮 . 虚拟现实技术在火灾人员疏散行为调查中的应用 [J]. 测绘信息与工程，2003（04）：45–47.

[37] 汪箭，聂小林，季辉，戚宜欣 . 虚拟现实技术在火灾领域中的应用 [J]. 计算机仿真，2002（02）：28–31.

[38] 汪箭，徐琼，季辉，等 . 虚拟现实技术在消防科学研究领域中的应用 [J]. 消防科学与技术，1999（03）：9–10，3.

[39] 周博为 . 基于虚拟现实技术的地铁站内人员疏散行为测试实验 [D]. 广州：华南理工大学，2019.

[40] 陈明辉 . 基于虚拟现实技术的消防训练系统的研究 [D]. 南昌：江西科技师范大学，2018.

[41] 王子丰 . 虚拟现实在火灾现场勘验教学体验中的应用研究 [D]. 沈阳：沈阳航空航天大学，2018.

[42] 张勇 . 基于虚拟现实技术的突发事件应急管理系统研究 [D]. 沈阳：沈阳航空航天大学，2013.

[43] 王美玉 . 基于 VC 的虚拟火灾模拟仿真系统 [D]. 长春：吉林大学，2011.

[44] 韩冬 . 基于虚拟现实技术的石化火灾灭火救援场景的视景仿真 [D]. 天津：天津师范大学，2007.

[45] 吴文平 . 火灾消防逃生演练系统的设计与实现 [D]. 重庆：重庆大学，2014.

[46] 黄耀 . 基于栅格法的汽车路径规划 [D]. 武汉：华中科技大学，2008.

[47] 高云卓，曹世锋，梁宏伟 . 虚拟现实技术在消防培训中的应用研究 [C]// 中国消防协会 .2014 中国消防协会科学技术年会论文集 . 北京：中国消防协会，2014：3.

[48] 马永峰，薛亚婷，南宏师 . 虚拟现实技术及应用 [M]. 北京：中国铁道出版社，2011.